济南大学出版基金、济南大学政法学院学术著作出版基金、山东省自然科学基金面上项目"政府购买社区公共服务质量：大数据分析驱动下的精准治理"（ZR2020MG050）和山东省高校人文社科研究计划项目"政府向社会组织购买公共文化服务的多维绩效评估研究"（J16YA06）资助

社区公共文化服务合作治理

胡艳蕾 ◎ 著

中国社会科学出版社

图书在版编目（CIP）数据

社区公共文化服务合作治理/胡艳蕾著．—北京：中国社会科学出版社，2021.12
ISBN 978－7－5203－9524－3

Ⅰ.①社… Ⅱ.①胡… Ⅲ.①社区—公共管理—文化工作—研究—中国 Ⅳ.①G123

中国版本图书馆CIP数据核字（2022）第021355号

出 版 人	赵剑英
责任编辑	李庆红
责任校对	夏慧萍
责任印制	王 超
出 版	中国社会科学出版社
社 址	北京鼓楼西大街甲158号
邮 编	100720
网 址	http://www.csspw.cn
发 行 部	010－84083685
门 市 部	010－84029450
经 销	新华书店及其他书店
印 刷	北京君升印刷有限公司
装 订	廊坊市广阳区广增装订厂
版 次	2021年12月第1版
印 次	2021年12月第1次印刷
开 本	710×1000 1/16
印 张	18
插 页	2
字 数	295千字
定 价	99.00元

凡购买中国社会科学出版社图书，如有质量问题请与本社营销中心联系调换
电话：010－84083683
版权所有 侵权必究

前　言

一

文化是民族、国家发展之魂，社区公共文化服务的平衡、充分供给是满足公民文化需求与文化权利的根本，是现代国家维护公民根本文化权利的重要保障。20世纪五六十年代，社区公共文化服务的供给主要依赖于政府部门与公共财政。1959年，法国首次建立了中央文化管理机关即"法国文化部"，该部门的建立标志着文化管理被正式纳入现代政府的行政范畴。[①] 20世纪60年代以后，西方资本主义国家遭遇了市场失灵、政府失灵双重问题，政府角色定位日益引起西方学者的反思。20世纪80年代，西方发达国家在"政府再造""企业家政府""治理理论""公共选择"等新公共管理理论改革浪潮的推动下，政府文化管理体制由传统的"政府主导"模式逐步转变为多元参与模式，合作治理（collabrative governance）成为西方发达国家公共文化服务优化供给的主要模式选择。

中华人民共和国成立后，以马克思、列宁的共产主义理论以及毛泽东的社会主义理论为指导，建立了政府全权负责的公共文化服务供给模式。2005年12月，中共中央在"十一五"规划中首次提出"公共文化服务"一词，并明确指出，要强化政府文化管理和服务职能，逐步构建覆盖全社会的比较完备的公共文化服务体系是文化体制改革的重要目标之一。[②] 党的十八大以来，我国社区公共文化服务供给机制不断改革创新。2015年5月5日，国务院办公厅转发文化部等部门发布关于政社合作供

[①] 李少惠、余君萍：《西方公共文化服务体系综述及其启示》，《图书馆理论与实践》2012年第3期。

[②] 中共中央：《中共中央关于制定国民经济和社会发展第十一个五年规划的建议》，新华网，2005年10月7日，http://www.xinhuanet.com//misc/2005-10/07/content_3590217.htm，2021年5月5日。

给公共文化服务的重要通知,明确指出"政府向社会力量购买公共文化服务,既是深入推进依法行政、转变政府职能、建设服务型政府的重要环节,也是规范和引导社会组织健康发展、推动公共文化服务社会化发展的重要途径,对于进一步深化文化体制改革,丰富公共文化服务供给,提高公共文化服务效能,满足人民群众精神文化和体育健身需求具有重要意义。"① 2017 年 10 月 18 日,习近平总书记在党的十九大报告中着重指出文化自信的重要性,认为"文化是一个国家、一个民族的灵魂。文化兴国运兴,文化强民族强。没有高度的文化自信,没有文化的繁荣兴盛,就没有中华民族伟大复兴。要坚持中国特色社会主义文化发展道路,激发全民族文化创新创造活力,建设社会主义文化强国。"② 并指出应坚持社会主义核心价值观体系,继承革命文化,发展社会主义先进文化,并对公共文化服务体系建设提出新要求,指出:"要深化文化体制改革,完善文化管理体制,加快构建把社会效益放在首位、社会效益和经济效益相统一的体制机制。完善公共文化服务体系,深入实施文化惠民工程,丰富群众性文化活动。加强文物保护利用和文化遗产保护传承。"③ 因此,如何不断加强社会力量参与社区公共文化服务供给,构建由政府部门、私人部门、非政府组织、社区居民多元主体合作治理的共建、共享、共治机制,不断推动社区公共文化服务供给的丰富多样性与社区公共文化服务品质,以满足人民群众日益增长的公共文化需求,是新时代中国社区公共文化服务治理的重要议题。

二

改革开放四十多年来,我国经济发展迅速,社会公众的物质文化生活日益丰富,社区公共文化服务供给模式及其实践机制日益多样化;然

---

① 国务院办公厅:《国务院办公厅转发〈文化部等部门关于做好政府向社会力量购买公共文化服务工作意见〉的通知(国办发〔2015〕37 号)》,中国政府网,2015 年 5 月 11 日,http://www.gov.cn/zhengce/content/2015-05/11/content_9723.htm,2021 年 5 月 5 日。
② 习近平:《决胜全面建成小康社会 夺取新时代中国特色社会主义伟大胜利——在中国共产党第十九次全国代表大会上的报告》,中国政府网,2017 年 10 月 27 日,http://www.gov.cn/zhuanti/2017-10/27/content_5234876.htm,2021 年 5 月 5 日。
③ 习近平:《决胜全面建成小康社会 夺取新时代中国特色社会主义伟大胜利——在中国共产党第十九次全国代表大会上的报告》,中国政府网,2017 年 10 月 27 日,http://www.gov.cn/zhuanti/2017-10/27/content_5234876.htm,2021 年 5 月 5 日。

而，社区公共文化服务仍存在着较为严重的供给短缺、供给过剩、供需不一致等供需矛盾问题，制约着社区的稳定和谐发展。党的十九大报告强调指出，应不断加强我国公共文化服务建设，实施文化惠民工程。因此，有必要对当前我国社区公共文化服务供需不平衡问题展开深入分析，探讨合作治理理论对于推动社区公共文化服务供需平衡的理论及实践价值，以构建具有中国特色的、供需平衡的社区公共文化服务合作治理机制。

合作治理也被国内学者称为协作治理或协同治理，是建构现代公共文化服务体系的重要途径。作为一种新的治理范式，21世纪初引起西方学术界关注，国外学者们对于该学术概念的理论界定略存差异（C. Ansell et al., 2008；O'leary, 2006；Danniel A. Mazmanian, 2010；Taehyon Choi, 2011），但均认为其在解决跨区域事务、府际关系协同、社会治理等问题中发挥极大作用。在公共文化领域，国内外相关研究还不多见。目前，合作治理理论尚处于理论体系完构阶段，国内研究主要有两类，一类与国外观点相一致（敬乂嘉, 2009；蔡岚, 2003），认为其作为一种新的理论范式，对于当前我国社会治理现代化具有积极作用，还有一些学者认为协作治理即合作治理，是一种新的政府治理理念（郭道久, 2006）。总体而言，合作治理其作为一种"低范式领域"（low-paradigm field），在系统构成、动力机制、运行逻辑等方面，还存在一些分歧与提升空间。

总体而言，国内外学术界对于社区公共文化服务与合作治理的相关研究成果较为丰富，但仍存在一些亟须进一步深入研究的空间，具体包括下述三个方面：

第一，国内外学界对于公共文化服务供给模式与实践机制的研究已形成一批卓有影响力的研究成果，尤其是国外已形成了政府主导（法国、日本）、民间主导（加拿大、美国）以及政府与民众组织的分权化（即"一臂之距"，英国、澳大利亚）三种供给模式。2005年以后国内相关研究成果迅速增多，但研究成果集中于对实践及运营机制的探索与分析，较少从理论层面分析在中国情境下社区公共文化服务的合作治理模式及理论逻辑问题。

第二，国外对于公共文化服务供需矛盾问题的研究通常包络于文化政策、社区治理、公共设施等供给均等化的研究议题之中，仍未有针对当前中国社区公共文化服务供需矛盾的研究；目前国内相关研究尚处于起步阶段，一些学者开始关注社区公共文化服务供给中存在的城市与乡村间的供给不均等、农民工阶层与其他社会阶层间供给不均等问题，但仍未有针对当前我国社区公共文化服务供需矛盾问题与合作治理中合作悖论问题的系统研究。

第三，合作治理作为一种"低范式领域"（low-paradigm field），其概念界定、理论内涵、动力机制、运行逻辑等方面尚存在争议与提升空间，且目前国内学者将该理论应用于全球治理、环境治理、府际关系、社会治理等领域而展开的研究成果较多，但应用于社区公共文化服务供给领域的研究仍不多见。

本书从社区公共文化服务合作治理的中国本土化模式建构出发，基于比较研究的视野，明确中国场景下社区公共文化服务合作治理的理论内涵、历史逻辑与实践逻辑；基于"矛盾、合作、动力"的理论分析框架，深入分析当前中国社区公共文化服务合作治理中面临的合作悖论困境、动力要素与合作供给制度选择；以推动社区公共文化服务供给由传统的政府独建、政府独管、全民共享模式转变为全民共建、共管、共享的治理格局。

本书综合运用文献分析法、历史比较法、比较个案研究法、深度访谈法等质化研究方法与问卷调查、相关性分析、社会网络分析法、主成分因子分析等量化研究方法，对社区公共文化服务合作治理的"逻辑、矛盾、动力"等因素进行系统分析与阐释，为如何优化当前中国社区公共文化服务合作治理提供一个系统性分析框架与若干对策建议。主要研究发现与创新内容体现为下述三个方面：

第一，基于历史发展与实践应用的双重研究视角，归纳指出社区公共文化服务合作治理的历史逻辑与实践逻辑，实现了社区公共文化服务合作治理发展逻辑研究中理论与实践研究的有机结合。即运用文献分析法、历史比较法对国内外社区公共文化服务供给模式发展变迁过程进行理论分析，归纳指出社区公共文化服务合作治理产生与发展的历史逻辑；同时，运用问卷调查、相关性分析对当前社区公共文化服务的供需矛盾问题进行实证分析，发现合作治理能够有效解决供需矛盾问题，其产生与发展符合客观实践逻辑。在理论与实证研究相结合的基础上，提出合作治理应用于社区公共文化服务供给的必要性，解决了针对该问题的传统研究中理论与实证相脱离问题。

第二，在明确中国场景下社区公共文化服务合作治理理论内涵与主客体要素构成的基础上，构建中国社区公共文化服务"矛盾、合作、动力"的理论分析框架与主体间合作关系网络。即运用文献分析法等定性研究方法，基于合作治理、新时代中国社会主要矛盾与合作悖论等理论研究视角，首次提出社区公共文化服务的"矛盾、合作、动力"的理论分析框架；运用文献分析法、案例分析法、社会网络分析法对当前我国社区公共文化服务合作治理的主客体要素进行深度剖析，发现除基层政府、社会组织、企业、社区居民外，基层党组织与社区文化骨干为社区公共文化服务合作治理的重要治理主体，在此基础上，发现基层党组织的贯穿功能与社区文化骨干等自治功能间并不排斥而是有机合作互动关系，并形成一种"党建引领+基层自治"的社区公共文化服务合作治理架构，这也是中国场景下社区公共文化服合作治理的重要本土化特色。

第三，基于中国场景下社区公共文化服务合作治理的实证研究，首次提出社区公共文化服务合作悖论问题，并系统剖析其诱因及对策；在此基础上，综合运用定性与定量分析方法，对社区公共文化服务合作治理的动力要素进行分析论证，实现由案例研究到理论分析的突破。首先，运用深度访谈、典型性个案研究等定性研究方法，基于社会调查的第一手资料与文献、新闻资讯等第二手资料，研究发现当前我国社区公共文化服务合作治理中存在合作悖论问题而导致其发展迟缓或区域发展不平衡，区县政策执行中的政策梗阻、信息黑箱、社会组织治理能力不足、基层领导干部创新或动员能力不足等问题是其根本诱因。其次，运用主成分因子分析等定量研究方法，对基于深度访谈、比较个案研究等定性研究方法获得的社区公共文化服务合作治理的具体动力要素进行验证、分析，指出社区公共文化服务合作治理的主要动力要素及其影响度。最后，在前述理论与实证研究的基础上，首次提出合同制与非合同制是中国场景下社区公共文化服务合作供给制度选择，并指出二者应用价值与改革路径，尤其是非合同制在社区公共文化服务供给中发挥着更为积极、有效的作用，且更具应用价值；并归纳指出应基于制度、组织、人才、过程四个维度推动中国社区公共文化服务合作治理效能不断提升。

本书是笔者于天津大学公共管理学院博士求学期间，在导师陈通教授的指导下，对社区公共文化服务治理问题的一些思考与总结，书中选取了个人之前发表过的一部分文章、资政建言报告及案例研究成果。本书是在笔者已通过答辩的博士论文基础上，联系新时代社区公共文化服务合作治理的新内涵、新特征，基于国内与国际、历史与现代的比较研究的视角，重新整理、补充、完善而形成的。较之原博士论文，框架结构做了一些调整，并补充了大量新的研究内容，尽可能地使之更为完整、系统、严谨。

改革开放四十多年来，我国经济发展迅速，社会公众的物质文化生活日益丰富，然而，社区公共文化服务仍存在着较为严重的供给短缺、供给过剩、供需不一致等供需矛盾问题，制约着社区稳定、和谐发展。本书从社区公共文化服务合作治理的中国本土化模式建构出发，基于比较研究的视野，明确中国场景下社区公共文化服务合作治理的理论内涵、历史逻辑与实践逻辑；基于"矛盾、合作、动力"的理论分析框架，深入分析当前中国社区公共文化服务合作治理中面临的合作悖论困境、动力要素与合作供给制度选择；以推动社区公共文化服务供给由传统的政府独建、政府独管、全民共享模式转变为全民共建、共管、共享的治理格局。本书致力于通过对社区公共文化服务合作治理问题的理论与实证相结合的综合性研究，探究其内在理论逻辑与实践路径，以对当前学界关于社区公共文化服务供给模式及机制创新的相关研究形成有益补充与完善，为科研院所及高校科研人员在相关议题的科研与教学提供参考，并致力于为基层政府及其派出机关推进社区公共文化服务供给优化、模式创新及机制建构提供理论与数据支撑。

胡艳蕾

2021 年 4 月 19 日

目　录

第一章　绪论 ································· 1

　　第一节　问题的提出 ···························· 1
　　第二节　国内外研究述评 ························ 7
　　第三节　研究目的与研究意义 ···················· 14
　　第四节　研究内容与研究方法 ···················· 19
　　第五节　创新之处 ······························ 24

第二章　理论基础 ······························ 27

　　第一节　相关概念阐释 ·························· 27
　　第二节　理论研究视角综述与现实价值 ············ 37
　　第三节　中国场景下社区公共文化服务合作治理的
　　　　　　理论意蕴 ······························ 50

第三章　历史逻辑：中外社区公共文化服务合作治理模式演进 ······ 55

　　第一节　国外社区公共文化服务供给模式的变迁 ···· 55
　　第二节　中国社区公共文化服务的供给模式变迁 ···· 60
　　第三节　合作治理：社区公共文化服务供给模式演进的
　　　　　　历史逻辑 ······························ 66

第四章　实践逻辑：社区公共文化服务供需矛盾与合作治理 ······ 68

　　第一节　社区公共文化服务供需矛盾问卷调查方案设计 ···· 69
　　第二节　Cronbach 信度分析 ····················· 71
　　第三节　社区公共文化服务调查样本的客观特征 ···· 73
　　第四节　社区公共文化服务供需现状分析 ·········· 75

第五节 社区公共文化服务供需矛盾的问题表现 …………… 113

第六节 社区公共文化服务供需矛盾问题的诱因分析 ………… 116

第七节 合作治理：社区公共文化服务供需矛盾的
有效应对措施 ………………………………………… 118

第五章 中国社区公共文化服务合作治理的要素与关系 …………… 120

第一节 中国社区公共文化服务合作治理的主体要素 ………… 121

第二节 中国社区公共文化服务合作治理的客体要素 ………… 127

第三节 中国社区公共文化服务合作治理的主体关系网络 …… 135

第四节 本章小结 ………………………………………………… 146

第六章 中国社区公共文化服务合作悖论的多案例比较 …………… 149

第一节 合作治理与合作悖论 …………………………………… 150

第二节 多元治理主体间合作悖论的问题表现 ………………… 151

第三节 社区公共文化服务治理主体间合作悖论的
诱因分析 ………………………………………………… 158

第四节 本章小结 ………………………………………………… 164

第七章 社区公共文化服务合作治理的中新比较 …………………… 165

第一节 跨国比较研究的理论维度 ……………………………… 166

第二节 社区公共文化服务合作治理的中新比较 ……………… 167

第三节 本章小结 ………………………………………………… 174

第八章 社区公共文化服务合作治理的动力要素 …………………… 175

第一节 社区公共文化服务合作治理的个案比较 ……………… 176

第二节 中国场景下社区公共文化服务合作治理动力
要素检验 ………………………………………………… 189

第三节 本章小结 ………………………………………………… 205

第九章 中国社区公共文化服务合作供给制度选择 ………………… 207

第一节 社区公共文化服务合作供给制度类型划分 …………… 208

第二节 社区公共文化服务非合同制合作供给的优势 ………… 210

第三节　社区公共文化服务"非合同制"合作供给
　　　　　　制度风险 ·· 214
　　　第四节　本章小结 ·· 217

第十章　结论与展望 ·· 219

　　　第一节　主要研究结论 ·· 220
　　　第二节　对策建议 ·· 223
　　　第三节　研究不足与展望 ··· 232

附录A　社区公共文化服务合作治理典型性案例 ················ 233

附录B　社区公共文化服务供需现状的调查问卷 ················ 249

附录C　社区公共文化服务合作治理深度访谈提纲 ············· 252

附录D　社区公共文化服务合作治理动力要素的调查问卷 ···· 254

参考文献 ·· 257

致　谢 ··· 275

第一章 绪论

文化是国民或民族之魂，是人类全面自由发展的根本需求；而优化社区公共文化服务体系则是现代国家维护公民根本文化权利的重要保障；是推动国家或民族复兴发展的重要基础。本章在对社区公共文化服务合作治理研究背景进行系统梳理的基础上，提出对新时代我国社区公共文化服务供需问题与合作治理问题进行深入研究的必要性与理论现实意义；其次，在对国内外研究现状与动态系统梳理、分析的基础上，指出当前国内外针对社区公共文化服务合作治理相关研究的不足之处；最后对本书的研究目的、研究意义、研究方法、研究内容、研究方法及创新之处进行系统阐释。

第一节 问题的提出

一 研究背景

20世纪中期，随着经济迅速发展，西方发达资本主义国家纷纷进入"福利国家"，凯恩斯的国家干预主义的经济学理论得到广泛认可，西方政府日益重视公共文化服务体系建设，逐步确立了政府主导的公共文化服务治理结构。如1959年，法国首次建立了中央文化管理机关即"法国文化部"，该部门的建立标志着文化管理被正式纳入现代政府的行政范畴。① 然而，20世纪60年代以来，西方资本主义国家遭遇了市场失灵、政府失灵双重问题，对于政府的角色定位引起西方学者的反思。20世纪80年代，西方发达国家在"政府再造""企业家政府""治理理论""公

---

① 李少惠、余君萍：《西方公共文化服务体系综述及其启示》，《图书馆理论与实践》2012年第3期。

共选择"等新公共管理理论改革浪潮的推动下,政府文化管理体制由传统的"政府主导"模式逐步转变为多元参与模式,合作治理(collaborative governance)成为西方发达国家公共文化服务优化供给的主要模式选择。

中华人民共和国成立后,基于马克思、列宁的共产主义理论以及毛泽东的社会主义理论,建立了政府全权负责的公共文化服务供给模式。2005年12月,中共中央在"十一五"规划中首次提出"公共文化服务"一词,并明确指出要强化政府文化管理和服务职能,逐步构建覆盖全社会的比较完备的公共文化服务体系是文化体制改革的重要目标之一。① 党的十八大以来,我国社区公共文化服务供给机制不断改革创新。2015年5月5日,国务院办公厅转发文化部等部门发布关于政社合作供给公共文化服务的重要通知,明确指出"政府向社会力量购买公共文化服务,既是深入推进依法行政、转变政府职能、建设服务型政府的重要环节,也是规范和引导社会组织健康发展、推动公共文化服务社会化发展的重要途径,对于进一步深化文化体制改革,丰富公共文化服务供给,提高公共文化服务效能,满足人民群众精神文化和体育健身需求具有重要意义。"② 2017年10月18日,习近平总书记在党的十九大报告中着重指出文化自信的重要性,认为"文化是一个国家、一个民族的灵魂。文化兴国运兴,文化强民族强。没有高度的文化自信,没有文化的繁荣兴盛,就没有中华民族伟大复兴。要坚持中国特色社会主义文化发展道路,激发全民族文化创新创造活力,建设社会主义文化强国。"③ 并指出应坚持社会主义核心价值观体系,继承革命文化,发展社会主义先进文化,并对公共文化服务体系建设提出新要求,指出"要深化文化体制改革,完善文化管理体制,加快构建把社会效益放在

---

① 中共中央:《中共中央关于制定国民经济和社会发展第十一个五年规划的建议》,新华网,2005年10月7日,http://www.xinhuanet.com//misc/2005-10/07/content_3590217.htm,2021年5月5日。
② 国务院:《国务院办公厅转发文化部等部门关于做好政府向社会力量购买公共文化服务工作意见的通知(国办发〔2015〕37号)》,中国政府网,2015年5月11日,http://www.gov.cn/zhengce/content/2015-05/11/content_9723.htm,2021年5月5日。
③ 习近平:《决胜全面建成小康社会 夺取新时代中国特色社会主义伟大胜利——在中国共产党第十九次全国代表大会上的报告》,中国政府网,2017年10月27日,http://www.gov.cn/zhuanti/2017-10/27/content_5234876.htm,2021年5月5日。

首位、社会效益和经济效益相统一的体制机制。完善公共文化服务体系,深入实施文化惠民工程,丰富群众性文化活动。加强文物保护利用和文化遗产保护传承。"① 因此,如何不断加强社会力量参与社区公共文化服务供给,构建由政府部门、私人部门、非政府组织、社区居民多元主体合作治理的共建、共享、共治机制,不断推动社区公共文化服务供给的丰富多样性与社区公共文化服务品质,以满足人民群众日益增长的公共文化需求,是新时代中国社区公共文化服务治理的重要议题。

二 问题的产生

2017年10月18日,习近平同志于党的十九大报告中指出"中国特色社会主义进入新时代,我国社会主要矛盾已经转化为人民日益增长的美好生活需要和不平衡不充分的发展之间的矛盾"②。同样,该问题存在于社区公共文化服务供给领域。党的十八大以来我国公共文化服务水平不断提高,公共文化服务体系的市场化、社会化步伐也不断加快,倡导多元主体参与的合作治理理论日渐被基层政府应用于社区公共文化服务供给实践中,并取得一定成效。以浙江省为例,2003年6月该省被确定为全国文化体制改革试点省,在地方政府的推动引导下,公共文化服务供给模式由传统政府主导的单一化供给模式转变为政府主导下的社会力量广泛参与的多元主体供给模式,运用市场机制对公共文化服务发展模式进行创新与重构,逐步形成了政府采购、项目补贴、以奖代拨、项目申报等多样化的公共文化服务供给方式,有效缓解了社区公共文化服务供给不足问题。然而,由于我国存在较为严重的区域社会经济文化发展不平衡,导致部分地方财政投入不足、非政府组织发展滞后、企业社会责任感偏低等诸多问题,一方面造成一些经济欠发达地区的社区公共文化服务合作治理实践存在发展滞后、创新动力不足;另一方面,随着社会经济发展,社会公众物质生活日益丰富多

---

① 习近平:《决胜全面建成小康社会 夺取新时代中国特色社会主义伟大胜利—在中国共产党第十九次全国代表大会上的报告》,中国政府网,2017年10月27日,http://www.gov.cn/zhuanti/2017-10/27/content_5234876.htm,2021年5月5日。

② 习近平:《决胜全面建成小康社会 夺取新时代中国特色社会主义伟大胜利—在中国共产党第十九次全国代表大会上的报告》,中国政府网,2017年10月27日,http://www.gov.cn/zhuanti/2017-10/27/content_5234876.htm,2021年5月5日。

样,对于社区公共文化服务的数量需求与品质保障不断提升,传统供给方式无法满足他们对于社区公共文化服务的新需求。此外,一些经济较发达地区社区公共文化服务合作治理虽然起步较早,但由于社区公共文化服务合作治理的中国本土化理论研究设计发展滞后导致理论研究与实践运作相脱节、合作治理机制不健全等问题,最终造成合作治理效能低下。

第一,社区公共文化服务的供需矛盾问题。由于我国区域经济发展不平衡、资源配置不均等、公共需求了解不够精准等问题造成大量社区公共文化服务合作治理中存在供给过剩、供给短缺等供需矛盾问题,即一方面社区公共文化服务的整体投入大幅增长,另一方面,社区居民对于社区公共文化服务的满意度并未随之提升,且大量社区公共文化服务设施利用率偏低造成公共资源浪费问题严重。(1)社区公共文化服务满意度偏低。如李金良等(2011)对上海市公共文化服务设施、内容、服务态度的居民满意度调查结果显示,近五成居民的满意度评价为一般。[①]再如浙江省,2001年起该省公共文化事业投入经费总额一直居于全国第二位,2006—2008年,浙江省文化、文物事业总投入经费为65.3亿元,较"十五"时期末增长1.85倍;然而,2008年浙江省委宣传部委托该省统计局民意民生调查中心利用计算机辅助电话调查系统(CATI)的抽样调查结果显示,仅有6.8%和39.99%的社会公众对自身文化生活分别表示"很满意"和"满意"。[②] 上述调查数据说明,"十一五"以来中央及地方政府日益重视公共文化服务体系建设,尤其是经济发达省市的财政投资力度不断加大,社区公共文化服务设施日益健全、种类日益多样化,然而,满意度并未大幅上升,说明当前社区公共文化服务仍存在较严重的供非所需、需非所供等供需矛盾问题。(2)社区公共文化服务硬件设施利用率较低。《中华人民共和国文化和旅游部2018年文化和旅游发展统计公报》统计数据显示,该年度公共图书馆总流通人次82032万,占总人口[③]

[①] 李金良、邓屏、杨卫武:《基于公众满意度分析的公共文化服务体系研究——以上海市为例》,《经济师》2011年第6期。

[②] 陈立旭:《公共文化发展模式转型:浙江的实践与历程》,《浙江社会科学》2014年第11期。

[③] 根据国家统计局《2018中国统计年鉴》统计数据显示,至2017年年底,中国总人口为139008万。

比例为 0.6%①，由此可见，虽然自 2018 年国家实施《公共图书馆法》，强制性要求各地增加社区图书馆数量与覆盖面；然而，统计数据却显示目前已建设的各类公共图书馆的利用率非常低。若用百度搜索"社区图书馆"这一国家投入最高的基本公共文化服务设施发现，针对社区图书馆利用率过低、无人问津、叫好不叫座等闲置率高的相关新闻报道很多，如南方都市报（2018）《广图挤爆，社区图书馆为何无人问津？服务要提升，不仅在接地气》②、山西晚报（2018）《"网红图书馆"一座难求，社区图书室却少人问津》③ 等。上述统计资料与网络资讯说明，虽然近年来国家对于基本公共文化服务设施的投入不断增加，但同时存在大量的闲置问题，其根本原因在于上述基本公共文化服务的供给时间、供给内容以及供给方式与社区居民的需求间存在一定矛盾，最终造成大量闲置问题，即公共资源浪费问题。因此，应对当前社区公共文化服务供需矛盾问题的具体表现与诱因进行调查研究，并联系合作治理理论与实践机制，探讨切实可行的解决对策。

第二，我国社区公共文化服务合作治理的本土化理论研究不足及滞后问题。21 世纪初，合作治理（collaborative governance）理论（也被称为合作治理、协同治理）日益引起国内学者关注，形成一大批卓有影响力的研究成果，如张康之（2008）④、敬乂嘉（2009）⑤、蔡岚（2013）⑥ 认为其作为一种新的理论范式，是指由政府、企业、社会组织等多元主体构成的治理机制；燕继荣（2013）认为是善治理论的 3.0 版本⑦，麻宝

---

① 中华人民共和国文化和旅游部：《中华人民共和国文化和旅游部 2018 年文化和旅游发展统计公报》，中华人民共和国文化和旅游部官网，2019 年 5 月 30 日，http://zwgk.mct.gov.cn/auto255/201905/t20190530_844003.html? keywords =，2021 年 5 月 5 日。
② 兽兽：《广图挤爆，社区图书馆为何无人问津？服务要提升，不仅在接地气》，南方都市报，2018 年 10 月 18 日，搜狐网，http://www.sohu.com/a/260135119_161795，2021 年 5 月 5 日。
③ 宋雅琪：《"网红图书馆"一座难求，社区图书室却少人问津》，山西晚报，2018 年 11 月 16 日，百度，https://baijiahao.baidu.com/s? id = 1617264848353776380& wfr = spider&for = pc，2021 年 5 月 5 日。
④ 张康之：《论社会治理中的协作与合作》，《社会科学研究》2008 年第 1 期。
⑤ 敬乂嘉：《合作治理：再造公共服务的逻辑》，天津人民出版社 2009 年版。
⑥ 蔡岚：《合作治理：现状和前景》，《武汉大学学报》（哲学社会科学版）2013 年第 3 期。
⑦ 燕继荣：《协同治理：社会管理创新之道——基于国家与社会关系的理论思考》，《中国行政管理》2013 年第 2 期。

斌等（2011）等认为社区在国家与社会协同治理中发挥着关键作用[①]；郭道久（2016）认为其是一种新的政府治理理念，是指"中国社会治理中政府与公共机构、社会组织、私人企业等共同参与和推进的新形式"[②]，但基于中国情境下具有天然的主体不平等性。然而，合作治理在国内学界相关研究中仍处于"低范式领域"（low-paradigm field），即其概念界定、理论内涵、动力机制、运行逻辑等方面尚存在争议与提升空间。前述国内研究成果侧重于对合作治理理论的介绍与本土化价值的分析，且应用于全球治理、环境治理、府际关系、社会治理等领域而展开的研究成果较多，但应用于社区公共文化服务领域的研究仍不多见，少数研究侧重于解决某一类公共文化服务合作治理问题，仍未有针对当前中国基层治理结构与社区公共文化服务供需矛盾问题，探讨如何构建具有中国本土化特色的社区公共文化服务合作治理结构、行动逻辑、动力机制等专题研究。总之，由于我国对于社区公共文化服务合作治理的模式选择、制度设计及其监督评价机制等方面的研究仍处于起步阶段，导致理论研究无法满足当前社区公共文化服务合作治理的实践需求。

第三，社区公共文化服务合作治理中的合作悖论问题。近年来，随着合作治理理论在中国的传播与发展，中央政府部门制定出台政府、企业、非政府组织与社会公众共同参与、协同推动公共文化服务体系建设的系列政策，各级政府部门越来越多地将之纳入优化社区公共文化服务供给的改革议程，在推动社区公共文化服务供给模式优化、供给路径拓展、供给效率提升等现实问题的解决方面取得一定进展。然而，由于中国场景下社区公共文化服务合作治理的相关制度、组织、人才、公共价值等不够健全完善，造成政府部门、企业、非政府组织以及社区居民间的合作悖论问题，最终导致不同区域间公共文化服务合作治理发展极为不平衡。

综上所述，亟须明确合作治理对于解决中国社区公共文化服务供需矛盾问题的理论与实践价值，厘清中国场景下社区公共文化服务合作治理的理论意蕴、合作网络关系；在此基础上，将理论框架分析与实证调

[①] 麻宝斌、任晓春：《政府与社会的协同治理之路——以汪清县城市社区管理改革为个案》，《吉林大学社会科学学报》2011年第6期。

[②] 郭道久：《协作治理是适合中国现实需求的治理模式》，《政治学研究》2016年第1期。

查研究有机结合，通过对多个社区公共文化服务合作治理的典型性个案进行深度调查与比较，分析论证当前中国社区公共文化服务合作治理的实践逻辑、合作悖论、动力要素以及制度选择等行动逻辑问题。

第二节 国内外研究述评

目前，国内外学界对于社区公共文化服务与合作治理相关问题的研究已形成了一些较为丰富且影响力较大的研究成果。本小节据其研究视角、研究内容及研究侧重点的不同，对国内外学界的当前研究成果进行系统梳理与归纳总结，并对前研究现状尤其是亟须进一步深入研究的空间进行归纳分析。

一 国外相关研究综述

国外学界对于社区公共文化服务供给问题的研究最早可追溯至19世纪初期亚当·斯密的自由市场经济学理论，目前针对社区公共文化服务合作治理相关问题已形成较为丰富的研究成果，根据其研究内容的不同，大体可划分为下述三类：

（一）社区公共文化服务供给主体的相关研究

国外对于社区公共文化服务供给主体的研究可划分为三个时期：（1）市场供给时期。西方国家对公共文化服务供给主体的研究最早可追溯至19世纪初，基于亚当·斯密所倡导的自由市场经济理念而奉行"管得最少的政府就是最好的政府"①，由此，市场作为单一供给主体，运用市场机制实现社区公共文化服务供给，该机制被一致认为是社区公共文化服务的最优供给机制。（2）政府供给时期。20世纪50年代，凯恩斯（J. M. Keynes）的"国家干预主义"理论②被学界与西方政府广泛接受，公共文化服务被纳入现代政府行政体制，如1959年法国文化部的成立③，由此，政府部门被视为社区公共文化服务的关键供给主体。（3）多主体供给时期。20世纪90年代初，随着西方新公共管理理论、新公共服务理

---

① ［英］亚当·斯密：《国富论》，富强译，北京联合出版公司2014年版。
② ［英］凯恩斯：《就业、利息和货币通论》，徐毓枬译，译林出版社2011年版。
③ 李少惠、余君萍：《西方公共文化服务体系综述及其启示》，《图书馆理论与实践》，2012年第3期。

论以及治理理论的发展，政府部门、企业、非政府组织等均被视为社区公共文化服务的供给主体。如 Frederick van der Ploeg（2006）认为欧洲大陆国家属于将"一臂之距"分权化管理原则与政府主导相整合而形成的复合型公共文化服务治理模式，而英国则是基于"一臂之距"原则的更为分权化的公共文化服务治理模式①；D Netzer（2006）对美国公共文化服务的"民间主导"治理模式进行了分析评价②；Thomas Elston（2014）则从质疑的角度对英国基于"一臂之距"原则的公共文化服务治理模式进行了分析与反思③；Enrico Bertacchini 等（2014）④、Davide Ponzini 等（2014）⑤ 均认为应建立由政府、企业、社会组织等多元治理主体构成的公共文化服务合作供给模式。

（二）社区公共文化服务供需矛盾问题的相关研究

国外对公共文化服务供需矛盾问题的研究，最早可追溯至古典经济学理论中的供求理论，如凯恩斯（J. M. Keynes, 1926）⑥ 指出应通过政府干预消解当时存在的就业、收入等一系列供需不均等问题。然而，源自经济学的供求理论的关注点在于宏观、微观经济问题，而未对公共文化服务供需矛盾问题展开专门分析。21 世纪初，西方学者对于公共文化服务供需矛盾问题研究成果日益增多。如奥沙利文（Arthur O'Sullivan）⑦ 基于城市经济学的角度，指出西方发达国家城市公共文化服务供给中存在城市富人区与贫民窟间、中产阶层与低收入阶层间的供需不均等问题；联合国教科文组织（UNESCO, 2005）针对世界文化发展的不平衡问题通

---

① Frederick van der Ploeg, *The Making of Cultural Policy: A European Perspective*, Handbook of the Economics of Art and Culture, Chapter 34, Vol. 1, No. 1, 2006, pp. 1183 – 1221.

② D Netzer, *Cultural Policy: An American View*, Handbook of the Economics of Art and Culture, Chapter 35, Vol. 1, No. 1, 2006, pp. 1223 – 1251.

③ Thomas Elston, "Not So 'arm's length': Reinterpreting Agencies in UK Central Government", *Public Administration*, Vol. 92, No. 2, 2014, pp. 458 – 476.

④ Enrico Bertacchini, Dalle Nogare, Chiara, "Public Provision vs. Outsourcing of Cultural Services: Evidence from Italian cities, Europea", *Journal of Political Economy*, Vol. 35, 2014, pp. 168 – 182.

⑤ Davide Ponzini, Gugu Silvia, Alessandra Oppio, "Is the Concept of the Cultural District Appropriate for both Analysis and Policymaking? Two Cases in Northern Italy City", *Culture and Society*, Vol. 5, No. 2, 2014, pp. 75 – 85.

⑥ ［英］凯恩斯：《就业、利息和货币通论》，徐毓枬译，译林出版社2011 年版。

⑦ ［美］奥沙利文：《城市经济学》（第 8 版），周京奎译，北京大学出版社2015 年版。

过《保护和促进文化表现形式多样性公约》[①];Mike van Graan 等(2015)[②]、Lydia Deloumeaux(2015)[③]认为促进不同国家文化专业人员及文化产品的流动有助于解决当前全球文化发展的不平衡,以缓解不同国家公共文化服务供需不均等问题。总体而言,上述研究侧重于对公共文化服务供给均等化问题的研究,针对社区公共文化服务合作治理中供需矛盾问题的相关研究极为少见。

(三)社区公共文化服务合作治理模式及实践机制研究

20世纪90年代初,随着新公共管理理论、治理理论、新公共服务理论等理论的发展,合作治理(collaborative governance)成为国外公共文化服务供给中所普遍选择的治理理念。作为一种新的治理范式,R O'leary 等(2006)[④]、Shui-Yan Tang 等(2010)[⑤]、Taehyon Choi(2011)[⑥] 等学者认为合作治理首先是指一种由公共部门、私人部门以及第三部门等多元主体共同参与的跨部门合作机制,具有协商、合作、共赢等基本特征,该机制在解决跨区域事务、府际关系协同、社会治理等问题中发挥着重要作用。由此,近年来合作治理理论开始被引入公共文化服务领域的相关研究,代表性研究如 Davide Ponzini 等(2014)[⑦]认为由于文化本身具有多样性的本质属性,合作治理模式是公共文化服务的最佳供给模式,并基于Ansell与Gash(2008)[⑧]的合作治理模型对意大利文化区

---

① 转引自韩缨《经济全球化与文化多样性的冲突和共存——对联合国教科文组织2005年〈文化多样性公约〉的解读》,《中国青年政治学院学报》2009年第6期。

② 联合国教科文组织:《重塑文化政策》,社会科学文献出版社2016年版,第87—132页。

③ 联合国教科文组织:《重塑文化政策》,社会科学文献出版社2016年版,第87—132页。

④ Rosemary O'Leary, Catherine Gerard and Lisa Blomgren Bingham, "Introduction to the Symposium on Collaborative Public Management", *Public Administration Review*, Vol. 66, No. S1, 2006, pp. 6-9.

⑤ Shui-Yan Tang, Daniel A. Mazmanian, "Understanding Collaborative Governance from the Structural Choice-Politics, IAD, and Transaction Cost Perspectives", *SSRN Electronic Journal*, (March 1, 2010), https://www.researchgate.net/publication/22821234_Understanding_Collaborative_Governance_from_the_Structural_Choice_-_Politics_IAD_and_Transaction_Cost_Perspectives.

⑥ Taehyon Choi, "Information Sharing, Deliberation, and Collective Decision-Making: A Computational Model of Collaborative Governance", PHD Dissertation, University of Southern California, 2011.

⑦ Davide Ponzini, Gugu Silvia, Alessandra Oppio, "Is the Concept of the Cultural District Appropriate for both Analysis and Policymaking? Two cases in Northern Italy City", *Culture and Society*, Vol. 5, No. 2, 2014, pp. 75-85.

⑧ Chris Ansell, Alison Gash, "Collaborative Governance in Theory and Practice", *Journal of Public Administration Research and Theory*, Vol. 18, No. 4, 2008, pp. 543-571.

合作治理中如何确保文化多样性问题进行了系统分析。然而，总体而言，将合作治理理论应用于社区公共文化服务供需矛盾问题的研究仍不多见。

二 国内相关研究综述

中国古代社会封建国家并未向普通民众提供真正意义上的公共文化产品或服务，公共文化活动主要表现为普通民众在庙宇神邸、书院、会馆、茶楼、酒肆、瓦肆勾栏等处享用的一些简单的文化娱乐活动，且上述文化活动生产、传播及消费均是由同乡会、行会、宗族、宗教组织等社会团体购买和消费，曲艺演出、文化园林等较高级的文化产品仅仅为封建君主、官僚及乡绅等统治阶层提供；近代中国社会文化活动在新兴知识分子及资产阶层的推动下日益丰富多样化，但其享用主体为知识分子阶层、小资产阶层以及社会权贵阶层而非社会公众。中华人民共和国成立以后，公共文化服务开始成为国家为人民免费提供的一项重要公共产品，但并未引起学界广泛关注。直至21世纪初，社区公共文化服务与合作治理问题开始引起国内学界广泛关注，并形成一系列相关研究成果。根据研究内容与侧重点的不同，可大体分为三类。

（一）中国社区公共文化服务的内涵及其功能研究

2005年12月，中共中央于"十一五"规划中首次提出"公共文化服务"一词。[1] 公共文化服务作为一个极具中国本土特色的名词概念，是我国公共服务的重要构成单元，是维护现代国家和谐持续发展的根本基础与重要动力。近年来，国内部分学者对其内涵与功能进行深入系统研究，并形成了一系列有影响力的研究成果。齐勇锋、李平凡（2012）对公共文化服务体系建设与国家文化软实力间的内在联系与互动关系进行了深入分析[2]；陶东风（2015）基于民生、民权的两大视角对公共文化服务的立法依据、功能定位等问题进行了深入系统的分析[3]；嵇亚林、李娟莉（2006）基于公民文化权利的视角对公共文化服务的功能

---

[1] 中共中央：《中共中央关于制定国民经济和社会发展第十一个五年规划的建议》，新华网，2005年10月7日，http://www.xinhuanet.com//misc/2005-10/07/content_3590217.htm，2021年5月5日。

[2] 齐勇锋、李平凡：《完善公共文化服务体系提高国家文化软实力》，《中国特色社会主义》2012年第1期。

[3] 陶东风：《公共文化服务：从民生概念到民权概念》，《中国政法大学学报》2015年第3期。

以及政府的主体责任进行分析,并以江苏省为例探讨了当前公共文化服务体系建设中的成就、问题以及解决对策①;李世敏、吴理财基于政治文化的视角对公共文化服务的"展示政治"功能进行系统阐释②。然而,对于社区公共文化服务的理论内涵及其功能的极具影响力的研究成果仍不多见。

(二)社区公共文化服务供给模式及主体的相关研究

我国对社区公共文化服务供给模式及供给主体的研究大体可分为三个阶段:(1)政府完全主导模式。中华人民共和国成立后,基于马克思、列宁的共产主义理论以及毛泽东的社会主义理论,建立由中央及地方政府构成的公共文化服务治理主体与政府主导的治理模式。(2)政府、企业、非政府组织等多元主体供给的萌芽期。2005 年,中共中央"十一五"规划建议明确指出要强化政府文化管理和服务职能,逐步构建覆盖全社会的比较完备的公共文化服务体系是文化体制改革的重要目标之一。自此,学术界形成了一批有影响力的研究成果,如李少惠等(2007)③、游祥斌等(2013)④、姜海珊等(2016)⑤ 对农村公共文化服务治理中存在的问题及管理体制创新的研究;陈立旭(2008)⑥ 对浙江省公共文化服务市场化、社会化等治理实践机制创新的研究;李少惠等(2012)⑦、金雪涛等(2013)⑧ 对欧美日等西方发达国家公共文化服务治理模式的研究;

---

① 嵇亚林、李娟莉:《公民文化权利与公共文化服务——对构建江苏公共文化服务体系的分析与思考》,《艺术百家》2006 年第 7 期。

② 李世敏、吴理财:《展示政治:以公共文化服务来理解学习与实践》,《上海行政学院学报》2016 年第 2 期。

③ 李少惠、崔吉磊:《论我国农村公共文化服务内生机制的构建》,《经济体制改革》2007 年第 5 期。

④ 游祥斌、杨薇、郭昱青:《需求视角下的农村公共文化服务体系建设研究——基于 H 省 B 市的调查》,《中国行政管理》2013 年第 7 期。

⑤ 姜海珊、李升:《城市融入视角下的北京农民工公共文化服务状况》,《人口与社会》2016 年第 2 期。

⑥ 陈立旭:《以全新理念建设公共文化服务体系——基于浙江实践经验的研究》,《浙江社会科学》2008 年第 9 期。

⑦ 李少惠、余君萍:《西方公共文化服务体系综述及其启示》,《图书馆理论与实践》2012 年第 3 期。

⑧ 金雪涛、于晗、杨敏:《日本公共文化服务供给方式探析》,《理论月刊》2013 年第 11 期。

黄丽娟（2014）[①]、牛华（2014）[②]对政府购买公共文化服务模式的研究。（3）政府、企业、非政府组织等多元主体供给的探索期。21世纪初，合作治理（collaborative governance）理论（也被称为合作治理、协同治理）日益引起国内学者关注，形成一大批卓有影响力的研究成果，如张康之（2008）[③]、敬乂嘉（2009）[④]、蔡岚（2003）[⑤]认为其作为一种新的理论范式，是指由政府、企业、社会组织等多元主体构成的治理机制；麻宝斌等（2011）等指出社区在国家与社会协同治理中发挥着关键作用[⑥]；燕继荣（2013）认为其是善治理论的3.0版本[⑦]；郭道久（2016）认为其是一种新的政府治理理念，是指"中国社会治理中政府与公共机构、社会组织、私人企业等共同参与和推进的新形式"[⑧]，但基于中国情境下具有天然的主体不平等性。然而，上述研究成果侧重于对合作治理理论的介绍与本土化价值的分析，针对公共文化服务合作治理问题展开研究的成果仍不多见，针对社区公共文化服务合作治理中国实践的专门研究更是极为少见。综上所述，随着合作治理的理论研究日益丰富，社区公共文化服务合作治理的实践创新日益增多，然而，中国社区公共文化服务合作治理的本土化理论与实践研究仍相对不足。

（三）社区公共文化服务供需矛盾问题的相关研究

近年来，国内学者对于公共文化服务供需矛盾问题的关注度日益提高，现有研究成果的研究关注点集中体现为探讨推动公共文化服务供给均等化的必要性及其实施机制。代表性成果有：唐亚林等（2012）基于公民文化权利平等的理论视角，深入分析了当今中国公共文化服务均等

[①] 黄丽娟：《政府购买公共文化服务探析——以江苏省南通市为例》，《行政论坛》2014年第4期。

[②] 牛华：《我国政府购买公共文化服务发展现状与价值探析》，《管理观察》2014年第5期。

[③] 张康之：《论社会治理中的协作与合作》，《社会科学研究》2008年第1期。

[④] 敬乂嘉：《合作治理：再造公共服务的逻辑》，天津人民出版社2009年版。

[⑤] 蔡岚：《合作治理：现状和前景》，《武汉大学学报》（哲学社会科学版）2013年第3期。

[⑥] 燕继荣：《协同治理：社会管理创新之道——基于国家与社会关系的理论思考》，《中国行政管理》2013年第2期。

[⑦] 麻宝斌、任晓春：《政府与社会的协同治理之路——以汪清县城市社区管理改革为个案》，《吉林大学社会科学学报》2011年第6期。

[⑧] 郭道久：《协作治理是适合中国现实需求的治理模式》，《政治学研究》2016年第1期。

化发展现状及其路径选择①；方堃等（2013）基于农民工文化权利的视角探讨了包容性视角下我国农民工公共文化服务供给的均等化问题②；陈立旭（2011）基于社会公平与服务型政府建设的视角探讨了推动公共文化服务供给均等化的理论价值③；王晓洁（2012）基于泰尔指数（Theil Index）对1999年、2009年两个年度我国公共文化服务供给均等化水平进行了测算与比较研究。④ 显然，上述研究侧重从公共文化服务这一较宏观的概念出发，对其区域间、阶层间供给不均等而引发的供需矛盾问题进行系统研究，但仍未有基于社区层面对其供需矛盾问题的研究。

三 当前研究的不足之处

通过对当前国内外相关文献的系统梳理与比较分析，认为当前国内外针对社区公共文化服务合作治理的相关研究主要存在下述几点不足之处。

第一，目前国内外学术界对于公共文化服务供给模式与实践机制的研究已形成一批卓有影响力的研究成果，尤其是国外已形成了政府主导（法、日）、民间主导（加、美）以及政府与民众组织的分权化（即"一臂之距"，英、澳）三种供给模式。2005年以后国内相关研究成果迅速增多，但研究成果集中于对其管理机制创新与实践的探索与分析，较缺少基于文献分析、历史比较法对国内外社区公共文化服务供给模式的发展历程与发展趋势进行系统比较的研究，未能对合作治理模式应用于社区公共文化服务供给的历史逻辑进行系统梳理。

第二，目前国内外研究侧重于对公共文化服务这一较宏观概念的供给模式优化的理论内涵、实践机制等问题展开研究，社区作为社会共同体建构的基本单位，其公共文化服务的供给优化问题未能允分引起学界关注；且较缺乏从理论与实证相结合的层面深入剖析中国情境下社区公共文化服务合作治理的实践逻辑、主客体要素、合作悖论、动力要素、供给制度选择等问题的系统化研究，造成目前相关理论研究成果难以支

---

① 唐亚林、朱春：《当代中国公共文化服务均等化的发展之道》，《学术界》2012年第5期。
② 方堃、冷向明：《包容性视角下公共文化服务均等化研究》，《江西社会科学》2013年第1期。
③ 陈立旭：《推动基本公共文化服务均等化》，《浙江社会科学》2011年第12期。
④ 王晓洁：《中国基本公共文化服务地区间均等化水平实证分析——基于1999年、2009年数据比较的考察》，《财政研究》2012年第3期。

撑实践创新发展。

第三，国外对于社区公共文化服务供需矛盾问题的研究通常包络于文化政策、城市经济、城市规划、公共设施等供给均等化的研究议题之中，且国内的相关研究尚处于起步阶段，公共文化服务供给中存在的城市与乡村间的供给不均等、农民工阶层与其他社会阶层间供给不均等问题开始引起一些学者的关注；总体而言，国内外针对社区公共文化服务供需矛盾问题的研究成果，尤其是理论与实证相结合的研究极为少见。

第四，合作治理作为一种"低范式领域"（low - paradigm field），在中国社区公共文化服务供给场景下的理论意蕴、主客体要素、动力机制等方面的相关研究尚存在争议之处与提升空间，且目前国内学者将该理论应用于全球治理、环境治理、府际关系、社会治理等领域而展开的研究成果较多，但应用于公共文化服务领域的研究仍不多见；尤其是基于中国政治经济文化环境下，社区公共文化服务合作治理的本土特色的相关研究较为少见。

第三节　研究目的与研究意义

近年来，社区公共文化服务的供给优化问题日益引起国内外学者的关注；而合作治理作为一种新的治理范式，也日益成为地方政府公共文化服务供给优化的重要改革工具。本书致力通过理论与实践相结合的综合研究，一方面对社区公共文化服务合作治理的理论内涵、行动逻辑及动力机制进行系统阐释；另一方面，对当前我国社区公共文化服务合作治理中面临的问题、原因及其解决路径进行系统剖析。

一　研究目的

近年来，社区公共文化服务的供给优化问题日益引起国内外学者的关注，并形成了一些有影响力的研究成果。然而，基于合作治理的视角对当前中国社区公共文化服务供给中存在的数量不足、质量短缺以及供需不一致等供需矛盾问题的研究仍不多见，造成当前我国社区公共文化服务治理改革行动缺乏理论支撑与实践依据。因此，针对上述研究的不足之处，本书致力于解决下述几个方面的问题。

(一) 中国社区公共文化服务合作治理的理论意蕴

随着西方新公共管理与后新公共管理理论思想的引入与传播，社区公共文化服务供给模式发生了重大变革，即由传统上由政府全权负责模式逐步向由政府、企业、社会合作供给的多元主体供给模式转变。然而，由于中西方政治经济体制的差异性，政府购买（government outsourcing）、合作治理（collaborative governance）等治理理论亟须本土化，即基于中国特色社会主义的政治经济体制与社会环境，构建新时代中国社区公共文化服务合作治理的理论架构。因此，本书的首要目的在于通过对当前中国社区公共文化服务多个典型性个案进行深度剖析、比较，以系统阐释基于新时代的时代背景与中国特色社会主义政治经济体制下，中国社区公共文化服务合作治理的理论内涵与合作网络关系，并构建中国社区公共文化服务合作治理的理论分析框架。

(二) 社区公共文化服务合作治理的发展逻辑

社区公共文化服务合作治理的发展逻辑由历史逻辑与实践逻辑两部分构成。本书文首先基于历史比较研究的视野，对国内外社区公共文化服务供给模式的变迁历程进行系统梳理与归纳总结，明确指出合作治理是世界各国社区公共文化服务供给模式优化的历史逻辑。其次，本书拟通过对我国社区公共文化服务的利用率、满意度等供给现状的实证调查，分析指出当前我国社区公共文化服务供需矛盾问题的客观特征与诱因，并联系相关合作治理的个案，系统分析合作治理对于社区公共文化服务供需矛盾问题的理论与实践价值，明确中国场景下社区公共文化服务合作治理的实践逻辑。习近平总书记在党的十九大报告中明确指出，随着我国改革开放的不断深入，在中国共产党的坚强领导下，在全党全国各族人民共同努力奋斗下，中国特色社会主义进入新时代，在取得丰硕成果的同时亦面临着诸多挑战。中国特色社会主义仍处于初级阶段，社会主要矛盾发生根本性变革，即"人民日益增长的美好生活需要和不平衡不充分的发展之间的矛盾"，且发展的不平衡不充分问题不仅体现在物质文化方面，还体现在民主、法治、公平、正义、安全、环境等涉及民生的方方面面。因此，对于社区居民而言，社区公共文化服务发展的不平衡不充分是新时代城市政府亟须解决的一大难题，尤其在社区公共文化服务供给中，依然存在供给不足、供给过剩、供需不一致等供需矛盾问题。

（三）中国社区公共文化服务合作治理中的合作悖论

近年来，合作治理理念开始应用于我国社区公共文化服务供给领域，然而，由于传统行政文化与行政体制、社会力量等多元因素制约，当前我国大多数社区公共文化服务合作治理效果并不显著，存在合作治理低效或发展滞后等问题，其根本原因在于社区公共文化服务合作治理主体，即政府部门、企业、非政府组织与社会公众间在合作过程中出现的合作悖论问题。因此，本书拟解决的第三个问题为，基于 Ansell 和 Gash 的合作治理一般分析模型，对多个典型性个案样本社区进行深度访谈与系统调查，通过比较研究分析当前我国社区公共文化服务合作悖论的问题表现与诱因，并在此基础上探讨解决策略。

（四）中国社区公共文化服务合作治理的动力要素

社区公共文化服务合作治理在不同国家、不同省市、不同区县的发展状况均不相同，以 A 省 J 市为例，SH 社区、JX 社区等部分典型性社区公共文化服务合作治理的发展速度、治理效能远远超过其他社区。因此，本书拟解决的第四个问题为，通过对 A 省 6 个街道办下辖 106 个社区公共文化服务合作治理现状进行比较个案研究，归纳总结社区公共文化服务合作治理的具体动力要素；在此基础上，对 A 省 45 个街道办就职的 191 名行政人员、非政府组织工作人员、省市及局级政府部门工作人员以及少量社区居民进行问卷调查，运用主成分因子分析法对社区公共方服务合作治理的主要动力要素及其影响度进行深入分析。

（五）中国社区公共文化服务合作供给制度选择与改革路径

社区公共文化服务合作供给制度是促使当前我国城市公共文化服合作治理有序、规范、长效运转的根本保障。本书在前期研究基础上，对当前国内外社区公共文化服务合作治理的供给制度类型进行梳理与分类，并联系当前中国社区公共文化服务合作治理中存在的主要困境，分析指出新时代我国社区公共文化服务合作治理的供给制度选择；在对当前中国社区公共文化服务合作治理面临的问题与诱因系统总结、分析的基础上，提出推动我国社区公共文化服务合作治理效能提升的具体改革路径与举措。

二 本书研究的理论与现实意义

改革开放以来，随着我国经济的迅速发展，城乡居民物质生活不断丰富，文化需求日益增长，然而，由于社区公共文化服务供给数量不足、质量短缺以及区域间发展不平衡等问题，造成城乡居民的精神文化需求得不到满足。本书基于公共经济、公共治理等多元理论研究视角，并结合对社区公共文化服务供需矛盾与合作治理的实证研究，系统归纳、分析社区公共文化服务供给的中国合作治理模式的理论内涵、合作网络关系、运行制度等本土化特色；另外，通过多案例比较分析，深度剖析指出我国社区公共文化服务合作治理的合作悖论与动力要素，在此基础上，探讨新时代社区公共文化服务合作治理效能优化的制度选择与行动路径，对于推动我国社区公共文化服务体系建设具有较强的理论与现实意义。

（一）理论意义

近年来，我国社区公共文化服务供给优化问题日益引起国家、政府以及社会公众的关注，国务院、文化部和地方政府已制定或出台了一系列加强公共文化服务体系建设的法律法规、公共政策以及红头文件，以推动公共文化服务体系的发展与完善。以社区图书馆为例。2017年11月4日，全国人民代表大会常务委员会讨论通过《中华人民共和国公共图书馆法》，该法规自2018年1月1日起施行。其中，明确要求每个城市或乡村的社区必须建立至少一个公共图书馆或图书室、文化站。然而，当前我国社区中已建的社区图书馆存在着无人问津等资源浪费问题。究其根本，在于该项公共产品的供给模式、管理机制存在诸多问题，而国内学术界针对上述问题的理论研究相对滞后，公共文化服务治理结构的优化与改革缺乏理论支撑。

因此，本书研究的理论意义在于通过联系新时代中国政治、经济、社会发展特点以及主要社会矛盾的表现形式，系统梳理、比较中西方社区公共文化服务治理理论模式的异同、利弊，并分析其在中国场景下的适用性，以归纳指出中国社区公共文化服务合作治理的理论内涵、合作网络关系、合作悖论、动力要素与制度选择，以推动当前该领域理论研究的突破。

（二）现实意义

本书通过对当前我国社区公共文化服务供给与合作治理发展现状的实证分析，一方面，阐明社区公共文化服务供需矛盾与合作治理的作用关系；另一方面，系统分析指出中国社区公共文化服务合作治理的主客体要素、合作关系、合作悖论以及动力要素与制度选择，以为推动新时代中国社区公共文化服务体系建设提供决策依据。

第一,满足公民日益增长的文化需求。随着我国改革开放的不断深化,社会公众的物质生活水平不断提升,与此同时,其文化需求日益多样化,社区居民对于公共文化服务的需求在数量上不断增多,且在质量上的要求越来越高。而当前社区公共文化服务供给中存在着供给不足、供给过剩、供需不一致等诸多供需矛盾问题,本书在对现实问题进行实证分析的基础上,结合西方关于合作治理的理论,探讨如何推动新时代社区公共文化服务合作治理机制快速发展,以提升社区公共文化服务供给效益与效能及其获得感,从而满足当前社区居民日益增长的文化需求。

第二,推动政府治理能力的现代化。中国共产党十八届三中全会提出:"全面深化改革的总目标是完善和发展中国特色社会主义制度,推进国家治理体系和治理能力现代化。"[①] 其中,国家治理体系是指中国共产党领导下中国政府进行国家管理的制度体系,具体包括政治、经济、文化、社会、生态文明和党的建设等各领域的法律法规、管理体制、运行机制等制度安排,其本质上是一整套紧密相连、相互协调的国家制度;国家治理能力则是指中国政府在中国共产党的领导下,运用规范化、多元化的国家制度管理改革发展稳定、内政外交国防、治党治国治军等各方面社会事务的能力。社区公共文化服务的供给与管理是我国基层治理的重要内容,而社区公共文化服务的供给效能与社区居民的获得感是基层政府治理能力的直接体现。本书致力于通过对当前我国社区公共文化服务治理问题的实证研究,探讨其合作治理的改革路径,以为当前各级政府部门制定社区公共文化服务管理策略提供决策依据,推动政府治理能力的现代化。

第三,推动新时代社区的和谐稳定发展。改革开放以来,我国社区居民构成发生巨大转变,农村社区居民以老人、留守儿童为主;城市社区居民则由传统的单位人成为社会人,城市住宅随之由传统的单位公房转变为商品房,传统住宅格局下的社区认同感被打破,社区居民间交流日渐减少,社区认同危机、社区安全问题成为当前住宅格局下面临的严峻问题。社区公共文化服务对于促进社区居民间的文化交流、提升社区居民素质、维护社区公共安全以及解决社会认同危机等可发挥显著功能,

---

① 《中共中央关于全面深化改革若干重大问题的决定》,《学理论》2014 年第 1 期。

社区文化活动也是现代社区营造的根本与重要手段。① 因此，本书致力于对当前我国社区公共文化服务供给现状的理论与实践问题进行深入分析，探讨如何通过推动社区公共文化服务的合作治理，解决当前社区公共文化服务供需矛盾问题，提高社区公共文化服务供给质量与供给效能，继而提升社区居民的公共文化服务获得感、社会认同感与社区凝聚力，推动城乡社区和谐稳定发展。

第四节 研究内容与研究方法

本节对本书的主要研究内容进行系统梳理与归纳，并对研究过程中运用的定性与定量研究方法进行系统阐释。

一 研究内容

本书的核心问题为合作治理模式应用于中国社区公共文化服务供给中的经验与教训是什么？以及如何应对。主要包括四部分内容：

第一部分，即第一章，绪论。提出研究的问题，分析国内外研究现状，在现有研究的基础上提出自己的研究视角，界定研究对象并提出本书的主要研究方法。

第二部分，即第二章，理论基础。一是社区公共文化服务的理论内涵界定，即通过对国内外学者对于公共文化服务研究成果的历史比较研究，明确社区公共文化服务的概念与理论要义。二是理论研究视角，即对合作治理、新时代中国社会主要矛盾、合作矛盾与合作悖论等理论依据进行系统阐释，明确其内涵及对于本书的理论价值。三是中国社区公共文化服务合作治理的理论内涵与理论分析框架。通过对合作治理相关文献的系统梳理，明确中国社区公共文化服务合作治理的概念内涵，并构建本书的理论分析框架。

第三部分，本书的主体部分包括第三章至第八章。基于文献分析与实证研究，系统分析社区公共文化服务合作治理的历史逻辑、实践逻辑、主客体要素与合作关系、合作悖论、跨国案例比较及动力要素。

---

① 胡澎：《日本"社区营造"论：从"市民参与"到"市民主体"》，《日本学刊》2013年第3期。

第三章，历史逻辑：中外社区公共文化服务合作治理模式演进。通过对中西方公共文化服务的产生与治理模式变迁的比较研究，以探析中西方公共文化服务治理模式的变迁历程，并归纳指出合作治理是当前社区公共文化服务供给模式变革的重要发展趋势，社区公共文化服务合作治理的产生与发展具有客观历史逻辑。

第四章，实践逻辑：社区公共文化服务供需矛盾与合作治理。基于当前我国社区公共文化服务供需矛盾问题，深入分析其问题表现与诱因，指出社区公共文化服务合作治理对于解决当前供需矛盾问题、推动供需一致化的重要功能，社区公共文化服务合作治理模式的产生与发展对于中国社区公共文化服务体系建设具有内在实践逻辑。

第五章，中国社区公共文化服务合作治理的要素与关系。由于我国实行议行合一的政治体制与中国共产党领导下的多党合作的政党体制，因此，合作治理在运行过程中与西方政治、政党体制国家存在本质性差异，而这种本质性差异并未造成治理低效问题，而是形成了具有中国政党特色的社区公共文化服务合作治理的主客体要素与合作关系网络。

第六章，中国社区公共文化服务合作悖论的多案例比较。运用深度访谈、比较个案研究法，对当前我国多个典型性社区公共文化服务合作治理中存在的合作悖论问题进行系统分析，探讨造成中国社区公共文化服务合作悖论的多层次诱因，如行政文化、行政体制、政策执行、社会组织治理能力等。

第七章，社区公共文化服务合作治理的中新比较。运用比较案例研究法，基于合作治理的主体构成、制度安排、参与动机、合作能力、合作情境、合作激励机制六个维度对中国与新加坡社区公共文化服务合作治理进行比较研究，探讨二者间内在差异以及新加坡经验对于中国社区公共文化服务合作治理效能提升的借鉴意义。

第八章，社区公共文化服务合作治理的动力要素。综合运用深度访谈、调查问卷、典型性个案等质化研究方法与主成分因子分析等量化方法，对社区公共文化服务合作治理的动力要素进行归纳、验证、分析，以探讨当前我国社区公共文化服务合作治理的具体动力要素及其影响度，为下一步推动社区公共文化服务合作治理发展提供理论分析依据。

第四部分，研究问题的延伸与结论，包括第九章和第十章。

第九章，中国社区公共文化服务合作供给制度选择。联系国内外社区公共文化服务合作治理的供给制度类型,对中国社区公共文化服务合作治理供给制度类型进行系统分析,指出合同制与非合同制为当前中国社区公共文化服务合作供给的两类制度选择,并系统比较合同制与非合同制两种制度类型的优势与劣势、理论与现实价值,以及我国社区公共文化服务"非合同制"合作供给制度面临的挑战与应对策略。

第十章,结论与展望。基于前九章研究内容,总结归纳主要研究结论,并针对合作悖论、动力要素、制度选择中存在的问题提出若干对策建议,以为相关政府部门提供决策参考,最后归纳指出本书目前存在的不足之处与下一步深入研究的空间。

二 研究方法

本书综合运用文献分析法、历史比较法、比较个案研究法、深度访谈法、问卷调查法等定性方法,熵权评价法、社会网络分析法、主成分因子分析法等定量研究方法,从个案中归纳总结理论观点,并辅以量化研究方法,以提升研究结果的科学性与有效性。具体运用的方法有:

(一) 文献分析法

文献分析是学术研究撰写的基础,是对研究选题相关研究成果的观点、方法以及理论现实意义的系统梳理、归纳总结。本书首先运用文献分析法,对国内外社区公共文化服务合作治理的相关研究文献进行系统地梳理、归纳与总结,明确公共文化、公共文化服务、合作悖论、社区公共文化服务合作治理等概念的理论内涵,并在此基础上建构社区公共文化服务合作治理的理论分析框架。其次,将文献分析法贯穿于社区公共文化服务合作治理"逻辑、矛盾、动力"分析的全过程,以确保研究过程与结论的科学性与规范性。

(二) 历史比较法

1878年,威尔逊在公共行政的开篇之作《公共行政学之研究》中,运用历史比较法,通过对公共行政学的产生与发展进行纵向(不同历史时期)、横向(不同地域)比较,以论证公共行政学产生的历史必然性、区域差异性及其发展路径选择。[①] 因此,历史比较法通过综合运用横向与

---

① Woodrow Wilson, "The Study of Administration", *Political Science Quarterly*, No. 2, 1887. 参见竺乾威、马国泉《公共行政学经典文选》(英文版),复旦大学出版社2007年版,第6—30页。

纵向比较分析，有助于突破传统单一维度分析的局限性，是当前公共管理问题研究的重要分析方法之一。本书通过对国内外公共文化服务供给模式变迁历程进行历史比较研究，明确公共文化服务供给模式的发展趋势，归纳指出社区公共文化服务合作治理产生与发展符合客观历史逻辑，以阐明社区公共文化服务合作治理产生与发展的历史必然性与区域差异，从而为分析中国场景下社区公共文化服务合作治理模式构建奠定理论与现实基础。

（三）比较个案研究法

个案研究（case study）一直以来在社会科学研究领域倍受推崇，最具影响力的研究成果为社会科学家罗伯特·殷（Robert Yin）（2013）的著作《个案研究：设计与方法》（*Case Study: Design and Method*），认为当现象与情境的边界不清晰时，应当在现实情境中对当下现象（个案）开展深度的实证研究。[1] 莱丝利·巴特利特（Lesley Bartlett）和弗兰·维弗露丝（Fran Vavrus）（2017）认为，由于"传统个案研究将现象与语境混为一谈；坚持为个案划定边界；没有充分认识到个案研究在社会科学研究中的价值；没有坚定地为个案研究结论的推广性作辩护；对比较的价值认识不足等"而具有一定局限性；而基于过程导向的比较个案研究（comparative case study）通过水平、垂直和横向迁移比较，以实现对一系列相关事件或行动者进行对比研究，打破了传统个案研究中"文化、语境固定不变"的思维定式。[2] 因此，运用比较个案研究方法，能够确保对当前我国社区公共文化服务合作治理的现状研究的深入系统性，突破传统个案研究的局限性。本书运用比较个案研究法，对 A 省城市社区 A、城市社区 B、农村社区 C，三个公共文化服务合作治理典型性社区个案进行水平、垂直与横向迁移比较，并运用深度访谈法，以分析、归纳当前我国社区公共文化服务合作治理的具体动力要素。

（四）深度访谈法

访谈法（interview）是一种重要的社会科学研究方法；深度访谈法（in‐depth interview）或面对面访谈法（face‐to‐face interview）是指由

---

[1] Yin, Robert K, *Case Study Research: Design and Methods*, US: Sage publications, 2003.
[2] 莱丝利·巴特利特、弗兰·维弗露丝、田京、倪好：《比较个案研究》，《教育科学研究》2017 年第 12 期。

具有专业知识与访谈技巧的调查者以半结构化、个人对话式访问，以分析特定的行为、动机、态度等潜在因素及其内在联系。较之传统访谈法，深度访谈法对于问题的探索与分析更具深度，而日益得到公共管理学、政治学、社会学等多学科研究者的广泛认可。本书运用深度访谈法，对 A 省不同地市的 6 个街道办进行社会调查，获得各街道下辖社区公共文化服务供需及合作治理概况的第一手资料，在此基础上，选择最具代表性的社区 A、社区 B 及社区 C 进一步深度访谈，以深入剖析社区公共文化服务合作治理的发展现状、影响因素以及问题与诱因。

（五）问卷调查法

由于区域间、城乡间经济发展不平衡，当前我国社区公共文化服务供给水平仍不能满足公众需求，存在着供给过剩、供给短缺、供需不一致等一系列供需矛盾问题。而当前对于我国社区公共文化服务供需矛盾问题的研究以典型性案例、个案描述为主，缺少系统深入的问卷调查与分析。因此，首先，针对供需矛盾问题，本书运用问卷调查法与 Likert 五分量表，在全国范围内进行随机抽样调查，获得当前我国社区居民对于社区公共文化服务的客观利用率与对其重要性、满意度的客观评价；在此基础上，运用 SPSS、Excel 等软件，对调查数据进行加权评分与相关分析；其次，针对深度访谈获得的社区公共文化服务合作治理的动力要素是否具有普适性问题，对 45 个街道办社区公共文化服务合作治理主体的部分成员进行问卷调查，以获取第一手调查资料，在此基础上运用因子分析对动力要素进行验证。

（六）熵权评价法

熵权评价法，即运用熵值法进行权重计算，以判定各评价指标的离散程度；该方法是权重计算的一种重要方法。本书在对社区公共文化服务供需一致性评价中，基于社区公共文化服务供需矛盾的问卷调查数据，运用熵权法对各维度指标进行赋权，在此基础上，得出当前我国社区公共文化服务供需一致性的评价得分，以明确供需矛盾问题的客观存在；最后，运用相关性分析法，分析指出造成社区公共文化服务供需矛盾的客观因素。

（七）社会网络分析法

社会网络分析（social network analysis，SNA）方法，是一种源自于社会学领域的研究方法，该方法的基本理论出发点为社会是一个由各种复杂关系构成的大型网络，而"社会网络是社会行动者以及他们之间的关系之集合"[1]。因此，社会网络分析法通过将研究事件中行动主体（包括组织或个人）及其彼此间的关系进行定量分析，以形成对该关系网络的属性、特点的分析结论。该方法产生后主要应用于社会学领域相关问题的分析，近年来，开始受到国内公共管理学者关注，对公共危机管理领域的一些相关问题进行可视化分析；然而，仍未有学者将该方法应用于社区公共文化服务合作治理网络分析[2][3]。本书为更形象地表述中国社区公共文化服务合作治理中主体间的合作网络关系，以我国30个社区公共文化服务合作治理个案为研究样本，运用 Ucinet 软件与 Netdraw 软件，绘制针对社区公共文化服务合作治理的主体间的合作关系网络，以分析、总结当前我国社区公共文化服务合作治理主体关系网络的客观特征。

（八）主成分因子分析法

英国心理学家 C. E. Speearman 于 20 世纪初提出因子分析法，认为可通过该方法从复杂多样的变量群中提取共性因子。该方法可从诸多变量中找到某些潜在的具有代表性的因子。因子分析法一方面可以检验假设变量是否具有价值，同时可检验各假设变量间的关系。主成分因子分析是在主成分分析基础上，通过旋转以使因子得到更好的解释。本书基于社区公共文化服务合作治理动力要素的问卷调查数据，运用主成分因子分析法，对定性研究获得的具体动力要素进行验证，剔除次要因子，以分析指出主要动力因素及强度。

第五节　创新之处

本书的创新之处主要体现为下述三个方面：

第一，基于历史发展与实践应用的双重研究视角，归纳指出社区公共文化服务合作治理的历史逻辑与实践逻辑，实现了社区公共文化服务

---

[1] 刘军：《整体网分析：UCINET 软件实用指南》，上海人民出版社 2014 年版，第 2 页。
[2] 康伟、陈茜、陈波：《基于 SNA 的政府与非政府组织在公共危机应对中的合作网络研究——以"4.20"雅安地震为例》，《中国软科学》2014 年第 5 期。
[3] 杨庆国、陈敬良、甘露：《社会危机事件网络微博集群行为意向研究》，《公共管理学报》2016 年第 1 期。

合作治理发展逻辑研究中理论与实践研究的有机结合。

本书运用文献分析法、历史比较法对国内外社区公共文化服务供给模式发展变迁过程进行理论分析，归纳指出社区公共文化服务合作治理产生与发展的历史逻辑；同时，运用问卷调查、相关性分析对当前社区公共文化服务的供需矛盾问题进行实证分析，发现合作治理能够有效解决供需矛盾问题，其产生与发展符合客观实践逻辑。在理论与实证研究相结合的基础上，提出合作治理应用于社区公共文化服务供给的必要性，解决了针对该问题的传统研究中理论与实证相脱离问题。

第二，在明确中国场景下社区公共文化服务合作治理理论内涵与主客体要素构成的基础上，构建中国社区公共文化服务"矛盾、合作、动力"的理论分析框架与主体间合作关系网络。

本书运用文献分析法等定性研究方法，基于合作治理、新时代中国社会主要矛盾与合作悖论等理论研究视角，首次提出社区公共文化服务的"矛盾、合作、动力"的理论分析框架；运用文献分析法、案例分析法、社会网络分析法对当前我国社区公共文化服务合作治理的主客体要素进行深度剖析，发现除基层政府、社会组织、企业、社区居民外，基层党组织与社区文化骨干为社区公共文化服务合作治理的重要治理主体，在此基础上，发现基层党组织的贯穿功能与社区文化骨干等自治功能间并不排斥而是一种有机合作互动关系，并形成"党建引领+基层自治"社区公共文化服务合作治理架构，这也是中国场景下社区公共文化服务合作治理的重要本土化特色。

第三，基于中国场景下社区公共文化服务合作治理的实证研究，首次提出社区公共文化服务合作悖论问题，并系统剖析其诱因及对策；在此基础上，综合运用定性与定量分析方法，对社区公共文化服务合作治理的动力要素进行分析论证，实现由案例研究到理论分析的突破。

本书首先运用深度访谈、典型性个案研究等定性研究方法，基于社会调查的第一手资料与文献、新闻资讯等第二手资料，研究发现当前我国社区公共文化服务合作治理中存在合作悖论问题而导致其发展迟缓或区域发展不平衡，区县政策执行中的政策梗阻、信息黑箱、社会组织治理能力不足、基层领导干部创新或动员能力不足等问题是其根本诱因。其次，运用主成分因子分析等定量研究方法，对基于深度访谈、比较个案研究等定性研究方法获得的社区公共文化服务合作治理的具体动力要素进行验证、分析，指出社区公共文化服务合作治理的主要动力要素及其影响度。最后，在前述理论与实证研究的基础上，首次提出合同制与非合同制是中国场景下社区公共文化服务合作供给制度选择，并指出二者应用价值与改革路径，尤其是非合同制在社区公共文化服务供给中发挥着更为积极、有效的作用，且更具应用价值；并归纳指出应基于制度、组织、人才、过程四个维度推动中国社区公共文化服务合作治理效能不断提升。

第二章 理论基础

迄今为止,国内外学界对于社区公共文化服务与合作治理相关问题已形成了一些较为丰富的研究成果,为本书的开展奠定了坚实的理论基础。本章首先在对国内外相关研究文献进行系统梳理的基础上,对公共文化服务、社区公共文化服务、合作治理等基础性概念进行明确阐释;在此基础上,联系合作治理理论、新时代中国社会主要矛盾理论以及合作悖论理论,明确中国场景社区公共文化服务合作治理的理论意蕴,并构建我国社区公共文化服务合作治理的理论分析框架。

第一节 相关概念阐释

基于对国内外文献的梳理分析,发现西方学术界对于公共文化服务并未进行专门的概念界定,而是与公共服务(urban public service)、公共物品(public goods)、公共文化(public culture)以及公共领域(public realm)这几个概念密切相关;而国内则于21世纪初正式产生公共文化服务这一概念。

一 公共领域

1958年,汉娜·阿伦特在《人的条件》(*The Human Condition*)一书中指出,公共领域与私人领域不同,前者是由一些能够超越社会差异属性且能够平等对话的特殊市民构成。[①] 1962年,哈贝马斯在其著作《公共领域的结构转型》(*The Structural Transformation of the Public Sphere: An inquiry into a Category of Bourgeois Society*)中指出,欧洲城市中所出现的一些平等、自由的讨论空间,如讨论文学的读书会,市民们在这些公共

---

① [美]阿伦特:《人的条件》,竺乾威等译,上海人民出版社1999年版。

空间讨论公共事务，由此形成"公共领域"（public sphere）。① 总之，在西方早期研究的文献中，对公共领域的文化生活虽然进行过较多的论述，但并未专门使用"公共文化"一词。

二 公共文化

公共文化（public culture）一词最早出现于英文学术杂志《公共文化》，1988 年创刊号为 Public Culture Bulletin，第二年刊名变为 Public Culture。人类学家阿帕杜莱在该杂志撰文指出，流行文化（popular culture）、大众文化（mass culture）、民间文化（folk culture）、民族文化（national culture）、消费文化（consumer culture）、中产阶级文化（middle class culture）往往为社会公众所熟知，对于"公共文化"反而较为陌生；公共文化不同于民族文化、精英文化与大众文化，是用来描述一个共同体的公共生活与文化共享②。

三 公共产品与公共服务

公共产品（public goods）源自经济学理论，通常是指对于私人产品（private goods）而言，由于具有完全或者部分的非排他性、非竞争性而无法通过市场机制提供的有形或者无形的产品；公共服务（public service）源自传统公共行政学，通常是指为满足公民基本需求，由公共部门供给与管理的公共产品，其目的在于维护公共利益、增进社会公平。因此，基于传统经济学与公共行政学理论，很多国外学者将公共服务与公共产品视为同一概念，如萨缪尔森在对公共产品这一概念进行阐释时，指出"每个人对这种产品的消费，并不能减少任何其他人也消费该产品"③，此处的产品被等同为服务；E. S. 萨瓦斯（E. S. Savas）也认为产品与服务"这两个术语将被用作同义词"④。因此，早期国外学术界对于公共文化服务的研究被包含于公共产品或公共服务的相关研究之中，且并未形成明确的概念。1989 年，美国行政学者帕特里夏·英格拉姆（Patricia Ingraham）和戴维·罗森布鲁姆（David Bosenbloom）首次提出"新公共服务"

---

① [德] 哈贝马斯：《公共领域的结构转型》，曹卫东等译，学林出版社 1999 年版。
② Arjun Appadurai, Carol A. Breckenridge, "Why Public Culture?" *Public Bulletin*, Vol. 1, No. 1, 1988.
③ [美] 保罗·萨缪尔森、威廉·诺德豪斯：《经济学》，萧琛译，人民邮电出版社 2008 年版。
④ [美] E. S. 萨瓦斯：《民营化与公私部门的伙伴关系》，周志忍等译，中国人民大学出版社 2002 年版。

的概念；2000年，登哈特夫妇发表《新公共服务：服务，而不是掌舵》一文①，自此，公共服务理论再次引起学术界广泛关注，并对其理论内涵进行反思与完善，一些学者指出公共服务与公共产品并不能理解为同一概念，如罗纳德·J. 奥克森（Ronald J. Oakerson）认为仅仅重点关注公共服务的生产（产品）而将地方政府的基本职能置于一旁是片面的，因为供应地方服务正是地方政府的基本职能。公共服务供应与税收和支出决策相关，而公共服务的生产和传送则与之明显不同②，即公共产品的供给主体可以是私人部门或者公共部门，但公共服务的供给主体必须是公共部门。此外，也有学者认为公共服务是指基于社会福利最大化这一价值判断的公共产品，即判断哪些公共产品应该由政府提供③。

综上所述，西方学术界对于公共文化服务这一概念并未形成明确清晰的界定，而是基于公共领域、公共文化的基本理论，包络于公共产品（服务）的理论与实践研究之中，如公共文化设施、文化政策等具体议题的研究。

四 公共文化服务

公共文化服务这一名词产生于中国。2002年，党的十六大明确提出要进行文化体制改革后，国内文化类报纸杂志始见一些关于"公共文化"建设的必要性及对策的文章。然而，这一时期仍处于萌芽阶段，未形成对公共文化服务内涵的深入、系统研究。2005年，中共中央出台"十一五"规划，并首次正式提出"公共文化服务"这一概念，自此，尤其是2007年以后，公共文化服务问题开始引起国内高校科研人员的关注，涌现了大量针对公共文化服务理论内涵、实践机制等相关问题的研究成果。

目前，国内学者对于城市公共文化服务这一概念的解读，与文化事业、文化产业两个概念密切相关。文化产业通常是指"经济性文化单位的集合"，而文化事业则是指"公益性文化单位的集合"④，前者通常由企业通过市场化机制供给运营，而后者则是由公共部门主要通过行政化方式供给。因此，当前国内研究中，较倾向于将公共文化服务与文化事

---

① 谭功荣：《西方公共行政学思想与流派》，北京大学出版社2008年版。
② ［美］罗纳德·J. 奥克森：《治理地方公共经济》，万鹏飞译，北京大学出版社2005年版，第3—4页。
③ 李军鹏：《公共服务型政府建设指南》，中共党史出版社2006年版，第20页。
④ 左惠：《文化产品供给论——文化产业发展的经济学分析》，经济科学出版社2009年版。

业的概念相等同，然而，由于国内学者对于公共文化服务概念界定的侧重点或研究视角的不同，而存在较大差异。目前，国内对于公共文化服务的概念界定可以划分为下述几种类型：

第一，基于研究范畴的不同，可划分为狭义与广义两种概念界定。狭义的公共文化服务是指由政府等公共部门基于公众需求而向社会公众免费提供的基本公共物品，强调公共文化服务具有公共性、文化性、社会性等基本特征。如周晓丽、毛寿龙指出公共文化服务是"基于社会效益、不以营利为目的、为社会提供非竞争性、非排他性的公共文化产品的资源配置活动"①。广义上的公共文化服务被解读为涵盖公共文化产品或服务提供、文化政策服务以及文化市场监管服务等。② 如闫平指出公共文化服务"并非简单地直接提供公共文化产品和服务，而是要求政府承担好文化建设与发展的管理职能"③。

第二，基于研究侧重点的不同，可划分为以公共性为核心、以文化性为核心和以服务性为核心的公共文化服务概念。一是以公共性为核心的概念界定，即强调公共文化服务的公益性、公共物品性，如于群认为公共文化服务是指"在政府主导下，以公共财政为支撑，以公益性文化单位为骨干，联合基金会、企业、非政府组织、社区向社会公众提供公共文化设施、产品、服务，以平等的实现公民的基本文化权利和满足公民的基本文化需求"④。二是以文化性为核心的概念界定，即强调公共文化服务的基本文化属性与文化功能，如陈威认为公共文化服务就是"由公共部门或准公共部门共同生产或提供的，以满足社会成员的基本文化需求为目的，着眼于提高全体公众的文化素质和文化生活水平"⑤；曹爱军、杨平指出"公共文化服务是为满足社会的公共文化需求，向社会提供公共文化产品和服务行为及其相关制度与系统的总称，它涵盖了广播电视、电影、出版、报刊、互联网、演出、博物馆、图书馆、档案馆和

---

① 周晓丽、毛寿龙：《论我国公共文化服务及其模式选择》，《江苏社会科学》2008年第1期。
② 夏国锋、吴理财：《公共文化服务体系研究述评》，《理论与改革》2011年第1期。
③ 闫平：《服务型政府的公共性特征与公共文化服务体系建设》，《理论学刊》2008年第12期。
④ 于群、李国新：《中国公共文化服务发展报告（2012）》，社会科学文献出版社2013年版。
⑤ 陈威：《公共文化服务体系研究》，深圳报业集团出版社2006年版。

哲学社会科学研究所等诸多文化领域"①。三是以服务性为核心的概念界定，即强调公共文化服务的公益性与服务性，如周晓丽、毛寿龙认为公共文化服务是"基于社会效益、不以营利为目的、为社会提供非竞争性、非排他性的公共文化产品的资源配置活动"，强调政府职能的履行，企业、社会责任的践行等。②

第三，基于研究视角的不同，可划分为经济学视角、法学视角、政治学视角的公共文化服务概念。一是基于经济学视角的概念界定，即强调公共文化服务的供给效率以及供给机制的优化，如张晓明、李河认为"在市场经济条件下，广义的公共文化服务是包含政府对文化领域提供的文化管理服务在内的文化政策服务和文化市场监管服务，而狭义的公共文化服务则是区别于以一般市场方式提供的文化商品（产品及服务）的公共文化产品"③。俞一楠将公共文化服务界定为"以保障公众的享有基本文化权利或者丰富文化服务选择空间为目的，通过政府、市场以及合作等方式提供的文化服务"④。二是基于法学视角的概念界定，即基于公共文化服务保障法立法依据的研究视角，强调公共文化服务是公民的基本文化权，即民权，如陶东风认为应"基于'民权'或'文化权利'概念和宪政框架下理解和定位公共文化服务"，并以此作为我国公共文化服务保障法的立法依据，强调应放权于社会，减少政府干预，避免意识形态化与政治化⑤；王列生认为"文化权益具体包括了文化生活参与权、文化成果拥有权、文化方式选择权和文化利益分配权等"⑥。三是基于政治学视角的概念界定，即强调公共文化服务的政治功能以及政府在公共文化服务供给中的职能定位，如吴理财认为公共文化服务是一种"国家提供的公共文化产品，传播的是一个国家的主流意识形态或核心价值体系，

---

① 曹爱军、杨平：《公共文化服务：理论与实践》，科学出版社2011年版。
② 周晓丽、毛寿龙：《论我国公共文化服务及其模式选择》，《江苏社会科学》2008年第1期。
③ 张晓明、李河：《公共文化服务：理论和实践含义的探索》，《出版发行研究》2008年第3期。
④ 俞一楠：《城市公共文化服务供给方式比较研究》，博士学位论文，华东理工大学，2012年。
⑤ 陶东风：《公共文化服务：从民生概念到民权概念》，《中国政法大学学报》2015年第3期。
⑥ 王列生：《论公民基本文化权益的意义内置》，《学习与探索》2009年第6期。

以增强人们的政治认同，维护既有的政治秩序；即便作为公民社会生产和提供的公共文化产品，同样地传播着一种公民政治文化，对现有的政治统治产生积极或消极的影响作用"①；"公共文化服务涉及资源分配、社会整合、政治认同，以及这些过程的象征化、美学化和合理化"②，属于文化治理的议题范畴。③

综上所述，国内学者由于研究视角的不同，目前对于公共文化服务的具体内涵并未形成明确、清晰、一致的概念界定。基于对国内外关于公共文化服务相关研究的梳理与归纳，我们认为所谓公共文化服务，是一个极具中国特色的概念，国外研究文献中通常将之包络于公共文化（public culture）或公共服务（public service）两个概念之中。为确保研究的系统性，本书倾向于选择国内关于公共文化服务研究中较为广义的概念，即指改革开放以来，为满足社会公众日益增长的精神文明需求，在中国中央政府主导下，不断加强企业、非政府组织、社会公众参与，以为城市及乡村居民提供免费的公共文化服务设施与公共文化活动，具体包括公共图书馆、美术馆、博物馆、公共体育设施、公园与广场等公共文化活动空间、公共文化与体育活动、公益培训与公益讲座等，以丰富社会公众的精神文化生活，促进社会文化和谐发展。

五 社区公共文化服务

基于于国内外关学者关于公共文化、公共服务以及公共文化服务的理论阐释，针对当前我国公共文化服务的治理现状，并联系党的十九大以来中共中央关于公共文化服务体系建设而出台的一系列发展战略与政策理念，认为所谓社区公共文化服务，是指在中国特色社会主义社会建设这一时代背景下，中国中央及地方各级政府部门为满足社区居民日益增长的公共文化需求，综合运用政治、行政、市场以及社会化机制，一方面为社区居民提供丰富、多样、优质的且具有非竞争性、非排他性的公共文化产品或服务，另一方面运用法律法规、公共政策、智能化新技术以及组织管理等工具手段确保上述公共文化产品或服务公平、公正、迅速、有效的供给；且具有下述几点理论要义：

---

① 吴理财：《改革开放以来农村社区文化的变迁》，《人民论坛》2011年第24期。
② 吴理财：《公共文化服务的运作逻辑及后果》，《江淮论坛》2011年第4期。
③ 胡锦涛：《高举中国特色社会主义伟大旗帜 为夺取全面建设小康社会新胜利而奋斗》，人民出版社2007年版，第33—34页。

第一，社区公共文化服务是社区居民所拥有的基本文化权利。

1966年12月16日，第二十一届联合国大会《经济、社会和文化权利国家公约》开放提供各国签署、批准和加入，该公约于1976年1月3日生效。该公约明确规定，缔约国应承认本国公民享有参加文化生活的权利，并承担充分实现公民文化权利的行动、维护文化活动的自由、推广国际文化交流与合作等责任。1997年10月，我国政府签署该公约；2001年2月28日，第九届全国人大常委会决定批准执行[①]。2007年10月，中共中央十七大报告中明确指出，要推动社会主义文化建设，提升中华民族文化创造力与国家文化软实力，以更好地保障人民基本文化权益[②]。为此，自2005年，中央政府不断推进我国公共文化服务体系建设，出台一系列关于如何加强、加快公共文化服务体系建设的政策意见，具体包括《关于加强公共文化服务体系建设的若干意见（2007）》《国家"十二五"时期文化改革发展规划纲要（2012）》《关于加快构建现代公共文化服务体系的意见（2015）》《国家"十三五"时期文化发展改革规划纲要（2017）》等。通过颁布并实施上述规划意见，以切实保障人民的基本文化权益。显然，社区公共文化服务属于公共文化服务体系的建设范畴，本质上是社区居民共同享有的基本文化权利。

第二，保障社区居民享用公共文化服务是政府部门的重要责任。

社区公共文化服务的本质特征在于其公共物品性，即非排他性与非竞争性，基于宏观经济学理论，该类公共物品无法通过市场机制直接提供，而需要政府承担其供给与管理的责任，因此，保障城市公民享用公共文化服务是政府部门的重要责任。联合国《经济、社会和文化权利国家公约》中也明确规定，各缔约国必须承担为保障公民享有文化权利而需完成的各项工作步骤，如提供基本的公共文化服务设施、加强国际文化交流合作、推动文化自由发展等。2005年以来，我国政府更是将公共文化服务体系建设作为政府"十二五""十三五"规划中的重要工作目标。习近平总书记强调指出中国特色社会主义文化是激励全党全国各族人民奋勇前进的强大精神力量，全党要更加自觉地增进文化自信；并指

---

① 联合国代表大会：《经济、社会及文化权利国际公约》，《求实》2005年第6期。
② 胡锦涛：《胡锦涛在中国共产党第十七次全国代表大会上的报告》，中国广播网，2007年10月15日，http://www.cnr.cn/2007zt/sqdjs/wj/200711/t20071102_504610399.html，2021年5月5日。

出文化自信是一个国家、一个民族发展中更基本、更深沉、更持久的力量，同时指出文化是民族与国家之魂，并要求党和政府要完善公共文化服务体系，深入实施文化惠民工程，丰富群众性文化活动，推动文化事业发展，满足人民过上美好生活的新期待。[①] 社区公共文化服务作为我国文化事业管理的重要内容，是中国特色社会主义文化建设的重要构成单元，保障社区居民享有丰富、优质的公共文化服务是当前我国各级政府部门的重要责任。

第三，社区公共文化服务供给是政府主导下的多元主体合作治理的过程。

社区公共文化服务本质上是具有非排他性与非竞争性的公共物品，因此，基于"市场失灵"与萨缪尔森关于公共物品与私人物品的分类学说，公共文化服务由于具有非排他性和非竞争性而被界定为公共物品，其公共物品属性决定其供给无法利用自由市场机制，而需要通过非市场化机制，即政府部门提供。然而，随着经济学理论的发展以及政府在公共物品供给中面临诸多困境即"政府失灵"问题凸显，公共物品的供给主体与供给机制重新引起反思。美国著名经济学家詹姆斯·布坎南突破传统经济学中对物品属性的划分方法，认为消费属性即非排他性与非竞争性并不能决定其是否为公共产品，而是由其供给过程、供给组织决定的，即：若某种物品被纳入公共组织部门的供给范畴，该物品可被视为公共产品，如住房保障；并指出并无公共物品与私人物品之分，而是"俱乐部"产品[②]，且通过某种技术设计或制度安排，如设置收费亭、售票处等收费方式，可规避"搭便车"风险并实现公共物品消费的排他性[③]。布坎南的"俱乐部"理论打破了传统经济学中对公共物品与私人物品的"二分法"，认为基于需求偏好的集团组织是实现准公共物品供给的有效模式，且当该物品具有地域性或局部性特征时，市场机制能够更好

---

① 习近平：《决胜全面建成小康社会 夺取新时代中国特色社会主义伟大胜利——在中国共产党第十九次全国代表大会上的报告》，中国政府网，2017 年 10 月 27 日，http://www.gov.cn/zhuanti/2017-10/27/content_5234876.htm，2021 年 5 月 5 日。

② J. M. Buchanan, "An Economic Theory of Clubs", *Economica*, Vol. 32, No. 125, 1965, pp. 1–14.

③ J. M. Buchanan, *Demand and Supply of Public Goods*, Chicago: Rand Mcnally, 1968.

地发挥资源功能。① 自此，越来越多的西方经济学者们认同这一观点，并对之进行了不同程度的补充完善，且 20 世 80 年代以来，倡导私有化、民营化改革的新公共管理运动在英、美、澳等国家兴起，私人部门、非政府组织纷纷参与公共物品供给，政府部门内部大量引入私营部门管理机制与竞争机制，以提高公共物品的供给效率。因此，现代国家社区公共文化服务的供给主体正在日趋多元化，政府、文化企业、非政府组织、社区居民等均为社区公共文化服务的重要供给主体。

第四，社区公共文化服务供给内容由有形或者无形的产品或服务构成。

社区公共文化服务本质上是一个极具中国特色的名词概念，2005 年 12 月，中共中央于"十一五"规划中首次提出这一专业用语，自此，国内学术界展开对于公共文化服务相关议题的理论与经验研究。2016 年 12 月 25 日，《中华人民共和国公共文化服务保障法》正式发布，其中第二条对公共文化服务的内容进行了界定："本法所称公共文化服务，是指由政府主导、社会力量参与，以满足公民基本文化需求为主要目的而提供的公共文化设施、文化产品、文化活动以及其他相关服务。"② 显然，政府机关及居民日常生活中所指的社区公共文化服务不仅包括社区公共文化设施、社区公共文化产品（如图书、报刊、节庆活动、体育活动等）有形的文化产品及服务，还包括各级政府机关对于社区公共文化服务政策的制定与实施、管理与激励机制以及对公民文化素养的影响等无形的文化服务。

六 合作治理

合作治理源自西方学者关于 collaborative governance 的理论，产生于 20 世纪后期，面对公共事务日趋复杂化、多样化，collaborative governance 作为一种新的治理范式引起诸多学者关注。1991 年，伍德（D. C. Wood）和格雷（B. Gray）首次提出这一概念，并将之定义为"集中多个利益相

---

① Tiebout, C. M., "A Pure Theory of Local Expenditures", *Journal of Political Economy*, Vol. 64, No. 5, 1956, pp. 416–424.

② 全国人民代表大会：《中华人民共和国公共文化服务保障法》（第十二届全国人民代表大会常务委员会第二十五次会议通过），中国人大网，2016 年 12 月 25 日，http://www.npc.gov.cn/npc/c12435/201612/edd80cb56b844ca3ab27b1e8185bc84a.shtml，2021 年 5 月 5 日。

关者于一个共同的议题,并由公共机构作出一致同意的决定的治理模式"①。作为与传统科层制截然不同的一种公共事务治理范式,合作治理强调公共事务治理的网络化、多元主体以及协调合作等管理理念,该理论被广泛应用于环境治理、府际关系、跨区域事务或跨部门事务等公共事务相关议题的研究中,并产生了一些具有较大影响力的学术成果,如 R O'leary (2006)②、Ansell 和 Gash (2008)③ 等。然而,目前国外学者对于 collaborative governance 并未形成一致的概念认知,甚至存在一些矛盾冲突之处,如 Huiting Qi 与 Bing Ran (2018)④ 认为,目前合作治理还处于一个低范式研究领域 (low-paradigm research field),具体表现为:一是在概念界定方面,存在一些截然不同或者竞争性的定义;二是由于对"collaboration"一词的内涵仍未达成一致认知,导致难以对当前诸多研究中的新发现进行比较;三是对于权力、信任、风险、责任、影响等合作治理中的关键性指标(因素)的理解仍较为模糊、不明确;四是过于强调合作治理中诸如多元、包容、共识导向、协商、平等导向、互利等规范性特征;五是当前研究未能满足合作治理在现实或实践中的复杂性;六是研究成果中充斥着对立和交织性的要素、矛盾的逻辑与冲突的需求等造成合作治理理论本身的悖论。此外,欧洲学者更多地使用整体性治理 (holistic governance) 这一概念代替合作治理,强调是政府部门之间以及政府间的协商、合作;而美国学者则更多地使用合作治理 (collaborative governance) 这一概念,其内涵更为丰富,即不仅包括政府部门之间以及政府间的协商、合作,还包括政府与私人部门、第三部门、公民个体等多方参与主体之间的协商与合作。⑤

综上所述,合作治理作为一种新的治理范式,日益被国内外学术研究者与政府管理者接纳与认可,并逐步被纳入政府改革、社会治理议程。

---

① Donna J. Wood, Barbara Gray, "Toward a Comprehensive Theory of Collaboration", *Journal of Applied Behavioral Science*, Vol. 27, No. 2, 1991, pp. 139-162.

② Rosemary O'Leary, Catherine Gerard, Lisa Blomgren Bingham, "Introduction to the Symposium on Collaborative Public Management", *Public Administration Review*, Vol. 66. No. S1, 2006, pp. 6-9.

③ Chris Ansell, Alison Gash, "Collaborative Governance in Theory and Practice", *Journal of Public Administration Research and Theory*, Vol. 18, No. 4, 2008, 18, pp. 543-571.

④ Huiting Qi, Bing Ran, "Paradoxes in Theorizing Collaborative Governance", The 9th Sino-US International Conference for Public Administration, China. Beijing, June 15-17, 2018.

⑤ 李文钊:《论合作型政府:一个政府改革的新理论》,《河南社会科学》2017 年第 1 期。

其理论要义在于强调公共事务治理过程中参与主体的多元性、主体间的平等对话与协商、主体间的合作与参与以推动公共事务治理效能提升与治理过程优化。

第二节 理论研究视角综述与现实价值

国内外学界对于社区公共文化服务与合作治理问题的相关研究成果较为丰富、多样，针对本书需解决的核心问题，选择合作治理理论、新时代社会主要矛盾理论、合作悖论理论为本书的理论切入视角。本小节将对上述三个理论研究视角的内涵、研究现状及现实价值进行系统剖析。

一 合作治理理论

通过对国内外相关研究文献进行系统梳理，发现当前国内外学术界对于合作治理的研究仍处于起步阶段，虽然产生了一大批具有影响力的研究成果，但研究成果间存在的争议之处较多；其作为一种新的治理范式，依然处于一种低范式研究领域。

（一）国外研究综述

根据研究侧重点的不同，国外对于合作治理的研究可以划分为下述两大类：

第一类，对合作治理的理论内涵及理论分析框架的基础研究，代表性成果主要有：Ansell 和 Gash（2008）在总结前人研究成果的基础上，对 127 个合作治理的典型性案例进行实证研究，指出合作治理是"一个或多个公共部门与非政府部门一起参与正式的、以共识为导向的、商议的、旨在制定或执行公共政策或管理公共事物或资产的治理安排"，实现了理论与实践的有机结合与全面提升[1]；Jody Freeman（1997）基于行政法的视角对行政国家中的合作治理问题进行了系统研究[2]；Chris Huxham

---

[1] Chris Ansell, Alison Gash, "Collaborative Governance in Theory and Practice", *Journal of Public Administration Research and Theory*, Vol. 18, No. 4, 2008, pp. 543–571.

[2] Jody Freeman, "Collaborative Governance in the Administrative State", *UCLA Law Review*, Vol. 45, No. 2, 1997, pp. U1–U1.

(2003)对合作治理的具体实践进行了理论总结与提升[1];Rosemary O'Leary(2006)等认为合作治理是"控制那些影响私人部门、公共部门和公民团体联合决策和行为过程的手段"[2],是21世纪公共管理的新思维[3];John M. Bryson(2006)等认为合作治理是"一系列用于确保合作伙伴关系和制度有效的协调和控制的活动"[4];Kirk Emerson(2011)等指出合作治理是"为了实现一个公共目的,使人们有建设性地参与跨公共部门、跨不同层级政府、和/或跨公共、私人、公民团体的,公共政策制定和管理的过程和结构"[5];Taehyon Choi(2011)认为合作治理是指"一组相互依存的利益相关者,通常来自于多个部门(公共的、私人的以及非营利部门),为了解决一个复杂的、涉及多面的公共难题或情境而协同工作并制定相关政策的过程和制度"[6];Shui-Yan Tang, Daniel A. Mazmanian等(2010)认为合作治理是指"为了解决那些仅凭单个组织或仅靠公共部门无法解决的公共政策难题,所采取的建立、督导、促进和监控跨部门组织合作的制度安排,其特征是两个或更多的公共机构、营利和非营利机构的共同努力、互惠互利和自愿参与"[7]。

第二类,针对某一类公共事务的合作治理问题而展开的应用研究,

---

[1] Chris Huxham, "Theorizing Collaboration Practice", *Public Management Review*, Vol. 5, No. 3, 2003, pp. 401-423.

[2] Rosemary O'Leary, Catherine Gerard, Lisa Blomgren Bingham, "Introduction to the Symposium on Collaborative Public Management", *Public Administration Review*, Vol. 66, No. S1, 2006, pp. 6-9.

[3] Rosemary O'Leary, Catherine Gerard, Lisa Blomgren Bingham, "Introduction to the Symposium on Collaborative Public Management", *Public Administration Review*, Vol. 66, No. S1, 2006, pp. 6-9.

[4] JM Bryson, BC Crosby, MM Stone, "The Design and Implementation of Cross-sector Collaborations: Propositions form thelterature", *Public Administration Review*, Vol. 66, 2006, pp. 44-55.

[5] Emerson, Kirk, Tina Nabatchi, and Stephen Balogh, "An Intergrative Framework for Collaborative Governance", *Journal of Public Administration Research and Theory Advance Access*, Vol. 5, 2011, pp. 1-30.

[6] Taehyon Choi, "Information Sharing, Deliberation, and Collective Decision-Making: A Computational Model of Collaborative Governance", PHD Dissertation, University of Southern California, 2011, p. 4.

[7] Shui-Yan Tang, Daniel A. Mazmanian, "Understanding Collaborative Governance from the Structural Choice-Politics, IAD, and Transaction Cost Perspectives", *SSRN Electronic Journal*, (March 1, 2010), https://papers.ssrn.com/sol3/papers.cfm?abstract_id=1516851.

代表性成果如：Anne Khademian 等（1997）[①]、Bradley C. Karkkainen（2002）[②]、Mark Imperial（2005）[③] 等学者对空气污染、生态系统保护、水域治理工程等生态环境问题的合作治理形式、机制以及经验教训的研究；Charles H. Koch，Jr.（2005）对电力工业重组这一个案中的合作治理的作用进行了深入分析[④]；Neil Bradford（2016）以加拿大多伦多市为例，对城市公共政策合作治理的本土化话语的研究[⑤]；Sofia Nikolaïdou 等（2016）对城市绿色空间建设中合作治理问题的研究[⑥]；Davide Ponzini 等（2014）认为由于文化本身具有多样性的本质属性，合作治理模式是公共文化服务的最佳供给模式[⑦]，并基于 Ansell 与 Gash（2008）[⑧] 的合作治理模型对意大利文化区合作治理中如何确保文化多样性问题进行了系统分析。总之，合作治理作为后新公共管理时期出现的一种前沿治理理论，日益引起西方学者关注，该理论被广泛地应用于环境治理、政策制定、绩效评估、府际关系等多元化的公共事务治理议题。

（二）国内研究综述

国内对于 collaborative governance 的翻译有多个不同版本，最为常见的为合作治理、协同治理以及协作治理，且不同学者对于该术语的理解存在较大差异。21 世纪初，合作治理理论引起国内学者关注，根据研究内容的不同，主要形成两类研究成果：

[①] Anne Khademian, Edward Weber, "From Agitation to Collaboration: Clearing the Air through Negotiation", *Public Administration Review*, Vol. 57, No. 5, 1997.

[②] Bradley C. Karkkainen, "Collaborative Ecosystem Governance: Scale, Complexity and Dynamism", *Virginia Environmental Law Journal*, Vol. 21, 2002.

[③] Mark Imperial, "Using Collaboration as a Governance Strategy: Lessons from Six Watershed Management Programs", *Administration & Society*, Vol. 37, No. 3, 2005, pp. 281–320.

[④] Charles H, Koch Jr, "Collaborative Governance in the Restructured Electricity Industry", *Wake Forest Law Review*, Vol. 40, 2005, pp. 589–615.

[⑤] Neil Bradford, "Ideas and Collaborative Governance: A Discursive Localism Approach", *Urban Affairs Review*, Vol. 52, No. 5, 2016, pp. 659–684.

[⑥] Sofia Nikolaïdou, Tanja Klöti, Simone Tappert, Matthias Drilling, "Urban Gardening and Green Space Governance: Towards New Collaborative Planning Practices", *Urban Planning*, Vol. 1, No. 1, 2016, pp. 5–19.

[⑦] Davide Ponzini, Gugu Silvia, Alessandra Oppio, "Is the Concept of the Cultural District Appropriate for Both Analysis and Policymaking? Two Cases in Northern Italy, City", *Culture and Society*, Vol. 5, No. 2, 2014, pp. 75–85.

[⑧] Chris Ansell, Alison Gash, Collaborative Governance in Theory and Practice, *Journal of Public Administration Research and Theory*, Vol. 18, No. 4, 2008, pp. 543–571.

第一，对合作治理概念及其理论内涵的基础性研究。代表性成果如：张康之（2008）①、敬乂嘉（2014）②认为合作治理作为一种新的理论范式，是指由政府、企业、社会组织等多元主体构成的治理机制；燕继荣（2013）认为协同治理是善治理论的 3.0 版本③；孙萍等（2013）对国内学者协同治理研究进展的理论综述性研究④；杨宏山等（2018）对公共部门间跨部门合作治理的制度情境与理论发展的综述性研究⑤；郭道久（2016）认为合作治理是一种新的政府治理理念，且是基于中国情境下由于协作主体间所具有的天然的主体不平等性而形成的一个新的概念，是指"中国社会治理中政府与公共机构、社会组织、私人企业等共同参与和推进的新形式"⑥，其本质与西方的 collaborative governance 并不相同。由此，形成了合作治理、协同治理、合作治理三种称谓。但对于合作治理的主体界定，国内研究与美国研究较一致，即不仅包括政府部门之间以及各级政府间的协作，还包括政府与私人部门、第三部门以及公民个体间的协作。

第二，针对当前我国环境治理、公共服务供给与管理、社区治理以及乡村治理等具体公共事务合作治理问题的应用性研究。代表性成果如：麻宝斌等（2011）指出社区在国家与社会协同治理中发挥着关键作用⑦；曹现强（2009、2017）对当前我国市政公共事业合作治理问题的研究⑧⑨；王佃利（2018）基于跨域治理的理论视角对城市群公共物品的区域合作问题的研究⑩；史云贵等（2013）对当前我国社会合作治理中存在

---

① 张康之：《论社会治理中的协作与合作》，《社会科学研究》2008 年第 1 期。
② 敬乂嘉：《从购买服务到合作治理—政社合作的形态与发展》，《中国行政管理》2014 年第 7 期。
③ 燕继荣：《协同治理：社会管理创新之道——基于国家与社会关系的理论思考》，《中国行政管理》2013 年第 2 期。
④ 孙萍、闫亭豫：《我国协同治理理论研究述评》，《理论月刊》2013 年第 3 期。
⑤ 杨宏山、石晋昕：《跨部门治理的制度情境与理论发展》，《湘潭大学学报》（哲学社会科学版）2018 年第 3 期。
⑥ 郭道久：《协作治理是适合中国现实需求的治理模式》，《政治学研究》2016 年第 1 期。
⑦ 麻宝斌、任晓春：《政府与社会的协同治理之路——以汪清县城市社区管理改革为个案》，《吉林大学社会科学学报》2011 年第 6 期。
⑧ 曹现强、宋学增：《市政公用事业合作治理模式探析》，《中国行政管理》2009 年第 9 期。
⑨ 曹现强：《合作治理：市政公用事业发展模式研究》，山东人民出版社 2017 年版。
⑩ 王佃利：《跨域治理：城市群协同发展研究》，山东大学出版社 2018 年版。

的问题及其路径创新的研究[①]；方雷（2014）对地方政府跨区域合作治理中的路径依赖问题及其应对措施的研究[②]；等等。总之，近年来，国内学者在公共事务治理、政府治理的研究中，合作治理、协作治理以及协同治理被作为一个新的治理理念引入公共领域，并产生一大批具有影响力的作品。然而，总体而言，研究对象集中于环境问题、府际关系、社区以及基层社会治理等领域，针对公共文化服务合作治理的研究仍不多见。

（三）理论价值

综上所述，无论是国外还是国内对于合作治理的研究仍处于起步阶段，其理论内涵在国内外学术界不仅并未达成一致共识，且不同学者或者流派对于这一概念的理解与阐释存在较大差异甚至存在冲突性或矛盾性。然而，合作治理作为一种新的治理范式，越来越多地为国内外学术研究与政府管理者所接纳，尤其是我国党和政府对于合作治理理念充分认可并将之纳入国家发展战略任务之中，如党的十九大报告中明确提出要推动社会协同治理。因此，虽然学者们对于合作治理（collaborative governance）的概念界定并不统一，但被广泛应用于公共事务治理领域，成为公共服务供给改革的重要议题。我们通过系统梳理与归纳国内外学界对于合作治理理论的研究成果，认为合作治理理论对于中国社区公共文化服务合作治理研究的理论价值在于：

（1）治理主体多元化

合作治理的理论与实践研究中，治理主体的多元化得到国内外学者一致认同，即由多部门共同协商、对话、合作以实现对公共事务的共同治理；然而，对于治理主体的具体构成，并未达成共识。欧洲学者更倾向于将合作治理主体界定于政府内的各类部门或者各级政府机关；美国学者更倾向于将合作治理主体范围宽泛化，即不仅包括政府内的各类部门或者各级政府机关，还包括私人部门、第三部门以及公民个体。然而，虽然治理主体的构成各不相同，但该模式打破了传统全能政府管理理念、新公共管理理论中的企业家政府理念中存在治理主体单一化问题，倡导一种跨部门的合作，具有传统治理范式所不具有的优势。

[①] 史云贵、欧晴：《社会管理创新中政府与非政府组织合作治理的路径创新论》，《社会科学》2013年第4期。

[②] 方雷：《地方政府间跨区域合作治理的行政制度供给》，《理论探讨》2014年第1期。

(2) 公共事务的问题导向

通过对国内外相关文献的系统梳理，发现合作治理模式被越来越多的学者视为解决公共事务治理领域中所面临的"公地悲剧""搭便车""政府失灵"以及"市场失灵"等问题的重要对策，体现了该理论自产生之初所具有的公共事务的问题导向。合作治理模式作为21世纪以来所产生的一种新的公共事务治理范式，是治理理论的新发展，其所要解决的根本问题为公共事务问题，该理论打破了新公共管理理论所强调的分权化改革以及部门的独立性，而强调各部门间的协商与合作，探索通过合作治理的方式解决新公共管理改革所导致的公共服务碎片化现象，是对当前公共管理理论尤其是治理理论的重要补充。

(3) 治理主体间的绝对平等性悖论

合作治理框架下，多元治理主体间必须建立一种自由、平等、协商的合作关系，这一点为国内外大多数学者所认同。然而，治理主体间能否建立绝对平等的合作关系目前仍处于争论之中，尤其是在不同国家、不同地区的实践过程中，由于政治、经济、社会、文化等多元因素的影响导致的权力不平衡、盲目信任或者信任危机等，造成治理主体间的绝对平等性悖论。这也是目前该理论发展过程中存在矛盾性、冲突性的关键原因，甚至有学者质疑，基于治理主体绝对平等性的合作治理模式只是一个理想模型而不能真正应用于实践。因此，治理主体间的平等性悖论也是当前合作治理理论研究中应关注的重要问题之一；尤其是基于中国场景下社区公共文化服务的合作治理问题的研究，治理主体间的绝对平等性悖论应作为研究的重要关注点。

(4) 权力与信任是合作治理重要影响要素

无论是国外学者还是国内学者，均将权力与信任视为合作治理效能的重要影响要素（Ansell & Gash, 2008[1]; Huxham & Vangen, 2000[2]）。然而，不同学者的研究侧重点存在不同，主要有三类研究成果：一是将权力视为合作治理负面影响因素，即认为治理主体间的权力是否平衡对

---

[1] Chris Ansell, Alison Gash, "Collaborative Governance in Theory and Practice", *Journal of Public Administration Research and Theory*, Vol. 18, No. 4, pp. 543–571.

[2] C. Huxham, S. Vangen, *"Managing to Collaborate: The Theory and Practice of Collaborative Advantage"*, London, England: Routledge, 2005.

于合作治理的成败具有直接影响（Ansell & Gash，2008[①]；Provan & Milward，2001[②]；Purdy，2012[③]；Ran & Qi，2016[④]）；二是将信任视为合作治理的正面影响因素，即认为信任能够促使合作治理主体形成积极、自信的态度（Huxham et al.，2000[⑤]；Ring & Van de Ven，1992[⑥]），加深彼此间的理解（K. Emerson et al.，2012[⑦]），降低交易成本（Berardo，Heikkila，& Gerlak，2014[⑧]；Gulati，1995[⑨]），提高对话的开放性（Van Oortmerssen，Van Woerkum，& Aarts，2014[⑩]），促进冲突解决（Ring & Van de Ven，1994[⑪]），提升行动绩效（Johnston，McCutcheon，Stuart，& Kerwood，2004[⑫]；Oh & Bush，2016[⑬]）；由此，如何通过加强合作治理中的

[①] Chris Ansell，"Alison Gash，Collaborative Governance in Theory and Practice"，*Journal of Public Administration Research and Theory*，Vol. 18. No. 4，pp. 543–571.

[②] Provan，K. G.，Milward，H. B，"Do Networks Really Work? A Framework for Evaluating Public-sector Organizational Networks"，*Public Administration Review*，Vol. 61，2001，pp. 414–423.

[③] J. M. Purdy，"A Framework for Assessing Power in Collaborative Governance Processes"，*Public Administration Review*，Vol. 72，2012，pp. 409–417.

[④] B. Ran，H. Qi，"Issues and Challenges of Public Service Procurement in China：A Collaborative Governance Perspective"，*International Journal of Public Policy*，Vol. 12，2016，pp. 339–358.

[⑤] C. Huxham，S. Vangen，"Leadership in the Shaping and Implementation of Collaboration Agendas：How Things Happen in a (not quite) Joined-up World"，*Academy of Management Journal*，Vol. 43，2000，pp. 1159–1175.

[⑥] P. S. Ring，A. H. Van de Ven，"Structuring Cooperative Relationships Between Organizations"，*Strategic Management Journal*，Vol. 13，1992，pp. 483–498.

[⑦] K. Emerson，T. Nabatchi，S. Balogh，"An Integrative Framework for Collaborative Governance"，*Journal of Public Administration Research and Theory*，Vol. 22，No. 1，2012，pp. 1–29.

[⑧] R. Berardo，T. Heikkila，A. K. & Gerlak，"Interorganizational Engagement in Collaborative Environmental Management：Evidence from the South Florida Ecosystem Restoration Task Force"，*Journal of Public Administra-tion Research and Theory*，Vol. 24，2014，pp. 697–719.

[⑨] R. Gulati，"Does Familiarity Breed Trust? The Implications of Repeated ties for Contractual Choice in Alliances"，*Academy of Management Journal*，Vol. 38，1995，pp. 85–112.

[⑩] L. A. Van Oortmerssen，C. M. Van Woerkum，N. Aarts，"The Visibility of Trust：Exploring the Connection Between Trust and Interaction in a Dutch Collaborative Governance Boardroom"，*Public Management Review*，Vol. 16，2014.

[⑪] P. S. Ring，A. H. Van de Ven，"Developmental Processes of Cooperative Interorganizational Relationships"，*Academy of Management Review*，Vol. 19，1994，pp. 90–118.

[⑫] D. A. Johnston，D. M. McCutcheon，F. I. Stuart，H. Kerwood，"Effects of Supplier Trust on Performance of Cooperative Supplier Relationships"，*Journal of Operations Management*，Vol. 22，No. 1，2004，pp. 23–38.

[⑬] Y. Oh，C. B. Bush，"Exploring the Role of Dynamic Social Capital in Collaborative Governance"，*Administration & Society*，Vol. 48，2016，pp. 216–236.

沟通与适应（Das & Teng，1998①）、绩效竞争（Blomqvist & Ståhle，2000②）、解决问题的集体行动（Booher，2000③）等方式，以加强合作治理中信任机制成为一些学者的研究重点；三是将权力与信任视为两个孪生性的影响因素，即认为权力与信任均具有正负两面性，一方面适度的权力与信任对于合作治理具有积极影响，而权力不平衡、盲目信任，则对合作治理产生负面影响（Bing Ran & Huiting Qi，2018④）。虽然学者们研究侧重点各不相同，权力与信任作为对于合作治理的重要影响因素，尤其在中国社区公共文化服务合作治理场景下的角色定位、影响机制、产生机理等是本书需解决的重要问题。

（四）中国场景下合作治理的理论内涵

国内外政治、经济、社会体制存在较大差异性，合作治理的理论内涵也有不同的阐释。国外学者通常基于两党或多党制下的选举式民主制度，将合作治理阐释为基于选举式民主制度下各参与主体间权力平等、相互信任、共同合作应对公共事务；然而中国所构建的是中国特色社会主义协商民主制度，其在权力架构、运行机制上与国外截然不同，即政府在合作治理中依然位于权力中心位置，发挥着元治理功能。因此，国外的合作治理的相关理论与分析模型并不完全适用于中国场景下合作治理实践。

在系统梳理国内外学者相关概念基础上，联系中国政治、经济、社会体制的客观特征，我们认为基于中国制度环境下的合作治理，也可称为中国场景下的合作治理，是指基于人民民主专政的政治体制与社会主义协商民主的民主体制框架下，针对当前中国公共事务治理中存在的公共物品发展不平衡不充分问题，在中央及地方政府的倡导与推动下，基层政府、基层自治组织（社区居委会）、基层党组织、基层事业单位、企业、非政府组织、社区文化骨干及其他居民针对某些公共事务治理问题

---

① T. K. Das, B. S. Teng, "Between Trust and Control: Developing Confidence in Partner Cooperation in Alliances", *Academy of Management Review*, Vol. 23, 1998, pp. 491–512.

② K. Blomqvist, P. Ståhle, "Building Organizational Trust", Paper presented at the 16th Annual IMP Conference, Bath, UK, 2000.

③ D. E. Booher, "Collaborative Governance Practices and Democracy", *National Civic Review*, Vol. 93, No. 4, 2004, pp. 32–46.

④ Bing Ran, Huiting Qi, "The Entangled Twins: Power and Trust in Collaborative Governance", *Administration & Society*, Vol. 00, No. 0, 2018, pp. 1–30.

进行对话、协商以达成共识，并建立对前述公共问题治理的合作关系网络，以推动公共事务治理的效能最大化。

二 新时代中国社会主要矛盾

关于社会矛盾的论述最早可追溯至古希腊哲学家柏拉图在《理想国》中所提出的和谐社会理论，即通过建立明确的阶级关系与理性的人格以实现城邦和谐与个人的灵魂和谐，从而实现社会矛盾的治理。中华人民共和国成立以来，中国特色社会主义社会主要矛盾在不同的历史阶段，具有不同的时代内涵，尤其是改革开放以来，我国居民恩格尔系数不断下降，公民公共文化需求日益上升与公共文化服务供给不足产生的供需矛盾问题日益成为中国特色社会主义社会主要矛盾的重要构成单元。

第一，马克思社会基本矛盾理论是中国特色社会主义社会主要矛盾的理论基础。马克思（1857）在其《〈政治经济学批判〉序言》中明确指出："社会的物质生产力发展到一定阶段，便同它们一直在其中运动的现存生产关系或财产关系发生矛盾。于是，这些关系便由生产力的发展形式变成生产力的桎梏。那时，社会革命的时代即将到来了。随着经济基础的变更，全部庞大的上层建筑也或慢或快地发生变革。"[①] 社会基本矛盾理论是马克思主义理论体系的重要内容，是马克思主义理论用于分析社会历史发展及其变迁的重要理论工具与方法。埃尔斯特（1978）在其著作《逻辑与社会》和《理解马克思》中对马克思主义辩证矛盾思想进行了重建而形成"现实矛盾（real contradiction）"理论，并指出现实矛盾可划分为两类："心智矛盾"和"社会矛盾"，并将社会矛盾划分为反终极性现象（counterfinality）与"次优性现象"，前者为主要矛盾，是社会而非个体的现实矛盾的一个类型。[②] 与传统马克思主义中的社会矛盾思想不同，埃尔斯特的社会矛盾思想是一种微观机理、方法论个体主义的研究，该理论将马克思的社会矛盾理论以微观的角度进行逻辑分析与解构，尝试基于微观研究的视角建立起马克思主义辩证矛盾理论，进一步补充、完善了马克思主义社会矛盾理论。[③] 列宁将马克思、恩格斯关于社会基本矛盾思想进一步继承与发展，在对俄国社会主义革命和建设实践

[①] 马克思、恩格斯：《马克思恩格斯选集》第二卷，人民出版社1995年版，第32页。

[②] Jon Elster, *Logic and Society*, Chichester: Wiley, 1978. 参见曾庆福《埃尔斯特"社会矛盾"思想解析》，《河南社会科学》2012年第10期。

[③] 曾庆福：《埃尔斯特"社会矛盾"思想解析》，《河南社会科学》2012年第10期。

经验的系统梳理与归纳总结基础上，对社会主义社会和资本主义社会矛盾的不同性质进行了区分，揭示了社会主义社会基本矛盾分析的总原则。总之，马克思主义社会基本矛盾理论对社会革命与社会发展的根本规律、动力机制进行了深入剖析，并在此基础上构建辩证主义社会矛盾观，为中国特色社会主义社会主要矛盾分析奠定了理论基础。

第二，中国特色社会主义社会主要矛盾在不同历史发展阶段具有不同时代内涵。中华人民共和国成立之初，毛泽东同志基于我国社会主义改造的实际情况与国际共产主义运动的实践经验，明确指出"在社会主义社会中，社会的基本矛盾仍然是生产关系和生产力之间的矛盾，上层建筑和经济基础之间的矛盾"，并强调社会主义社会基本矛盾是推动社会主义社会运动发展的根本动力，即首次对社会基本矛盾与社会主义社会基本矛盾的客观存在性、基本内涵、性质及特点进行了系统阐释。① 十一届三中全会后，邓小平同志在对毛泽东同志提出的社会主义社会基本矛盾这一概念肯定的基础上，结合中国社会主义建设正反两方面的实践经验，对社会主义社会基本矛盾的具体表现形式进行了探索，于1979年党的工作务虚会上首次对该历史时期我国社会主要矛盾进行了新的概括，指出"我们的生产力发展水平很低，远远不能满足人民和国家的需要，这就是我们目前时期的主要矛盾，解决这个主要矛盾就是我们的中心任务"②；并认为不断深化体制改革是化解社会主义社会基本矛盾、推动社会主义社会发展进步的根本路径。③

第三，公共文化服务供需矛盾是新时代中国社会主要矛盾的重要构成单元。改革开放四十多年来，中国经济迅速发展，城乡居民恩格尔系数不断下降（见图2-1），1978年城市居民恩格尔系数为57.5%，2017年下降至28.6%；1978年农村居民恩格尔系数为67.7%，2017年下降至31.2%。恩格尔系数源自德国统计学家恩格尔（Engel，1857）发现的恩格尔定律，他通过研究比利时工人家庭的收入消费数据，发现一个家庭用

---

① 毛泽东：《毛泽东选集》第五卷，人民出版社1977年版，第318—319、356、372—374页。
② 韩振峰：《中国共产党对我国社会主要矛盾的认识过程》，《光明日报》，人民网转载，2018年6月6日，http://theory.people.com.cn/n1/2018/0606/c40531-30038266.html，2019年8月7日。
③ 邓小平：《邓小平文选》第三卷，人民出版社1993年版，第73、176、370页。

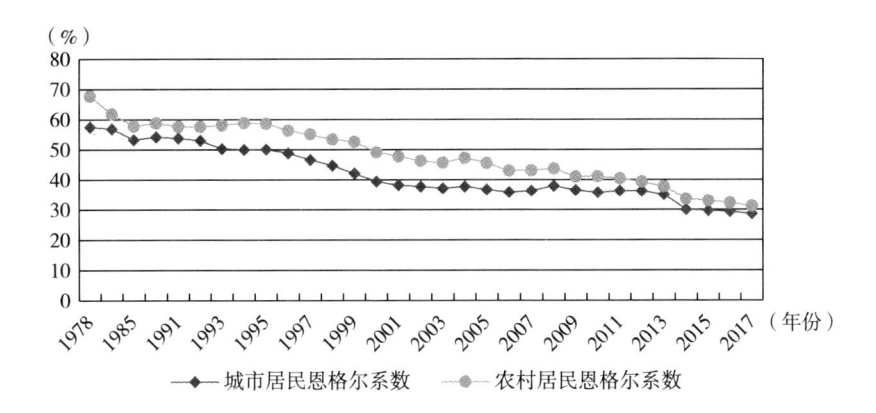

图 2-1　中国居民恩格尔系数变化曲线

资料来源：金红、张会英总编：《中国社会统计年鉴—2018》，中国统计出版社 2018 年版，第 194 页。

于食物的开支在其总支出中所占的比重即恩格尔系数，与该家庭的收入（或衡量家庭总资源的某种其他尺度）成反比，该定律后获得国际组织及学术界一致认可，并被作为评价一国或地区贫富程度的主要标准之一[①]。改革开放以来，中国城乡居民恩格尔系数分别下降了 28.6%、36.5%，一方面说明我国城乡居民的收入水平大幅提升，同时也说明，我国城乡居民消费结构发生重大变化，由以食物消费支出为主转变为包括文化、旅游、教育、服饰、住房等更多元化的消费支出结构。习近平总书记在党的十九大报告中对新时代中国特色社会主义社会主要矛盾的内涵进行了新概括，指出"中国特色社会主义进入新时代，我国社会主要矛盾已经转化为人民日益增长的美好生活需要和不平衡不充分的发展之间的矛盾"[②]，即新时代中国社会生产力水平显著提高，总体上实现小康，与此同时，人民对于美好生活的需求日益广泛，对于物质文化生活、民主、公平、法治、正义、环境等政治、经济、文化、社会、生态方面提出更高的需求，然而社会生产力发展不平衡不充分问题成为满足人民日益增长的对美好生活需求的主要制约因素。其中，公共文化服务发展不平衡

[①] 陈梦根：《地区收入、食品价格与恩格尔系数》，《统计研究》2019 年第 6 期。
[②] 习近平：《决胜全面建成小康社会　夺取新时代中国特色社会主义伟大胜利——在中国共产党第十九次全国代表大会上的报告》，中国政府网，2017 年 10 月 27 日，http://www.gov.cn/zhuanti/2017-10/27/content_5234876.htm，2021 年 5 月 5 日。

不充分直接导致人民日益增长的文化需求难以满足，并由此造成公共文化服务供需矛盾问题，属于新时代中国社会主要矛盾的重要构成单元。

三 合作悖论

合作治理（collaborative governance）作为一种新的治理范式，日益受到国内外学者关注，且越来越多地被应用于环境治理、府际关系、公共安全治理等诸多公共事务治理中；然而，国内外学者在对不同国家、不同地区的公共事务合作治理实践案例研究过程中，发现公共事务合作治理不同程度地面临合作悖论或合作矛盾困境。根据研究内容与侧重点的不同，可分为两类：

第一，合作治理结果或者称为合作效能存在的合作悖论问题。Ricardo B. Duque 等（2005）发现，在知识生产领域社会环境造成发展中国家科学家间存在合作悖论（collaboration paradox）问题①；David Noble 等（2018）对澳大利亚以合作研究中心（CRC）为平台的产学研政策合作悖论问题的比较研究②；冉茂瑜等（2009）对基于文化、制度、资金、渠道视角对中国产学研合作矛盾问题的原因进行的系统研究③；白晔等（2018）认为地方本位主义造成区域协调发展中的合作悖论问题④。

第二，合作治理过程中存在的合作悖论或合作矛盾问题。Bing Ran 等（2018）通过建立合作治理中权力与信任互动关系的理论分析框架，提出参与者之间的盲目信任可能会造成部分合作优势丧失与合作风险等七个理论命题，在此基础上对权力不平衡、盲目或缺乏信任等多种互动关系对合作治理的影响，包括有效合作与合作悖论现象⑤；Maurits Waardenburg 等（2019）在对荷兰八部门合用应对犯罪行为进行准实验研究中发现，合作治理中所面临的解决实质性问题、合作过程以及多边关系责

---

① Ricardo B. Duque, Marcus Ynalvez, R. Sooryamoorthy, Paul Mbatia, Dan – Bright Dzorgbo, Wesley Shrum, "Collaboration Paradox: Scientific Productivity, the Internet, and Problems of Research in Developing Areas", *Social Studies of Science*, Vol. 35, No. 10, 2005, pp. 755 – 785.

② David Noble, Michael B. Charles, Robyn Keast, "The Research Collaboration Paradox: A Tale of Two Governance Narratives in an Australian Innovation Setting", *Australian Journal of Public Administration*, Vol. 77, No. 4, 2018, pp. 597 – 603.

③ 冉茂瑜、顾新：《我国产学研合作冲突分析及管理》，《科技管理研究》2009 年第 11 期。

④ 白晔、黄涛、鲜龙：《区域协调发展的"合作悖论"与有效性增进路径》，《经济学家》2018 年第 12 期。

⑤ Bing Ran, Huiting Qi, "The Entangled Twins: Power and Trust in Collaborative Governance", *Administration & Society*, Vol. 00, No. 0, 2018, pp. 1 – 30.

任问题三种类型的挑战反映出合作需求悖论，而对矛盾性需求采取皆可的包容性态度而不是非此即彼的态度才能促使合作行为有所进展①；谢东水（2018）基于"他在性"的理论视角对当前我国共享单车合作治理中所面临的"合作不成"困境进行阐释，认为西方行政学基于"自在性"原则建立而忽视了"他者"，即强调政府的引导、动员作用；而合作治理本质上强调多元主体共同参与，即"他在性"，指出需重视多元主体合作能力的培养②；王永贵等（2018）认为合作矛盾对发包方创新能力与接包方知识获取之间的关系具有显著的倒 U 形调节作用，而接包方长期合作导向则对发包方创新能力与接包方知识获取之间的关系具有显著的积极调节作用。③

合作悖论，或称为合作矛盾、合作不成、不合作现象等，通常是指在多元主体探讨通过对话、协商以构建多主体共同参与的问题解决机制过程中或者最终合作效能上存在的合作困境问题。本书侧重分析社区公共文化服务合作治理的过程与运行机制，因此，本书所研究的合作悖论是指社区公共文化服务合作治理中，各治理主体间由于信息不对称、权力不平等、信任机制缺失、合作制度不健全等多元因素作用下，造成参与主体间未能建立良性互动的合作治理框架而陷入合作悖论。

总之，合作治理理论作为一种新的治理范式，为当代国家公共事务管理提供了一种新的理论视角与行动策略，有利于解决新公共管理改革运动带来的公共服务碎片化问题；然而，该理论在用于不同文化背景、不同政治体制、不同经济水平的国家或地方公共事务管理中，并未实现其理论框架中所致力实现的多元主体平等参与、协商以达成共识、共同促进公共事务治理的公平、公正、效率、效益以及效能等多元治理目标，而是面临合作悖论，具体表现为虽然公共政策导向、制度设计、组织架构、社会环境等多元因素均为推动多元主体间进行合作治理的正向激励因素，然而，各合作治理主体间却无法实现有效地协商、对话与合作、

---

① Maurits Waardenburga, Martijn Groenleera, Jorrit de Jongb, Bas Keijserc, "Paradoxes of Collaborative Governance: Investigating the Real – Life Dynamics of Multi – Agency Collaborations using a Quasi – Experimental Action – Research Approach", *Public Management Review*, No. 6, 2019, pp. 1 – 22.

② 谢东水：《协同治理中"合作不成"的理论缘由：以"他在性"为视角》，《学术界》2018 年第 6 期。

③ 王永贵、刘菲：《创新能力：发包方对接包方的影响机制研究——战略外包情境中合作冲突与长期合作导向的调节效应》，《经济管理》2018 年第 1 期。

参与，而造成合作治理悖论现象。

第三节 中国场景下社区公共文化服务合作治理的理论意蕴

近年来，我国中央及地方政府运用法规、政策、组织以及经济性工具，倡导与激励基层政府、基层党组织、基层文化事业单位（群众文化机构）、企业、非政府组织与社会公众针对社区公共文化服务供给问题进行对话、协商以达成共识，并通过建立合作关系，实现对社区公共文化设施、公共文化产品以及公共文化活动等基本公共文化服务的合作供给，逐步形成了具有中国特色的社区公共文化服务合作治理结构。本小节在对中国场景下社区公共文化服务合作治理的理论内涵进行明确阐释的基础上，构建中国场景下社区公共文化服务合作治理的"矛盾、合作、动力"的理论分析框架，为进一步深入研究奠定理论基础。

一 理论内涵

近年来，我国非政府组织的规模、数量、种类迅速增长。根据民政部公布的最新统计公报数据显示，至 2015 年年底，我国登记备案的非政府组织数量达 66.2 万个，比 2014 年增长 9.2%。[1] 然而，我国非政府组织的整体规模、数量以及社会治理能力均较为薄弱，且大多数规模较大的非政府组织对于政府的依赖度较高，组织管理欠规范。2015 年 7 月 8 日，中共中央办公厅、国务院办公厅印发《行业协会商会与行政机关脱钩总体方案》，以促进行业协会、商会等非政府组织规范发展。[2] 因此，与西方较为发达成熟的公民社会相比，我国非政府组织力量仍较为薄弱，自发、主动参与社会治理的动力与能力明显不足。因此，针对当前社区公共文化服务发展中存在的不平衡、不充分等现实问题，我国中央及地方政府运用法规、政策、组织以及经济性工具，倡导与激励基层政府、

---

[1] 中华人民共和国民政部：《2015 年社会服务发展统计公报》，中国政府网，2016 年 7 月 12 日，http://www.gov.cn/shuju/2016-07/12/content_5090289.htm，2018 年 12 月 10 日。

[2] 中共中央办公厅、国务院办公厅：《行业协会商会与行政机关脱钩总体方案》，中国政府网，2015 年 7 月 8 日，http://www.gov.cn/zhengce/2015-07/08/content_2894118.htm，2018 年 12 月 10 日。

基层党组织、基层文化事业单位（群众文化机构）、企业、非政府组织与社会公众针对社区公共文化服务供给问题进行对话、协商以达成共识，并通过建立合作关系，以实现对社区公共文化设施、公共文化产品以及公共文化活动等基本公共文化服务的合作供给，从而形成了具有中国特色的社区公共文化服务合作治理结构。

基于社区公共文化服务、合作治理、新时代中国社会主要矛盾以及合作悖论的理论内涵，联系中国公共文化服务体系建设与社区行政体制的本土化特点，本书认为所谓中国场景下社区公共文化服务合作治理，是指在中国特色社会主义政治经济社会制度环境下，中国中央及地方各级政府部门为满足社区居民日益增长的公共文化需求，运用公共政策、行政管理、社会动员、宣传教育等多元化公共事务管理工具，倡导、动员并引导基层政府、基层自治组织、基层事业单位、基层党组织、企业、非政府组织以及社区居民参与社区公共文化服务的决策、生产、运行、评价、监督等供给行动的全过程，在中国共产党的领导下，各治理主体间通过民主协商达成共识，以实现社区公共文化服务的合作治理，促进社区公共文化服务的充分、优质、公平、精准、有效供给，从根本上解决由于传统政府单一供给体制而造成的供给过剩、供给短缺、供需不一致等供需矛盾问题。

二 理论分析框架

Ansell 和 Gash（2008）基于对 127 个涵盖公共卫生、教育、社会福利和国际关系等领域区域合作研究文献的综合分析而构建的合作治理一般模型被大多数学者视为合作治理的一般性分析框架（见图 2-2），得到国内外大多数学者认可；然而该分析框架建立于对国外合作治理案例系统化分析的基础上，并不能体现中国社区公共文化服务合作治理的本土化特色。

因此，本书在借鉴 Ansell 和 Gash 的一般性分析框架基础上，基于合作治理、新时代中国社会主要矛盾、合作悖论等理论研究视角，并联系中国社区公共文化服务合作治理的主体要素构成、行动逻辑、行动路径等本土化特征，基于问题的产生、发展与应对的逻辑思路，构建理论归纳与实证分析双重视角相结合的"矛盾、合作、动力"分析框架（见图 2-3）。

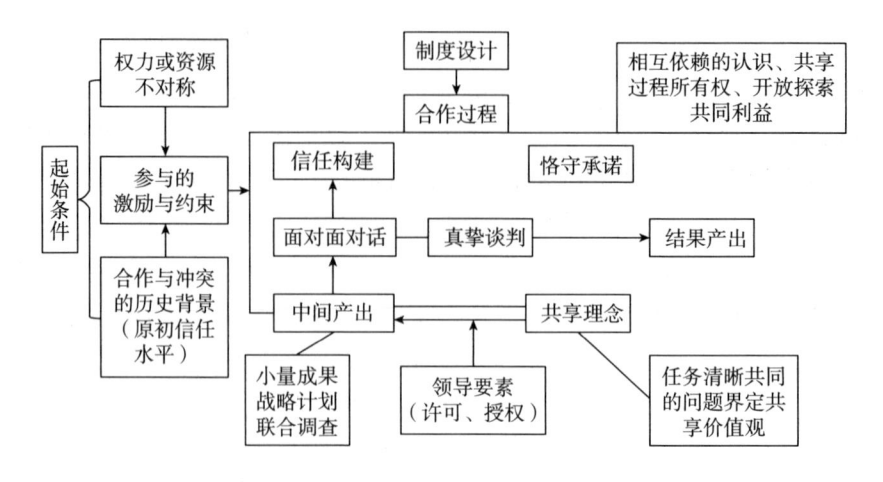

图 2-2 Ansell 和 Gash 的合作治理一般模型

资料来源：Chris Ansell, Alison Gash, "Collaborative Governance in Theory and Practice", *Journal of Public Administration Research and Theory*, Vol. 18, No. 4, 2008, pp. 543–571.

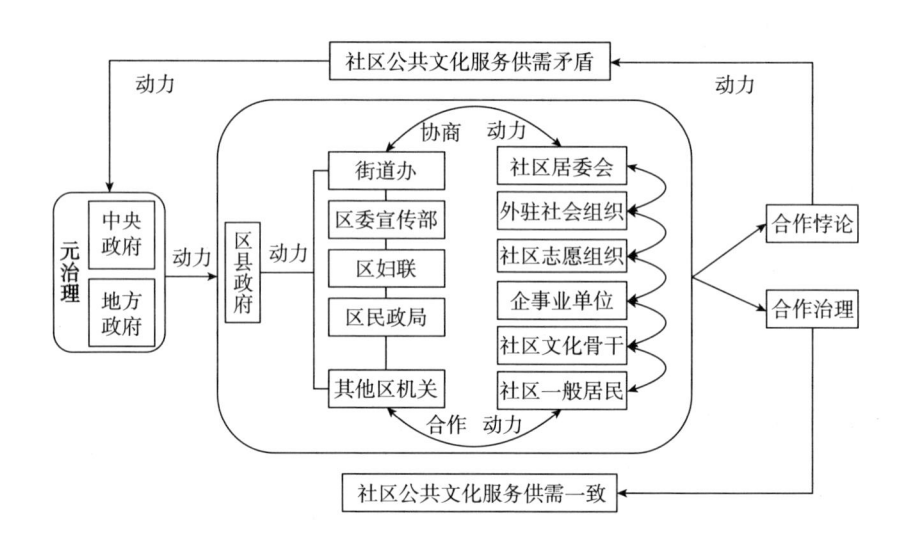

图 2-3 中国社区公共文化服务合作治理的"矛盾、合作、动力"分析框架

（一）社区公共文化服务供给的历史逻辑：合作治理

公共文化服务不同于其他公共物品，由于具有天然的文化性、人为性、群体性等特质，而自人类社会产生以来即存在着自发性合作行为，即自人类社会以部落的形式群居开始，人们即自发地组织、参与各类公共文化活动，如古希腊城邦内定期或不定期、自发或有组织的宗教文化活动。近代社会以来，社区公共文化服务供给模式日益多元化，尤其是20世纪90年代以来，多中心治理、合作治理、整体性治理等后新公共管理理论的产生与发展，多主体参与合作提供社区公共文化服务即社区公共文化服务合作治理模式得到国内外学术界广泛认可，并成为世界各国政府社区公共文化服务供给优化改革的重要举措，中国亦然，尤其随着改革开放的不断深化，探讨如何促使公共部门、私人部门、第三部门、公民多元力量共同参与社区公共文化服务供给，成为新时代中国社区公共文化服务供给优化的重要改革举措。综上所述，合作治理对于中国场景下社区公共文化服务供给模式变迁而言，具有深刻的历史逻辑。

（二）中国场景下社区公共文化服务供给的实践逻辑：矛盾、合作

习近平同志在党的十九大报告中强调指出，新时代中国特色社会主义的主要矛盾转变为人民日益增长的对美好生活的需求与发展的不平衡、不充分之间的矛盾，该矛盾在社区公共文化服务供给领域体现为社区居民日益增长的对社区公共文化服务多样化、高品质的需求与社区公共文化服务供给不平衡不充分之间的矛盾，具体表现为社区公共文化服务供需矛盾问题，该问题我们将在第四章进行系统分析阐述。合作治理成为社区公共文化服务供给优化的一种新的模式选择，即中央政府与地方政府发挥其元治理功能时，运用制度、动力工具引导并推动基层政府即区县级政府部门运用政策、制度、组织、人才等手段构建由街道办、区委宣传部、区妇联等区级行政机关与社区居委会、社区外驻社会组织、社区志愿组织、企事业单位、社区文化骨干、社区一般居民等多元主体间针对社区公共文化服务供给问题的平等协商对话关系，在明确了解社会公众社区公共文化服务需求的基础上，由政府部门、私人部门、非政府组织与社会公众基于各自能力共同承担社区公共文化服务供给，以化解供需矛盾问题，实现社区公共文化服务供需一致，因此，"矛盾、合作"是中国场景下社区公共文化服务供给的实践逻辑。

（三）中国场景下社区公共文化服务合作治理行动逻辑：合作、矛盾、动力

近年来，合作治理理论由于倡导多元主体间协商、对话、合作的解决机制被越来越多地运用于我国社区公共文化服务供给模式创新与改革中，然而，由于相关法律法规、行政体制、政策执行梗阻、信息公开机

制、非政府组织规模与能力、社会公众的公共价值与志愿精神、激励机制不足等多种因素制约，造成很多社区公共文化服务合作治理改革过程中，基层政府、街道办、社区居委会、企事业单位、非政府组织以及社会公众间由于信息不对称、沟通不畅、盲目信任或信任不足等问题而发生不同程度的合作悖论，并由此造成社区公共文化服务合作治理效能降低甚至无效，最终导致社区公共文化服务供需矛盾问题，即重返社区公共文化服务合作治理的逻辑出发点（见图2-3）。由此，随着社区公共文化服务供需矛盾不断加剧，迫使中央及地方政府部门再次发挥社区公共文化服务的元治理功能，运用政策、制度工具，再次引导、推动区县政府部门及其派出机关、社区居委会、社区党工委、外驻社会组织、社区志愿组织、企事业单位、社区文化骨干及其他居民间对话、协商，并进一步优化社区公共文化服务合作治理机制，以化解社区公共文化服务供需矛盾与社区公共文化服务合作治理主体间的合作悖论问题，促进社区公共文化服务的供需一致性。由此，逐步形成社区公共文化服务合作治理的"合作、矛盾、动力"治理框架。

第三章　历史逻辑：中外社区公共文化服务合作治理模式演进

20世纪60年代以来，西方资本主义国家普遍面临公共部门效率低下、公共财政赤字等诸多"政府失灵"问题，学界开始反思凯恩斯政府干预经济学在实际运行中存在的问题，并探讨新的解决策略。20世纪90年代末，西方发达国家如美国、英国、澳大利亚等国家纷纷进入新公共管理改革运动时期，即大量公共服务开始民营化、外包，公共服务的供给主体日益多元化。本章通过对国内外公共文化服务的治理模式变迁的历史比较研究，以探析公共文化服务治理模式的变迁趋势，并归纳指出合作治理是现代国家社区公共文化服务供给模式变革的重要发展趋势与历史演进逻辑。

第一节　国外社区公共文化服务供给模式的变迁

公元前8世纪，希腊人从黑暗时代苏醒过来，建立了新型的政治单位城邦（Polis）代替以氏族制度为基础的原始公社组织，这是现代城市的最早雏形。城邦源于"卫城"（acropolis）一词，最初是指建立在山头上以防御敌人攻击或者海盗威胁的保垒（城堡）或卫城①，后来卫城及其周边地区慢慢发展成为商业、政治和宗教文化活动中心。因此，自人类社会产生城邦之始，公共文化活动不仅成为城邦居民生活不可或缺的构成单元，而且对于城市发展繁荣具有极其重要影响。文明（civilization）源自拉丁语civic，其最初是指市民或城市中的居住者，这些由专门从事

---

① 顾准：《希腊城邦制度：读希腊史笔记》，中国社会科学出版社1982年版，第6—8页。

手工业或商业活动的人口比较集中的聚落，由于文字、宗教以及反映社会等级的礼仪制度的出现，促使原始聚落逐步发展成为一定区域的文化中心①。因此，城市的产生为公共文化的发展繁荣提供了丰沃的土壤与平台，公共文化的发展推动了城市文明的发展与繁荣，二者间是一种相互依存、相互促进的有机互动关系。近代以来，国外社区公共文化服务的供给模式大体经历了下述几个阶段。

一　自由放任时期

18世纪初，随着欧洲城市的发展，加之受古希腊政治社会早期民主理念的影响，即强调公民的非个体性即"公共性"，公共领域与公共文化活动在其城市社会生活中占据越来越重要的地位。理查德·桑内特（Richard Sennet）指出在现代城市文化语境下，一些公共场所，如博物馆、广场、教堂、剧院等，属于城市物理空间或场所，同时拥有公共利益和共同享有的意义与重新定义现代城市生活和人际关系的深刻内涵，为现代社会进步与文明提供着广泛的、不可预知的机遇②，认为公共文化活动是城市社会发展的根基，但由于早期人类社会仍未有社区这一概念，因此社区公共文化活动并未形成独立的研究。

19世纪初，欧洲国家受亚当·斯密的自由市场经济理论影响，认为市场作为"一只看不见的手"，即通过市场、价格和供给三要素实现市场的良性运转以及资源的优化配置，而政府则应扮演"守夜人"角色。基于这一价值理念，公共文化产品的供给属于自由放任状态，即政府在公共产品供给方面的管理职能极为有限，仅提供一些核心公共产品，如国防、法律制度、产权保护等，政府并未建立专门的文化管理部门和文艺政策。这一时期公共文化产品或服务主要源自市场的供给，以公共文化活动空间为例。借助于自由竞争市场机制，酒吧、沙龙、咖啡馆等公共娱乐场所不专属于有教养的贵族和资产阶级等社会精英阶层，而成为普通市民的公共文化生活空间。③

1887年，德国社会学家斐迪南·滕尼斯在其著作《社区与社会》（Community and Society）首次提出社区的概念，并被广泛应用于社会学领

---

① 彭和平、侯书森：《城市管理学》，高等教育出版社2009年版，第89—92页。
② [美]理查德·桑内特：《公共人的衰落》，李继宏译，上海译文出版社2008年版，第18—28页。
③ 邢军：《中国城市公共文化领域的历史形态及其演变》，《江海学刊》2015年第5期。

域。因此，自由放任时期，社区公共文化服务并未受到学界关注，其供给方式也是私人组织、社会团体或社区居民的自发行为。

二 国家干预时期

20世纪50年代以后，欧美资本主义国家政府受凯恩斯"国家干预主义"理论影响，纷纷进入"福利国家"（welfare state）时期，政府成为社会公共事务的供给与管理主体，被调侃为"从摇篮到坟墓，包办了人的一切"。1959年，法国首次成立中央文化管理机关"法国文化部"，标志着文化管理被纳入现代政府行政范畴。此后，上述国家政府开始建立各种各样的公共文化管理组织、机构，并形成各不相同的公共文化政策、管理制度以及运营模式，以适应社会发展的需要。

1982年，联合国教科文组织在《墨西哥城文化政策宣言》中指出，文化是一套涵盖精神、物质、知识和情感特征的体系，可推动实现一个社会或社群的自我认同；其内容不仅包括文学、艺术，还包括生活方式、基本人权观念、价值观体系、传统与信仰[①]，因此，公共性是文化的本质特征。然而，基于国家干预主义理念，国家权力进入公共文化服务领域，尤其是一些公共媒体受意识形态操纵而具有政治功能，另一方面，公共服务机构日趋商业化，大众传媒不再是社会公众理性讨论与表达的公共领域，而沦为统治工具。对此，以哈贝马斯为代表的一些学者进行了反思与批判，如麦圭根指出："在公共领域和交往理性之中，注入公民情感、美学和感动等人文关怀的元素，让悲哀、伤恸、喜悦、欢愉等公民共同情感经验，以及对艺术审美价值的共鸣，得以透过公民文化论述与人文理性的公共交往模式，汇入国家文化治理的公共空间"[②]，强调国家主流意识形态不应当过度干预公共文化生活，而应当以"包容"的态度，推动价值观与文化的多样性，确保公共文化领域的开放性、公共性、批判性以及平等性。然而，总体而言，这一时期社区公共文化服务如由政府投资兴建的社区图书馆开始在社区兴起，并逐渐发展成为社区居民开展各类公共文化活动的重要平台。

[①] 赵琪、陈宗桢：《国际法视角下的文化多样性保护》，《长春理工大学学报》（社会科学版）2013年第2期。

[②] 任珺：《文化的公共性与新兴城市文化治理机制探讨》，《福建论坛》（人文社科版）2015年第2期。

三 分权化改革时期

20世纪80年代末以来,国外发达资本主义国家政府面临"市场失灵"与"政府失灵"双重困境,新公共管理思想应时而生并对现代政府管理产生巨大影响,促使传统福利国家如英国、美国、澳大利亚纷纷展开民营化、分权化改革,基于企业家政府理论、新公共服务理论形成更为多样化的社区公共文化服务供给模式,如法国、日本等国家选择的政府主导模式,加拿大、美国等国家选择的民间主导模式,英国、澳大利亚等国家选择的基于"一臂之距"原则的政府与民众组织的分权化供给模式。基于西方新公共服务理论及服务型政府建设理念,公共文化服务(包括社区公共文化服务)的概念随之产生,即通常是指为满足公民的基本文化需求,实现公民的基本文化权利,而由各种供给主体提供的公共文化设施、产品与服务。①

政府购买社区公共文化服务是这一时期分权化改革的最显著成果,即以政府为主导,运用市场机制与社会机制促使政府、市场、社会三者之间建立起一种合作伙伴关系,实现社区公共文化服务的供给,满足公民公共文化需求,保障公民的基本文化权利。目前,欧洲国家政府购买社区公共文化服务主要运作模式为合同制或称项目制。新公共管理运动促使国外发达资本主义国家掀起"政府再造"及私有化改革浪潮,合同制治理模式是上述国家社区公共文化服务民营化改革运动重要成果。政府购买社区公共文化服务的合同制治理模式(contracting out form),也被称作合同制外包模式,是指政府以合同的方式向文化企业及事业单位、非政府公共文化机构等部门直接购买社区公共文化服务产品,以满足社区居民的公共文化服务需求。如在意大利,合同制模式主要运用于需要长期控制或管理的社区公共文化服务产品,如社区图书馆等②。由于上述社区公共文化服务的使用与管理具有长效性,合同外包制一方面可以推动政府服务职能转变、机构精简,且有助于提高社区公共文化服务供给的效率与效益。

---

① 于群、李国新:《中国公共文化服务发展报告(2012)》,社会科学文献出版社2013版,第18页。

② Enrico Bertacchini, Chiara Dalle Nogare, "Public Provision vs. Outsourcing of Cultural Services: Evidence from Ltalian Cities", *European Journal of Political Economy*, Vol. 35. No. 9, 2014, pp. 168 – 182.

四 合作治理时期

21世纪初,世界各国公共事务的多样性与复杂性日益增强,且全球经济发展进入"新常态",即"两高一低"(高失业率、高债务、低增长)的经济状态将长期存在[①];另外,新公共管理思想过于强调效率至上而带来一系列公平问题,继而造成社会矛盾的激化,后新公共管理这一新的管理范式开始被广泛接受,其代表性理论有网络治理、合作治理、整体性治理、大数据治理等治理理论,这一阶段的理论特点在于认为公共事务的治理需要整合多元主体力量共同参与,并有效利用大数据、网络等新技术手段,在兼顾效率与公平的同时,实现对社会公共事务的共同治理。因此,合作治理理论被越来越多地应用于社区公共文化服务供给领域。在这一时期,非合同制成为社区公共文化服务治理的另一重要模式。

社区公共文化服务的非合同制治理模式(non-contractual outsourcing)是指政府通过对某些外部组织(即非政府文化机构)进行资助或补贴,从而在不签订任何公共文化服务购买合同的情况下实现社区公共文化服务的生产或供给。不过,政府与该非政府文化机构间可能存在一种关系契约或者叫隐性合同(Hart,2001)。[②] Enrico Bertacchini 与 Chiara Dalle Nogare(2014)认为,与传统合同制外包模式不同,非合同制外包模式由于并不是通过签署一个具有明确期限(如若干年)的合同进行规范约束而更具弹性。因此,对于政府而言,这种外包模式并不意味着政府要长期参与某种服务的供给;或者这种服务一直处于外包状态,即在文化领域中对文化产品的补贴与外包极其相似,尤其是当获得补贴的文化组织对于公共支持(public support)具有很强的依赖性。非合同制治理模式被意大利、英国、丹麦、以色列等欧洲很多国家广泛运用于社区公共文化服务的供给领域,且补贴额度呈增长趋势。如2000年至2010年,在意大利政府的文化支出中,向非政府文化机构的财政资助额增长最快,

---

① Roger Mc Namee, *The New Normal: Great Opportunities in a Time of Great Risk*, Portfolio Hardcove, 2004.

② O. Hart, "Norms and the Theory of the Firm", NBER Working Paper No. 8286: National Bureau of Economic Research, Cambridge, MA, 2001.

十年之间资助额增长了47%（ISTAT）。①

公共文化服务供给的非合同制模式源自英国的"一臂之距"文化管理原则，欧洲国家在将此模式运用于社区公共文化服务产品供给时，不断对该治理模式进行补充与完善，如以色列政府在此基础上形成了一种独有的社区公共文化服务供给模式的公共参与机制。在该模式中，政府通过财政补贴委托"一臂之距"（即独立）的机构如艺术协会提供社区公共文化服务。Van der Ploeg（2006）认为，由政府直接提供社区公共文化服务的文化政策存在政策扭曲的风险，因此，"一臂之距"模式是一个更好的解决方案，该模式将决策责任委托给一个由艺术和文化领域专家构成的法定独立机构承担。② 因此，与合同制相比，非合同制模式更适用于社区公共文化服务的供给。

第二节　中国社区公共文化服务的供给模式变迁

古代中国社会中，受封建专制制度的制约，并不具有现代意义上的公共文化服务和公共文化空间③，公共文化活动主要表现为普通民众在庙宇神邸、书院、会馆、茶楼、酒肆、瓦肆勾栏等处享用的一些简单的文化娱乐活动，且上述文化活动生产、传播及消费均是由同乡会、行会、宗族、宗教组织等社会团体购买和消费，曲艺演出、文化园林等较高级的文化产品仅仅为封建君主、官僚及乡绅等统治阶层提供。④ 因此，古代中国社会中，封建国家并未向普通民众提供真正意义上的公共文化产品或服务。且由于社区的概念为费孝通先生于20世纪30年代翻译滕尼斯著作《社区与社会》时引入中国，早期中国社会没有社区与社区居民的概念，只有以传统聚居地如村落、乡绅、封建官僚为区域划分开来的公共

---

① ISTAT: Italian National Statistical Office, cited from: Enrico Bertacchini, Chiara Dalle Nogare, "Public Provision vs. Outsourcing of Cultural Services: Evidence from Ltalian Cities", *European Journal of Political Economy*, Vol. 35, No. 9, 2014, pp. 168 – 182.

② F. Van der Ploeg, *The Making of Cultural Policy: A European Perspective*, Handbook of the Economics of Art and Culture. Elsevier, Amsterdam, 2006, pp. 1183 – 1221.

③ 张光直：《关于中国初期"城市"这个概念》，《文物》1985年第2期。

④ 邢军：《中国城市公共文化领域的历史形态及其演变》，《江海学刊》2015年第5期。

文化活动。

近代中国在西方现代化思潮的影响下，公共文化活动日益多样化，一方面文社、茶馆、报刊等公共文化场所成为新兴知识分子及资产阶层创立，为普通民众提供公共文化产品的主要媒介；另一方面，电影院、剧场、公园、博物馆、图书馆等公共文化场所以及其提供的各种公共文化活动，由于兼具现代商业价值与政治功能而在城市中产生并不断发展。然而，由于政治环境的动荡，绝大多数社会底层公众面临的首要问题是生存、温饱，公共文化产品的享用主体为知识分子、小资产阶级以及社会权贵。且由于国家权力和党派理念向公共文化领域的延伸，近代中国的公共文化领域成为政治权力的工具而不具有价值批判的制衡功能。

中华人民共和国成立以后，社区公共文化服务的治理模式大体经历了下述两大时期：

一　社区公共文化服务的政府单一主体供给时期

中华人民共和国成立后，中国共产党以马克思、列宁的共产主义理论以及毛泽东的社会主义理论为指导，建立了社会主义公有制经济体制，政府成为社区公共文化服务唯一的供给主体，具体表现为政府全权负责的社区公共文化服务供给模式。在这一时期，由于实行计划经济体制，政府对经济、社会、文化进行统一管理，如图书、文艺演出等各类社区文化活动均由国家政府供给，社区公共文化产品相对较单一。

1978年，党的十一届三中全会后，中共中央制定并实施以经济建设为中心的改革开放政策，与此同时，在一系改革举措推动下，社区公共文化产品日益多样化。这一时期产生了各种各样的文化社团与民办刊物，它们成为社区公共文化活动的重要媒介；上述社团与刊物举办的社区公共文化活动形成体制外的各种非主流的文化流派与观点，促进了文化艺术的多元化；此外，报刊、图书的大量发行以及学术沙龙、学术论坛等民间文化交流活动的举办，促使普通公众享用到丰富多样的社区公共文化产品。然而，这一时期，由于传统计划经济体制的制约，社区公共文化产品的供给主体仍以政府为主。

1989年2月，中共中央发布的《关于进一步繁荣文艺的若干意见》中指出，文艺要坚持"为人民服务、为社会主义服务、百花齐放、百家争鸣"，不断完善和加强党对文艺事业的领导，不断深化文艺体制改革，加强文化队伍自身建设。① 1989 年 6 月 23—24 日，十三届四中全会召开并强调指出，在继续搞好治理整顿的同时，应更好地坚持改革开放，并加强爱国主义、社会主义、独立自主以及艰苦奋斗教育。因此，我国经济的市场化进程推动了文化产品的商业化与市场化。尤其是 20 世纪 90 年代中后期以来，大众传媒不断发展，各种表达市民观点并满足其消费需求的报刊、影视作品等日益丰富多样化，上述文化产品不再由政府单一供给，而是由市场直接提供，如一些由民间商业资本运营的文化馆、艺术村、画廊大量涌现。然而，文化产品市场化的同时开始面临另一问题，即文化产品本身的庸俗化、商业化趋势，商人为了谋求经济利润而产生了一些低俗、劣质的文化产品。

2002 年，党的十六大报告明确指出，应促进文化产业、文化事业发展，推进文化体制改革，标志着我国文化体制改革由早期的单项改革发展到整体改革试点阶段。2005 年 12 月，"十一五"规划中首次提出"公共文化服务"一词，并明确指出要强化政府文化管理和服务职能，逐步构建覆盖全社会的比较完备的公共文化服务体系是文化体制改革的重要目标之一。② 自此，社区公共文化服务的供给与运营管理开始引起政府及学术界的广泛关注，如何构建完善的社区公共文化服务体系，尤其是社区公共文化服务的功能内涵以及供给的市场化、社会化等问题成为这一阶段的研究关注点以及公共文化政策制定的要点。

2013 年 1 月 14 日，文化部印发的《文化部"十二五"时期公共文化服务体系建设实施纲要》中明确指出，"公共文化服务体系是以公共财政为支撑，以公益性文化单位为骨干，以全体人民为服务对象，现阶段以保障人民群众看电视、听广播、读书看报、进行公共文化鉴赏、参与公共文化活动等基本文化权益为主要内容，向社会提供的公共文化设施、产品、服务及制度体系的总称"，虽然"十一五"时期取得一定成果，然而由于存在经费投入不足、硬件设施不完善、人才资源匮乏、城乡发展不平衡、公共资源缺乏统筹、管理体制机制不健全等一系列问题，应充分依托国家经济发展、科技创新以及现代传播手段，推进公共文化服务

---

① 殷金娣：《为了文艺事业的繁荣稳定——记〈中共中央关于进一步繁荣文艺的若干意见〉的产生》，《瞭望》1989 年第 15 期。
② 《中共中央关于制定国民经济和社会发展第十一个五年规划的建议》，人民出版社 2005 年版，第 23 页。

体系建设,以保障全体人民基本文化权益;并制定公共文化服务建设的基本标准与目标(见表3-1)。① 显然,这一时期,公共文化服务的供给主体为中央与地方政府,仍属于政府主导的供给模式。

表3-1 "十二五"时期公共文化服务国家基本标准

服务项目	服务对象	保障标准	支出责任	覆盖水平
公共文化场馆开放	城乡居民	公共空间设施和基本服务项目免费,全年开放时间不少于10个月	中央和地方财政按比例共同负担	除文物建筑及遗址类博物馆外,各级文化文物部门归口管理的公共文化场馆全部向社会开放
公益性流动文化服务	城乡居民	免费享有以文艺演出、图片展览、图书借阅等为一体的流动文化服务;每个乡镇每年送4场地方戏曲	地方政府负责,中央财政适当补助	基本建立灵活机动、方便群众的公益性流动文化服务网络,保障公益性演出场次

资料来源:《文化部关于印发〈文化部"十二五"时期公共文化服务体系建设实施纲要〉的通知(文公共发 [2013] 3号)》,中华人民共和国文化和旅游部网站,2013年1月14日,http://zwgk.mcprc.gov.cn/auto255/201301/t20130121_474074.html。

二 社区公共文化服务的多元主体合作供给时期

(一)社区公共文化服务合作供给的改革探索期

2013年11月12日,党的十八届三中全会通过《中共中央关于全面深化改革若干重大问题的决定》,该决定指出要加强现代公共文化服务体系建设,促进基本公共文化服务标准化、均等化;要引入竞争机制,鼓励社会力量、社会资本参与,推动公共文化服务社会化发展②,即首次明确提出应不断推动社区公共文化服务体系建设的社会化、市场化改革,逐步形成社区公共文化服务的多元主体合作供给。2014年10月23日,

---

① 文化部公共文化司:《文化部关于印发〈文化部"十二五"时期公共文化服务体系建设实施纲要〉的通知(文公共发 [2013] 3号)》,中华人民共和国文化和旅游部网,2013年1月14日,http://zwgk.mcprc.gov.cn/auto255/201301/t20130121_474074.html,2018年3月6日。

② 党的十八届三中全会:《中共中央关于全面深化改革若干重大问题的决定》,中国新闻网,2013年11月15日,http://www.chinanews.com/gn/2013/11-15/5509681_11.shtml,2018年3月6日。

党的十八届四中全会指出要制定公共文化服务保障法①，不断推动公共文化服务体系建设的法制化、规范化、标准化和均等化。2015年5月5日，国务院办公厅转发《文化部等部门关于做好政府向社会力量购买公共文化服务工作意见》，基于国家对于公共文化服务体系市场化、社会化改革的要求，提出应在明确政府主导、完善各项政策规范的基础上，发挥市场在文化资源配置中的作用，要推动政府向社会力量购买公共文化服务与培育社会化公共文化服务力量相结合，规范和引导社会组织健康发展，以逐步实现多层次、多方式公共文化服务供给体系的构建。② 由此，在中央政府主导与推动下，全国范围内掀起社区公共文化服务社会化、市场化的改革浪潮。其中，浙江、江苏、上海、深圳等省市在该领域的改革中走在前列，形成了一些卓有成效的改革经验，如陈立旭（2008）对浙江省公共文化服务市场化、社会化等供给实践机制创新进行了系统总结分析，但其他省份、地市社区公共文化服务的市场化、社会化仍处于起步阶段，改革行动较少、力度较弱。③

（二）社区公共文化服务合作供给的改革热潮期

2017年3月5日，李克强总理在第十二届全国人民代表大会第五次会议上所做的《政府工作报告》中再次指出，"发展文化事业和文化产业，提高基本公共文化服务均等化水平"是该年度政府重要工作任务之一④。2017年10月27日，习近平总书记在党的十九大报告中强调指出"中国特色社会主义进入新时代，我国社会主要矛盾已经转化为人民日益增长的美好生活需要和不平衡不充分的发展之间的矛盾"⑤，在公共文化

---

① 党的十八届四中全会：《中共中央关于全面推进依法治国若干重大问题的决定》，中国社会科学网，2014年10月23日，http://www.cssn.cn/fx/fx_ttxw/201410/t20141030_1381703.shtml，2018年3月6日。

② 国务院办公厅：《文化部等部门关于做好政府向社会力量购买公共文化服务工作意见（国办发〔2015〕37号）》，中华人民共和国文化和旅游部官网，2015年5月11日，http://zwgk.mcprc.gov.cn/auto255/201505/t20150513_474761.html，2018年3月6日。

③ 陈立旭：《以全新理念建设公共文化服务体系——基于浙江实践经验的研究》，《浙江社会科学》2008年第9期。

④ 李克强：《政府工作报告——2017年3月5日在第十二届全国人民代表大会第五次会议上》，中国政府网，2017年3月16日，http://www.gov.cn/guowuyuan/2017zfgzbg.htm，2021年5月5日。

⑤ 习近平：《决胜全面建成小康社会 夺取新时代中国特色社会主义伟大胜利——在中国共产党第十九次全国代表大会上的报告》，中国政府网，2017年10月27日，http://www.gov.cn/zhuanti/2017-10/27/content_5234876.htm，2021年5月5日。

服务领域则体现为人民日益增长的文化需求与公共文化服务发展不平衡不充分之间的矛盾；建立社会主义核心价值观体系，推动文化自信及社会主义先进文化建设，是我国新时代坚持和发展中国特色社会主义的基本方略之一。党的十九大报告中，习近平总书记对于新时代中国如何建设公共文化服务体系提出了具体要求，指出其根本目的在于满足人民过上美好生活的新期待，基本战略为"深化文化体制改革，完善文化管理体制，加快构建把社会效益放在首位、社会效益和经济效益相统一的体制机制"，具体建设目标为"完善公共文化服务体系，深入实施文化惠民工程，丰富群众性文化活动"①，显然，新时代我国社区公共文化服务体系建设的关键在于，如何通过文化管理体制的改革完善，在兼顾经济效益的同时，实现社区公共文化服务供给与管理的社会效益最大化。2018年3月5日，李克强总理在第十三届人民代表大会第一次会议上的《政府工作报告》中再次强调指出，要坚持以人民为中心的发展思想，强化基层公共文化服务，加快发展文化事业，促使人民群众获得感不断增强。②

因此，近年来，随着国家政策文件对于公共文化服务供给模式社会化、市场化改革的不断倡导，社区公共文化服务供给主体日益多元化，各地社区公共文化服务供给模式不断创新，并引发推动社区公共文化服务多元供给的改革热潮，产生了大量社区公共文化服务供给模式创新案例与样本。如2014年9月，浙江省宁波市采取"政府投资、委托管理、合作共赢"的运营模式，即政府投资4亿元建造"海曙区文体中心"，并以招商方式引入社会资本，场馆后期的投入及其运营则由专业管理公司负责，该文体中心是目前宁波中心城区规模最大、配备现代化设施、功能较为完善的文化体育场馆。③ 2016年，浙江温州市以公开招标的方式不断推动政府购买公共文化服务，政府投入300万元，完成184场送戏下乡

---

① 习近平：《决胜全面建成小康社会 夺取新时代中国特色社会主义伟大胜利——在中国共产党第十九次全国代表大会上的报告》，中国政府网，2017年10月27日，http://www.gov.cn/zhuanti/2017-10/27/content_5234876.htm，2021年5月5日。

② 李克强：《政府工作报告——2017年3月5日在第十二届全国人民代表大会第五次会议上》，中国政府网，2017年3月16日，http://www.gov.cn/guowuyuan/2017zfgzbg.htm，2021年5月5日。

③ 《社会化运营的文体中心，让你无需再假装生活》，搜狐网，2017年7月26日，https://www.sohu.com/a/160137962_99959751，2018年3月6日。

公益演出。① 2018年4月，为探索公共文化服务民企互惠的消费模式，天津市滨海新区区委宣传部、区文化体育局、区商务委与天津滨海广播电视发展有限公司合作成立"滨海文化消费企业联盟"，该联盟共有300多家具有文化代表性、品牌影响力、诚信守法经营的文化企业加盟。②

第三节 合作治理：社区公共文化服务供给模式演进的历史逻辑

通过对国内外社区公共文化服务供给模式变革的历史比较研究，发现社区公共文化服务供给模式变革主要经历了下述几个时期。

一 公民、社会团体自发组织供给时期

与其他社区公共服务相比，社区公共文化服务具有极强的公共性、社会性、人为性等特点。自人类社会开始以部落的形式群居开始，人们即自发地组织、参与各类公共文化活动；封建社会时期阶层划分严格，但不同阶层内部也会由于宗族、宗教信仰或个人喜好而自发组织公共文化活动以供本阶层内部成员共同享用；早期资本主义社会与中国殖民地半殖民地时期，社区公共文化活动仍停留在社区的社会团体、社区居民自发组织、自我供给状态。

二 政府供给时期

20世纪50年代，发达资本主义国家纷纷迈入福利社会，且奉行国家干预的经济政策，社区公共文化服务如社区文化广场、社区图书馆等均在政府投资下统一供给；中华人民共和国成立后，采取计划经济政策，社区公共文化服务如文艺演出、电影放映等均由政府统一计划供给。然而，这一时期，社区居民、社会团体等仍存在大量的自发组织、参与的各类社区公共文化活动，如民间图书馆、民间博物馆、文化演出等。

三 多元社会力量参与合作治理时期

自20世纪90年代以来，随着新公共管理、新公共服务、善治、多中

---

① 华晓露：《温州成为国家公共文化服务体系示范区创建城市》，温州宣传网，2017年12月14日，http://www.wzxc.gov.cn/system/2017/12/14/013200324.shtml，2018年3月6日。
② 《天津滨海新区推动文化消费新举措，让百姓过足"文化瘾"》，央广网，2018年3月31日，http://www.cnr.cn/tj/zxst/bhzs/20180331/t20180331_524183193.shtml，2018年4月3日。

心治理等公共管理理论的不断发展，由早期的强调私人部门参与，转而强调非政府组织、私人部门、公民等多元主体共同参与，以实现良好的治理与公共服务的有效、精准供给。合作治理作为后新公共管理理论时期的重要代表性理论范式，越来越多地被各国作为国家治理与地方改革的重要理论依据，社区公共文化服务供给由政府统包统揽逐步转变为由政府与企业、社会组织及公民等多元社会力量共同参与合作治理。

综上所述，国内外社区公共文化服务供给模式的变迁经历了不同的发展路程，但其发展演进趋势具有相似性，即由早期的放任自由或者政府主导，到民营化、私有化改革模式，直至当前世界各国普遍推崇的多元主体合作供给模式；由于公共文化本身具有极强的公共性、文化性，且由于文化本身具有强烈的群体性、人为性等与非文化产品截然不同的个性特点，使社区公共文化活动或服务自产生以来，社区居民、社会团体等多元化的社会力量的参与从未间断，只是参与度有强弱之分。尤其是近年来，受新公共管理理论、多中心治理理念、新公共服务等理论的影响，社区公共文化服务的治理主体日益多元化，治理机制日益复杂、多样化。国内外的大量实践经验表明，加强社会力量参与社区公共文化服务供给，不仅有利于减轻政府财政负担，且可促进社区公共文化服务的弹性化供给，推动社区公共文化服务充分、平衡发展。

第四章 实践逻辑：社区公共文化服务供需矛盾与合作治理

2017年10月18日，习近平总书记在党的十九大报告中指出，"中国特色社会主义进入新时代，我国社会主要矛盾已经转化为人民日益增长的美好生活需要和不平衡不充分的发展之间的矛盾"①，同样，该问题存在于公共文化服务供给领域。改革开放四十多年来，我国社区公共文化设施日益健全，社区公共文化服务活动日益丰富，然而，与此同时，居民消费恩格尔系数迅速下降，社会公众的文化消费比重不断上升，文化需求日益多样化、精细化。由于区域间、城乡间经济发展不平衡，当前我国社区公共文化服务供给水平仍不能满足公众需求，存在着供给过剩、供给短缺、供需不一致等一系列供需矛盾问题。由于区域间经济发展不平衡造成的社区公共文化服务供给不足问题较为突出，政府部门及科研人员近年来进行了较为丰富的实证研究。然而，由于社区公共文化服务供需矛盾问题而造成社区公共文化服务利用率低，社区居民公共文化服务满意度、获得感偏低等问题是当前我国社区公共文化服务发展不平衡、不充分的另一突出问题，如社区图书馆书籍陈旧、文化下乡活动年年同一出戏等造成公共文化服务活动乏人问津，该问题不但造成公共财政资源投入的低效甚至无效，且造成社区居民幸福感、获得感偏低，社区认同感下滑等诸多问题，不利于社区和谐稳定发展。当前对于我国社区公共文化服务供需矛盾问题的研究以典型性案例、个案描述为主，缺少系统深入的问卷调查与分析。因此，针对上述问题，本章运用问卷调查与深度访谈相结合的研究方法，对当前我国社区公共文化服务的供需现状

---

① 习近平：《决胜全面建成小康社会 夺取新时代中国特色社会主义伟大胜利——在中国共产党第十九次全国代表大会上的报告》，中国政府网，2017年10月27日，http://www.gov.cn/zhuanti/2017-10/27/content_5234876.htm，2021年5月5日。

展开实证调查与量化分析，深入分析当前我国社区公共文化服务是否存在供需矛盾问题及其影响因素，以及合作治理对于解决社区公共文化服务供需矛盾问题的现实意义。

第一节 社区公共文化服务供需矛盾问卷调查方案设计

为确保对社区公共文化服务供需矛盾问题的现状进行科学、系统分析，本小节首先对供需矛盾问题实证研究的调查问卷设计方案、测量指标选择等相关问题进行系统阐释。

一 社区公共文化服务供需矛盾问卷测量项选择

目前，国内外学者对公共服务供需问题的评价研究所设定的评价指标通常有两类，一是针对供给绩效的综合性评价指标（陈振明等，2009[①]；BADIA F et al.，2013[②]），二是公民对于公共服务满意度评价（MacKerron G et al.，2009[③]；纪江明、胡伟，2013[④]；易承志，2019[⑤]）。针对本章研究的关键问题即社区公共文化服务供需矛盾问题，并考虑到被调查对象的接受度、配合度及由此造成的调查结果的可信度，以及本次问卷调查的目的为对供需矛盾现状进行宏观描述而非对满意度等进行具体测量，因此将调查问卷测量项设计为两大类评价指标，一是社区公共文化服务供需现状的客观性评价指标，即社区公共文化服务的利用率评价；二是社区公共文化服务供需现状的主观性评价指标，即社区居民对社区公共文化服务供给的重要性程度、满意度水平进行主观评价。

---

① 陈振明、刘祺、蔡辉明、邓剑伟、陈昱霖：《公共服务绩效评价的指标体系建构与应用分析——基于厦门市的实证研究》，《理论探讨》2009年第5期。

② F. Badiaf Donato, "Performance Measurement at World Heritage Sites: Per Aspera Ad Astra", *International Journal of Arts Management*, Vol. 16, No. 1, 2013, pp. 20–34.

③ MacKerron G, Mourato S, Life Satisfaction and Air Quality in London, *Ecological Economics*, Vol. 68, No. 5, 2009, pp. 1441–1453.

④ 纪江明、胡伟：《中国城市公共服务满意度的熵权TOPSIS指数评价——基于2012连氏"中国城市公共服务质量调查"的实证分析》，《上海交通大学学报》（哲学社会科学版）2013年第3期。

⑤ 易承志：《环保绩效体验、政府信任与城市环境公共服务满意度——基于上海市的实证调研》，《软科学》2019年第7期。

本次问卷调查拟解决的主要问题为社区居民对当前社区公共文化服务的利用率与整体满意度水平，由于体育文化设施属于社区普惠性公益设施，因此不作为调查的客体；且为便于被调查对象理解，选择社区图书馆、社区周边博物馆或美术馆、社区广场文化活动、社区报刊阅读栏、社区文化活动及培训、社区公益性文艺演出六类社区居民常见的公共文化服务项目作为问卷调查的客体，并要求调查对象对六种社区公共文化服务的重要性程度进行排序，据此熵值以获得社区居民对当前社区公共文化服务满意度的整体评价。

调查问卷包括三类问题，第一类，被调查对象的客观特征，包括1A. 常住地、2A. 性别、3A. 年龄、4A. 户口性质、5A. 文化程度、6A. 职业、7A. 家庭月收入（包括工资、资金、补贴等）、8A. 居住社区的地理位置8个测量项，并假设上述8个因素是影响其利用率、满意度的自变量；第二类，被调查对象对于其所在社区公共文化服务的利用率调查，分别测量社区图书馆、社区周边博物馆或美术馆、社区广场文化活动、社区报刊阅读栏、社区文化活动及培训、社区公益性文艺演出6类社区公共文化服务项目的利用率；第三类，运用李克特五分量表测量被调查对象对其所在社区公共文化服务的满意度水平，包括两个小部分，一是被调查对象对六类社区公共文化服务项目的重要性程度进行赋值；二是被调查对象对六类社区公共文化服务项目的满意度分别进行打分（调查问卷详见附录A）。

二 调查样本选择与发放

2018年1月1—24日，笔者以网络问卷形式在全国各省市（不包括青海、海南、香港、台湾、澳门）共发放并回收调查问卷1083份，其中剔除无效问卷3份，有效问卷1080份，有效率为99.7%。其中，问卷调查对象基本覆盖全国大多数省份。由于我国版图辽阔，人员构成多样，无法实施调查问卷的全覆盖。网络问卷发放过程中，尽量保证不同职业、不同地域、不同性别、不同年龄层调查对象的均匀分布。但由于人力、财力与时间制约，仍存在一定的代表性不足问题。东北、西北、西南省份的问卷填写数量很少，存在代表性不足问题。因此，本次调查结果中所发现的社区公共文化服务发展不平衡的问题表现与内在诱因主要发生于东部、中部省份，而不能全面体现西部、北部省份当前社区公共文化服务供需现状。

第二节 Cronbach 信度分析

为确保调查结果的有效性,首先运用 SPSS 软件,对社区公共文化服务调查问卷的整体测量项及各具体各测量项的信度进行检验。

一 整体性测量项信度分析

本书中对社区居民对社区公共文化服务的利用频次、重要性评价、满意度的测量均为 Likert5 分量表,整体测量项信度检验结果显示(见表 4-1),Qu9-Qu26(共 18 条)条目的 Cronbach's α 系数值为 0.968,大于 0.7,具有较高的内在一致性。

表 4-1　　　　　　　　整体性测量项信度分析

Cronbach α 系数	基于标准化项目的 Cronbach α 系数	项目个数
0.968	0.966	18

二 具体测量项信度分析

具体各测量项信度检验结果(见表 4-2、表 4-3、表 4-4)显示,社区公共文化服务利用频次(0.888)、重要性评价(1.000)、满意度(0.955)三类具体测量项的 Cronbach's α 系数值均大于 0.7,提示具有较高的内在一致性,信度检验结果较好。

表 4-2　　　　　社区公共文化服务利用频次的信度检验

Cronbach α 系数	基于标准化项目的 Cronbach α 系数	项目个数
0.888	0.892	6

表 4-3　　　　　社区公共文化服务重要性评价的信度分析

Cronbach α 系数	基于标准化项目的 Cronbach α 系数	项目个数
1.000	1.000	6

表 4-4　　　　　社区公共文化服务满意度的信度分析

Cronbach α 系数	基于标准化项目的 Cronbach α 系数	项目个数
0.955	0.956	6

三 相关性检验

对各具体测量项的均值、方差及标准差进行计算,发现当各条目例数一样时,汇总后的平均值就等于各条目均值的直接加和,且每当剔除某一条目后,其均值、Cronbach's α 系数的变化如表 4-5、表 4-6、表 4-7,更正后项目总数相关即每一个特定条目与其他条目汇总的 Pearson 相关系数均大于 0.3,显示与其他相项目相关性较强,均不需要剔除。

表 4-5　社区公共文化服务利用频次测量项相关性检验

	尺度平均数 （如果项目已删除）	尺度变异数 （如果项目已删除）	更正后项目 总数相关	平方复 相关	Cronbach's α 系数 （如果项目已删除）
Qu9	9.52	20.611	0.611	0.398	0.885
Qu10	10.00	21.038	0.749	0.571	0.863
Qu11	9.82	19.877	0.722	0.537	0.866
Qu12	9.63	19.828	0.669	0.472	0.876
Qu13	10.00	19.964	0.767	0.649	0.858
Qu14	10.15	20.965	0.741	0.637	0.864

表 4-6　社区公共文化服务重要性评价测量项相关性检验

	尺度平均数 （如果项目已删除）	尺度变异数 （如果项目已删除）	更正后项目 总数相关	平方复 相关	Cronbach's α 系数 （如果项目已删除）
Qu15	16.66	45.544	1.000	.	1.000
Qu16	16.66	45.544	1.000	.	1.000
Qu17	16.66	45.544	1.000	.	1.000
Qu18	16.66	45.544	1.000	.	1.000
Qu19	16.66	45.544	1.000	.	1.000
Qu20	16.66	45.544	1.000	.	1.000

表 4-7　社区公共文化服务满意度测量项相关性检验

	尺度平均数 （如果项目已删除）	尺度变异数 （如果项目已删除）	更正后项目 总数相关	平方复 相关	Cronbach's α 系数 （如果项目已删除）
Qu21	16.23	37.997	0.928	.	0.939
Qu22	16.23	37.997	0.928	.	0.939

续表

	尺度平均数（如果项目已删除）	尺度变异数（如果项目已删除）	更正后项目总数相关	平方复相关	Cronbach's α 系数（如果项目已删除）
Qu23	16.23	37.997	0.928	.	0.939
Qu24	16.28	40.157	0.777	.	0.956
Qu25	16.47	39.043	0.805	.	0.953
Qu26	16.37	39.102	0.804	.	0.953

第三节 社区公共文化服务调查样本的客观特征

本次问卷调查结果显示（见表4-8），调查样本对象虽然在全国各地分布存在显著不同，然而，就其常住地的区域位置、性别比例较为均衡，调查结果较具代表性，但由于以网络形式发放问卷，因此调查对象年龄层以中青年（20—50岁）居多，50岁以上调查对象数量偏少，72.96%的被调查对象为社区常住人口，对于社区公共文化服务的供给现状较为了解；职业分布以企事业单位、在校学生为主，收入较为稳定或不存在收入问题；所居住社区的地理位置主要为市中心或市中心与城市边缘之间的中城区，居住于城市边缘的被调查对象较少；教育水平普遍为大专以上，本科学历占49.07%。综上所述，本次问卷调查对象具有下述客观特征。

一 区域特征

被调查对象所居住的社区大多位于经济较为发达地区的经济较为发达区域，因此，调查结果并不能充分反映社区居民对我国西部、北部等经济欠发达地区的社区公共文化服务供需情况，也不能充分反映各地区的边缘或贫困社区的公共文化服务供需情况；而是集中反映经济较为发达地区的经济较为发达的城市社区公共文化服务的供需现状。

二 群体特征

被调查对象男女性别比为1∶1.23，基本较为均衡，较具代表性；职业较为稳定；绝大多数家庭收入在中等（1500—5000元/月）以上，1500

元/月以下收入家庭仅占 6.48%；教育水平普遍为大专以上，本科学历占 49.07%。因此，本次调查集中反映的是职业较为稳定、收入中等以上、学历较高的中青年群体对于社区公共文化服务供需状况的评价。

表 4-8　　　　　　　问卷调查对象客观特征统计

名称	选项	频数	百分比（%）
Qu1 1A. 常住地	直辖市（北京、上海、天津、重庆）	212	—
	东部沿海城市	114	—
	省会城市（如济南、南京等）	377	—
	地级市（如泰安等）	293	—
	县级市（如泰安的新泰等）	156	—
Qu2 2A. 性别	男	483	44.72
	女	597	55.28
Qu3 3A. 年龄	20 岁以下	56	5.19
	21—30 岁	410	37.96
	31—50 岁	556	51.48
	51—60 岁	48	4.44
	61 岁以上	10	0.93
Qu4 4A. 户口性质	社区常住居民	788	72.96
	在该社区居住一年以上的外来人口	250	23.15
	在该社区居住不足一年的外来人口	42	3.89
Qu5 5A. 教育水平	小学及以下	4	0.37
	初中	40	3.70
	高中或中专	76	7.04
	大专	212	19.63
	本科	530	49.07
	硕士研究生	168	15.56
	博士研究生	50	4.63
Qu6 6A. 职业	企业	405	37.50
	事业单位	307	28.43
	政府机关	66	6.11
	在校学生	178	16.48
	部队	5	0.46

续表

名称	选项	频数	百分比（%）
Qu6 6A. 职业	外来务工人员	20	1.85
	离退休人员	13	1.21
	自由职业者	86	7.96
Qu7 7A. 家庭月收入 （包括工资、 资金、补贴等）	1500元以下	70	6.48
	1501—3000元	110	10.19
	3001—6000元	267	24.72
	6001—10000元	310	28.70
	10000元以上	323	29.91
Qu8 8A. 居住社区的 地理位置	市中心	462	42.78
	中城（即市中心与郊区之间）	420	38.89
	城市郊区、边缘地带	198	18.33

第四节 社区公共文化服务供需现状分析

本小节基于前述调查问卷数据，对当前我国社区公共文化服务供需现状进行系统阐释，在此基础上，对我国社区公共文化服务供需矛盾的问题表现及其诱因进行深入剖析。

一　社区公共文化服务供需概况

如表4-9所示，社区图书馆、博物馆或美术馆、社区广场文化活动、社区报刊阅读栏、社区文化活动或培训、社区公益性文艺演出（Qu9—Qu14）利用频次的众数1（未去过），说明社区居民多数没有利用过上述六项社区公共文化服务，即目前大量的社区公共文化服务投入实际上处于无效益状态，并未实现公共文化服务普惠性、公益性等公共性目标。

二　社区公共文化服务的供需矛盾问题

（一）社区公共文化服务闲置问题严重

1. 社区图书馆

如表4-10所示，32%的被调查对象一年内未去过社区图书馆，28.3%的被调查对象近半年内去过一次，且其中包含社区附近的其他图书馆。显然,当前社区居民利用社区图书馆的频次非常低,大量的社区图书馆处于闲置状态,造成公共资源浪费,然而,官方调查资料显示,社区居民对于社区图书馆的需求度很高,该设施也在社区居民重要性评价中得分最高(见表4-16)。因此,利用率偏低反映出社区图书馆供给中存在较为严重的供需矛盾问题。

表4-9　　　　　社区公共文化服务利用频次统计

Number		Qu9	Qu10	Qu11	Qu12	Qu13	Qu14
Number	有效	1080	1080	1080	1080	1080	1080
	遗漏	0	0	0	0	0	0
平均数		2.310	1.830	2.000	2.190	1.830	1.670
中位数		2.000	2.000	2.000	2.000	1.000	1.000
众数		1.000	1.000	1.000	1.000	1.000	1.000
标准偏差		1.199	0.977	1.161	1.234	1.099	0.995
偏斜度		0.630	1.186	1.005	0.737	1.170	1.418
偏斜度标准误差		0.074	0.074	0.074	0.074	0.074	0.074
峰度		-0.512	1.012	0.126	-0.503	0.369	1.200
峰度标准误差		0.149	0.149	0.149	0.149	0.149	0.149
最小值		1	1	1	1	1	1
最大值		5	5	5	5	5	5

表4-10　　　　　社区图书馆的利用频次(Qu9)

		次数	百分比(%)	有效百分比(%)	累计百分比(%)
有效	1	346	32.0	32.0	32.0
	2	306	28.3	28.3	60.4
	3	247	22.9	22.9	83.2
	4	114	10.6	10.6	93.8
	5	67	6.2	6.2	100.0
	总计	1080	100.0	100.0	

2. 博物馆或美术馆

如表4-11所示,46.9%的被调查对象一年内未去过博物馆或美术馆，32%的被调查对象近半年内去过一次；显然，当前社区居民利用社区附近博物馆或美术馆的频次较社区图书馆更低。同样，其重要性评价中得分很高（见表4-17）。因此，利用率偏低反映出该类公共文化服务供给中存在较为严重的供需矛盾问题。

表4-11　　　　　博物馆或美术馆的利用频次（Qu10）

		次数	百分比（%）	有效百分比（%）	累计百分比（%）
有效	1	507	46.9	46.9	46.9
	2	346	32.0	32.0	79.0
	3	156	14.4	14.4	93.4
	4	48	4.4	4.4	97.9
	5	23	2.1	2.1	100.0
	总计	1080	100.0	100.0	

3. 社区广场文化活动

如表4-12所示，45.8%的被调查对象一年内未参加过社区广场文化活动，24.5%的被调查对象近半年内参加过一次；可见，当前社区居民参与社区广场文化活动的频次与社区附近博物馆或美术馆的出入频次相近，均低于社区图书馆。

表4-12　　　　　社区广场文化活动的利用频次（Qu11）

		次数	百分比（%）	有效百分比（%）	累计百分比（%）
有效	1	495	45.8	45.8	45.8
	2	265	24.5	24.5	70.4
	3	195	18.1	18.1	88.4
	4	72	6.7	6.7	95.1
	5	53	4.9	4.9	100.0
	总计	1080	100.0	100.0	

4. 社区报刊阅读栏

如表4-13所示，39.9%的被调查对象一年内未阅读过社区报刊阅读栏，23.3%的被调查对象近半年内去过一次；显然，当前社区居民利用社区报刊阅读栏的频次较社区图书馆更低。

表4-13　　社区报刊阅读栏的利用频次（Qu12）

		次数	百分比（%）	有效百分比（%）	累计百分比（%）
有效	1	431	39.9	39.9	39.9
	2	252	23.3	23.3	63.2
	3	222	20.6	20.6	83.8
	4	109	10.1	10.1	93.9
	5	66	6.1	6.1	100.0
	总计	1080	100.0	100.0	

5. 社区文化活动或培训

如表4-14所示，54.9%的被调查对象一年内未参加过社区文化活动或培训，20.5%的被调查对象近半年内参加过一次；可见，当前社区居民参与社区文化活动或培训的频次非常低，仍不到半成。

表4-14　　社区文化活动或培训的利用频次（Qu13）

		次数	百分比（%）	有效百分比（%）	累计百分比（%）
有效	1	593	54.9	54.9	54.9
	2	221	20.5	20.5	75.4
	3	154	14.3	14.3	89.6
	4	84	7.8	7.8	97.4
	5	28	2.6	2.6	100.0
	总计	1080	100.0	100.0	

6. 社区公益性文艺演出

如表4-15所示，61.1%的被调查对象一年内未观看过社区公益性文艺演出，19.2%的被调查对象近半年内去过一次；可见，当前社区居民观看社区公益性文艺演出的频次最低，还不到四成。

表 4-15　　　　社区公益性文艺演出的利用频次（Qu14）

		次数	百分比（%）	有效百分比（%）	累计百分比（%）
有效	1	660	61.1	61.1	61.1
	2	207	19.2	19.2	80.3
	3	139	12.9	12.9	93.1
	4	56	5.2	5.2	98.3
	5	18	1.7	1.7	100.0
	总计	1080	100.0	100.0	

（二）社区公共文化服务供需一致性评价

为系统了解当前我国社区居民对于社区公共文化服务供需现状的整体评价，以探讨是否存在供需矛盾问题，尤其对于经济较为发达区域社区的职业较稳定、收入较有保障的中青年群体而言，当前我国社区公共文化服务供给是否满足该群体的需求进行系统调研与评价。此外，考虑到该群体工作较为繁忙而易对问卷调查产生排斥感，因此运用 Likert 五分量表，对 6 项社区公共文化服务供需一致性进行三个层次指标的评价，一是当前社区公共文化服务的客观利用率，具体评价指标为社区居民利用社区公共文化服务的频次；二是当前社区公共文化服务的主观重要性，具体评价指标为社区居民对社区公共文化服务重要程度的主观评价；三是当前社区公共文化服务的满意度，具体评价指标为社区居民对社区公共文化服务满意度的主观评价。在此基础上获得当前我国社区不同类型公共文化服务供需一致性的评价得分，分析当前我国社区公共文化服务是否存在供需矛盾问题。

1. 熵权

为确保权重系数的客观性，运用熵值法进行权重计算；且由于所有指标均采用 Likert 五分量表，因此不需要做归一化处理。运用 SPSSAU 在线软件进行熵值法计算三维指标体系中共计 18 项具体评价指标的权重（见表 4-16），计算结果显示在调查的 6 个对象的频次、主观重要性、满意度三项内容的权重系数中，频次的权重系数值为最大，分别为 0.4036、0.3973、0.4408、0.4350、0.4229、0.4163；主观重要性与满意度的权重系数值较低，均为 0.3 左右。

表 4-16　　　　　　　　熵值法计算权重结果汇总

项		信息熵值 e	信息效用值 d	权重系数 w
1. 社区图书馆	Qu9 频次	0.98	0.02	0.4036
	Qu15 主观重要性	0.99	0.01	0.2982
	Qu21 满意度	0.99	0.01	0.2982
2. 社区博物馆或美术馆	Qu10 频次	0.98	0.02	0.3973
	Qu16 主观重要性	0.99	0.01	0.3014
	Qu22 满意度	0.99	0.01	0.3014
3. 社区广场文化活动	Q11 频次	0.98	0.02	0.4408
	Qu17 主观重要性	0.99	0.01	0.2796
	Qu23 满意度	0.99	0.01	0.2796
4. 社区报刊阅读栏	Qu12 频次	0.98	0.02	0.4350
	Qu18 主观重要性	0.99	0.01	0.2803
	Qu24 满意度	0.99	0.01	0.2846
5. 社区文化活动或培训	Qu13 频次	0.98	0.02	0.4229
	Qu19 主观重要性	0.99	0.01	0.2582
	Qu25 满意度	0.98	0.02	0.3189
6. 社区公益性文艺演出	Qu14 频次	0.98	0.02	0.4163
	Qu20 主观重要性	0.99	0.01	0.2688
	Qu26 满意度	0.98	0.02	0.3148

上述结果表明，对于社区公共文化服务供需一致性的评价而言，社区居民享用的频次最为重要，社区居民的主观重要性评价与满意度评价对其供需一致性的影响并不那么重要。

2. 评价得分

基于前述权重系数，对当前我国社区公共文化服务供需现状的三维指标进行加权计算，获得当前我国社区公共文化服务供需一致性的整体评价，具体计算方法如下：

$$\sum = \sum_{i=1}^{1080} p_i \cdot \omega_i = p_1 \cdot \omega_1 + p_2 \cdot \omega_2 + \cdots + p_{1080} \cdot \omega_{1080}$$

$$p = \frac{\sum_{i=1}^{n_0} x_i}{N_0}$$

$n_0 = 1080$

表4-17计算结果显示，上述六项社区公共文化服务对于社区居民而言，其投资建设的必要性程度得分分别为：2.92（图书馆）、2.73（博物馆或美术馆）、2.75（社区广场文化活动）、2.82（社区报刊阅读栏）、2.62（社区文化活动或培训）、2.60（社区公益性文艺演出），均不到3（基本一致），由于调查所使用的为Likert五分量表，因此，上述得分反映出当前社区中投资建设的六项公共文化服务设施，对于社区居民而言，其供需的一致性得分并不高，且由于本次被调查对象的群体性特征为经济发达区域的经济较发达城乡社区，相对于不发达或贫困区域的社区而言，该类社区的公共文化服务供给更为丰富、多样，但其得分并不高。上述分析均反映出当前我国社区公共文化服务与社区居民的需求存在供需不平衡问题，尤其是经济发达地区虽然投入较多，却未能充分发挥其公共文化服务功能。

表4-17 社区公共文化服务供需一致性的整体评价

	项	平均数	权重系数w	加权后平均数	合计得分
社区图书馆	Qu9 频次	2.31	0.4036	0.93	2.92
	Qu15 主观重要性	3.33	0.2982	0.99	
	Qu21 满意度	3.33	0.2982	0.99	
博物馆或美术馆	Qu10 频次	1.83	0.3973	0.73	2.73
	Qu16 主观重要性	3.33	0.3014	1.00	
	Qu22 满意度	3.33	0.3014	1.00	
社区广场文化活动	Q11 频次	2.00	0.4408	0.88	2.75
	Qu17 主观重要性	3.33	0.2796	0.93	
	Qu23 满意度	3.33	0.2796	0.93	
社区报刊阅读栏	Qu12 频次	2.19	0.4350	0.95	2.82
	Qu18 主观重要性	3.33	0.2803	0.93	
	Qu24 满意度	3.29	0.2846	0.94	
社区文化活动或培训	Qu13 频次	1.83	0.4229	0.77	2.62
	Qu19 主观重要性	3.33	0.2582	0.86	
	Qu25 满意度	3.09	0.3189	0.99	

续表

项		平均数	权重系数 w	加权后平均数	合计得分
社区公益性文艺演出	Qu14 频次	1.67	0.4163	0.70	2.60
	Qu20 主观重要性	3.33	0.2688	0.90	
	Qu26 满意度	3.19	0.3148	1.00	

（三）社区公共文化服务供需一致性的影响因素

运用 SPSS 软件，对问卷调查数据进行相关性分析，以了解当前我国社区公共文化服务供需一致性的客观影响因素。此外，由于本次问卷调查样本中，未能充分覆盖国内全部省份，因此，不对 Qu1 的区域分部情况与频次、主观重要性、满意度间作相关性分析；Qu6 职业选项未设置为连续变量，且分布零散，应剔除，不对之作相关性分析。

1. 性别与社区公共文化服务供需一致性的相关性分析

（1）性别与频次的相关性

如表 4-18 所示，性别与博物馆或美术馆的利用频次、社区报刊阅读栏的阅读频次、社区文化活动与培训的参与频次、社区公益性文艺演出的观看频次显著相关，且皮尔森（Pearson）相关系数均为负值，说明女性更倾向于去博物馆或美术馆参观、阅读报刊栏、参与社区文化活动与培训以及观看社区公益性文艺演出；此外，性别与社区图书馆的利用频次、社区广场文化活动的参与频次不显著相关。

表 4-18　　　　　　　　　性别与频次的相关性

		Qu2	Qu9
Qu2	皮尔森（Pearson）相关	1	-0.007
	显著性（双尾）		0.822
	N	1080	1080
Qu9	皮尔森（Pearson）相关	-0.007	1
	显著性（双尾）	0.822	
	N	1080	1080

		Qu2	Qu10
Qu2	皮尔森（Pearson）相关	1	-0.082**
	显著性（双尾）		0.007
	N	1080	1080

续表

		Qu2	Qu10
Qu10	皮尔森（Pearson）相关	-0.082**	1
	显著性（双尾）	0.007	
	N	1080	1080

**相关性在0.01的显著性水平下显著（双尾）

		Qu2	Qu11
Qu2	皮尔森（Pearson）相关	1	-0.120**
	显著性（双尾）		0.000
	N	1080	1080
Qu11	皮尔森（Pearson）相关	-0.120**	1
	显著性（双尾）	0.000	
	N	1080	1080

**相关性在0.01的显著性水平下显著（双尾）

		Qu2	Qu12
Qu2	皮尔森（Pearson）相关	1	-0.111**
	显著性（双尾）		0.000
	N	1080	1080
Qu12	皮尔森（Pearson）相关	-0.111**	1
	显著性（双尾）	0.000	
	N	1080	1080

**相关性在0.01的显著性水平下显著（双尾）

		Qu2	Qu13
Qu2	皮尔森（Pearson）相关	1	-0.055
	显著性（双尾）		0.069
	N	1080	1080
Qu13	皮尔森（Pearson）相关	-0.055	1
	显著性（双尾）	0.069	
	N	1080	1080

		Qu2	Qu14
Qu2	皮尔森（Pearson）相关	1	-0.078*
	显著性（双尾）		0.010
	N	1080	1080

续表

		Qu2	Qu14
Qu14	皮尔森（Pearson）相关	-0.078*	1
	显著性（双尾）	0.010	
	N	1080	1080

**相关性在0.05的显著性水平下显著（双尾）

（2）性别与主观重要性的相关性

由表4-19可见，性别与社区图书馆、博物馆或美术馆、社区广场文化活动、社区报刊阅读栏、社区文化活动或培训、社区公益性文艺演出的主观重要性评价之间均呈显著相关，且皮尔森（Pearson）系数均为负值，说明女性倾向于更强调上述6项社区公共文化服务的重要程度。

表4-19 性别与重要性的相关性分析

		Qu2	Qu15
Qu2	皮尔森（Pearson）相关	1	-0.070*
	显著性（双尾）		0.022
	N	1080	1080
Qu15	皮尔森（Pearson）相关	-0.070*	1
	显著性（双尾）	0.022	
	N	1080	1080

*相关性在0.05的显著性水平下显著（双尾）

		Qu2	Qu16
Qu2	皮尔森（Pearson）相关	1	-0.070*
	显著性（双尾）		0.022
	N	1080	1080
Qu16	皮尔森（Pearson）相关	-0.070*	1
	显著性（双尾）	0.022	
	N	1080	1080

*相关性在0.05的显著性水平下显著（双尾）

续表

		Qu2	Qu17
Qu2	皮尔森（Pearson）相关	1	-0.070*
	显著性（双尾）		0.022
	N	1080	1080
Qu17	皮尔森（Pearson）相关	-0.070*	1
	显著性（双尾）	0.022	
	N	1080	1080

*相关性在0.05的显著性水平下显著（双尾）

		Qu2	Qu18
Qu2	皮尔森（Pearson）相关	1	-0.070*
	显著性（双尾）		0.022
	N	1080	1080
Qu18	皮尔森（Pearson）相关	-0.070*	1
	显著性（双尾）	0.022	
	N	1080	1080

*相关性在0.05的显著性水平下显著（双尾）

		Qu2	Qu19
Qu2	皮尔森（Pearson）相关	1	-0.070*
	显著性（双尾）		0.022
	N	1080	1080
Qu19	皮尔森（Pearson）相关	-0.070*	1
	显著性（双尾）	0.022	
	N	1080	1080

*相关性在0.05的显著性水平下显著（双尾）

		Qu2	Qu20
Qu2	皮尔森（Pearson）相关	1	-0.070*
	显著性（双尾）		0.022
	N	1080	1080
Qu20	皮尔森（Pearson）相关	-0.070*	1
	显著性（双尾）	0.022	
	N	1080	1080

*相关性在0.05的显著性水平下显著（双尾）

(3) 性别与满意度的相关性

如表4-20所示，性别与社区图书馆、博物馆或美术馆、社区广场文化活动、社区报刊阅读栏、社区文化活动或培训、社区公益性文艺演出的满意度均呈显著相关，且皮尔森（Pearson）系数均为负值，说明对于上述6项社区公共文化服务，女性更倾向于持更为满意的态度。

表4-20　　　　　　　　性别与满意度的相关性分析

		Qu2	Qu21
Qu2	皮尔森（Pearson）相关	1	-0.070*
	显著性（双尾）		0.022
	N	1080	1080
Qu21	皮尔森（Pearson）相关	-0.070*	1
	显著性（双尾）	0.022	
	N	1080	1080

＊相关性在0.05的显著性水平下显著（双尾）

		Qu2	Qu22
Qu2	皮尔森（Pearson）相关	1	-0.070*
	显著性（双尾）		0.022
	N	1080	1080
Qu22	皮尔森（Pearson）相关	-0.070*	1
	显著性（双尾）	0.022	
	N	1080	1080

＊相关性在0.05的显著性水平下显著（双尾）

		Qu2	Qu23
Qu2	皮尔森（Pearson）相关	1	-0.070*
	显著性（双尾）		0.022
	N	1080	1080
Qu23	皮尔森（Pearson）相关	-0.070*	1
	显著性（双尾）	0.022	
	N	1080	1080

＊相关性在0.05的显著性水平下显著（双尾）

续表

		Qu2	Qu24
Qu2	皮尔森（Pearson）相关	1	-0.062*
	显著性（双尾）		0.042
	N	1080	1080
Qu24	皮尔森（Pearson）相关	-0.062*	1
	显著性（双尾）	0.042	
	N	1080	1080

*相关性在0.05的显著性水平下显著（双尾）

		Qu2	Qu25
Qu2	皮尔森（Pearson）相关	1	-0.068*
	显著性（双尾）		0.025
	N	1080	1080
Qu25	皮尔森（Pearson）相关	-0.068*	1
	显著性（双尾）	0.025	
	N	1080	1080

*相关性在0.05的显著性水平下显著（双尾）

2. 年龄与社区公共文化服务供需现状的相关性分析

（1）年龄与频次的相关性

如表4-21所示，年龄与社区图书馆出入频次间显著相关，且皮尔森（Pearson）相关系数为-0.081，即年龄越大，社区图书馆的出入频次越少；与社区报刊阅读栏的阅读频次间显著相关，且皮尔森（Pearson）相关系数为0.084，即年龄越大，阅读社区报刊阅读栏的频次越多；此外，年龄与博物馆或美术馆的出入频次、社区广场文化活动的参与频次、社区文化活动或培训的参与频次、社区公益性文艺演出的观看频次间不显著相关。

表4-21　　　　年龄与频次的相关性分析

		Qu3	Qu9
Qu3	皮尔森（Pearson）相关	1	-0.081**
	显著性（双尾）		0.008
	N	1080	1080

续表

		Qu3	Qu9
Qu9	皮尔森（Pearson）相关	-0.081**	1
	显著性（双尾）	0.008	
	N	1080	1080

**相关性在 0.01 的显著性水平下显著（双尾）

		Qu3	Qu10
Qu3	皮尔森（Pearson）相关	1	0.031
	显著性（双尾）		0.311
	N	1080	1080
Qu10	皮尔森（Pearson）相关	0.031	1
	显著性（双尾）	0.311	
	N	1080	1080

		Qu3	Qu11
Qu3	皮尔森（Pearson）相关	1	0.038
	显著性（双尾）		0.214
	N	1080	1080
Qu11	皮尔森（Pearson）相关	0.038	1
	显著性（双尾）	0.214	
	N	1080	1080

		Qu3	Qu12
Qu3	皮尔森（Pearson）相关	1	0.084**
	显著性（双尾）		0.006
	N	1080	1080
Qu12	皮尔森（Pearson）相关	0.084**	1
	显著性（双尾）	0.006	
	N	1080	1080

**相关性在 0.01 的显著性水平下显著（双尾）

		Qu3	Qu13
Qu3	皮尔森（Pearson）相关	1	0.000
	显著性（双尾）		0.988
	N	1080	1080

续表

		Qu3	Qu13
Qu13	皮尔森（Pearson）相关	0.000	1
	显著性（双尾）	0.988	
	N	1080	1080
		Qu3	Qu14
Qu3	皮尔森（Pearson）相关	1	-0.020
	显著性（双尾）		0.507
	N	1080	1080
Qu14	皮尔森（Pearson）相关	-0.020	1
	显著性（双尾）	0.507	
	N	1080	1080

（2）年龄与主观重要性的相关性

如表4-22所示，年龄与社区图书馆、博物馆或美术馆、社区广场文化活动、社区报刊阅读栏、社区文化活动或培训、社区公益性文艺演出的主观重要性评价间均为不显著相关。

表4-22　　　　年龄与主观重要性的相关性分析

		Qu3	Qu15
Qu3	皮尔森（Pearson）相关	1	-0.028
	显著性（双尾）		0.350
	N	1080	1080
Qu15	皮尔森（Pearson）相关	-0.028	1
	显著性（双尾）	0.350	
	N	1080	1080
		Qu3	Qu16
Qu3	皮尔森（Pearson）相关	1	-0.028
	显著性（双尾）		0.350
	N	1080	1080
Qu16	皮尔森（Pearson）相关	-0.028	1
	显著性（双尾）	0.350	
	N	1080	1080

续表

		Qu3	Qu17
Qu3	皮尔森（Pearson）相关	1	-0.028
	显著性（双尾）		0.350
	N	1080	1080
Qu17	皮尔森（Pearson）相关	-0.028	1
	显著性（双尾）	0.350	
	N	1080	1080
		Qu3	Qu18
Qu3	皮尔森（Pearson）相关	1	-0.028
	显著性（双尾）		0.350
	N	1080	1080
Qu18	皮尔森（Pearson）相关	-0.028	1
	显著性（双尾）	0.350	
	N	1080	1080
		Qu3	Qu19
Qu3	皮尔森（Pearson）相关	1	-0.028
	显著性（双尾）		0.350
	N	1080	1080
Qu19	皮尔森（Pearson）相关	-0.028	1
	显著性（双尾）	0.350	
	N	1080	1080
		Qu3	Qu20
Qu3	皮尔森（Pearson）相关	1	-0.028
	显著性（双尾）		0.350
	N	1080	1080
Qu20	皮尔森（Pearson）相关	-0.028	1
	显著性（双尾）	0.350	
	N	1080	1080

（3）年龄与满意度的相关性

如表4-23所示，年龄与社区报刊阅读栏满意度显著相关，且皮尔森（Pearson）相关系数为-0.064，说明年龄越大，对于社区报刊阅读栏的满意度越低；年龄与社区图书馆、博物馆或美术馆、社区文化广场活动、社区文化活动或培训、社区公益性文艺演出的满意度不显著相关。

表 4-23　　　　　　年龄与满意度的相关性分析

		Qu3	Qu21
Qu3	皮尔森（Pearson）相关	1	-0.028
	显著性（双尾）		0.350
	N	1080	1080
Qu21	皮尔森（Pearson）相关	-0.028	1
	显著性（双尾）	0.350	
	N	1080	1080
		Qu3	Qu22
Qu3	皮尔森（Pearson）相关	1	-0.028
	显著性（双尾）		0.350
	N	1080	1080
Qu22	皮尔森（Pearson）相关	-0.028	1
	显著性（双尾）	0.350	
	N	1080	1080
		Qu3	Qu23
Qu3	皮尔森（Pearson）相关	1	-0.028
	显著性（双尾）		0.350
	N	1080	1080
Qu23	皮尔森（Pearson）相关	-0.028	1
	显著性（双尾）	0.350	
	N	1080	1080
		Qu3	Qu24
Qu3	皮尔森（Pearson）相关	1	-0.064*
	显著性（双尾）		0.036
	N	1080	1080
Qu24	皮尔森（Pearson）相关	-0.064*	1
	显著性（双尾）	0.036	
	N	1080	1080

* 相关性在 0.05 的显著性水平下显著（双尾）

续表

		Qu3	Qu25
Qu3	皮尔森（Pearson）相关	1	-0.058
	显著性（双尾）		0.056
	N	1080	1080
Qu25	皮尔森（Pearson）相关	-0.058	1
	显著性（双尾）	0.056	
	N	1080	1080

		Qu3	Qu26
Qu3	皮尔森（Pearson）相关	1	-0.026
	显著性（双尾）		0.402
	N	1080	1080
Qu26	皮尔森（Pearson）相关	-0.026	1
	显著性（双尾）	0.402	
	N	1080	1080

3. 户口与社区公共文化服务供需一致性的相关性分析

（1）户口与频次的相关性

如表4-24所示，户口与社区图书馆的出入频次显著相关，且皮尔森（Pearson）相关系数为-0.072，说明社区常住人口出入社区图书馆的频次越多；户口与博物馆或美术馆的出入频次显著相关，且皮尔森（Pearson）相关系数为-0.068，说明社区常住人口出入博物馆或美术馆的频次越多；户口与社区广场文化活动的参与频次显著相关，且皮尔森（Pearson）相关系数为-0.093，说明社区常住人口参与社区广场文化活动的频次越多；户口与显著相关，且皮尔森（Pearson）相关系数为-0.129，说明社区常住人口阅读社区报刊阅读栏的频次越多。

此外，户口与社区文化活动或培训的参与频次、社区公益性文艺演出的观看频次不显著相关。

（2）户口与重要性的相关性

如表4-25所示，户口与社区图书馆、博物馆或美术馆、社区文化活动或培训、社区广场文化活动、社区报刊阅读栏、社区公益性文艺演出的重要性评价不显著相关。

表 4-24　　户口与频次的相关性分析

		Qu4	Qu9
Qu4	皮尔森（Pearson）相关	1	-0.072*
	显著性（双尾）		0.019
	N	1080	1080
Qu9	皮尔森（Pearson）相关	-0.072*	1
	显著性（双尾）	0.019	
	N	1080	1080

*相关性在 0.05 的显著性水平下显著（双尾）

		Qu4	Qu10
Qu4	皮尔森（Pearson）相关	1	-0.068*
	显著性（双尾）		0.026
	N	1080	1080
Qu10	皮尔森（Pearson）相关	-0.068*	1
	显著性（双尾）	0.026	
	N	1080	1080

*相关性在 0.05 的显著性水平下显著（双尾）

		Qu4	Qu11
Qu4	皮尔森（Pearson）相关	1	-0.093**
	显著性（双尾）		0.002
	N	1080	1080
Qu11	皮尔森（Pearson）相关	-0.093**	1
	显著性（双尾）	0.002	
	N	1080	1080

**相关性在 0.01 的显著性水平下显著（双尾）

		Qu4	Qu12
Qu4	皮尔森（Pearson）相关	1	-0.129**
	显著性（双尾）		0.000
	N	1080	1080
Qu12	皮尔森（Pearson）相关	-0.129**	1
	显著性（双尾）	0.000	
	N	1080	1080

**相关性在 0.01 的显著性水平下显著（双尾）

续表

		Qu4	Qu13
Qu4	皮尔森（Pearson）相关	1	-0.052
	显著性（双尾）		0.089
	N	1080	1080
Qu13	皮尔森（Pearson）相关	-0.052	1
	显著性（双尾）	0.089	
	N	1080	1080

		Qu4	Qu14
Qu4	皮尔森（Pearson）相关	1	-0.047
	显著性（双尾）		0.123
	N	1080	1080
Qu14	皮尔森（Pearson）相关	-0.047	1
	显著性（双尾）	0.123	
	N	1080	1080

表 4-25　　户口与重要性的相关性分析

		Qu4	Qu15
Qu4	皮尔森（Pearson）相关	1	-0.028
	显著性（双尾）		0.358
	N	1080	1080
Qu15	皮尔森（Pearson）相关	-0.028	1
	显著性（双尾）	0.358	
	N	1080	1080

		Qu4	Qu16
Qu4	皮尔森（Pearson）相关	1	-0.028
	显著性（双尾）		0.358
	N	1080	1080
Qu16	皮尔森（Pearson）相关	-0.028	1
	显著性（双尾）	0.358	
	N	1080	1080

续表

		Qu4	Qu17
Qu4	皮尔森（Pearson）相关	1	-0.028
	显著性（双尾）		0.358
	N	1080	1080
Qu17	皮尔森（Pearson）相关	-0.028	1
	显著性（双尾）	0.358	
	N	1080	1080

		Qu4	Qu18
Qu4	皮尔森（Pearson）相关	1	-0.028
	显著性（双尾）		0.358
	N	1080	1080
Qu18	皮尔森（Pearson）相关	-0.028	1
	显著性（双尾）	0.358	
	N	1080	1080

		Qu4	Qu19
Qu4	皮尔森（Pearson）相关	1	-0.028
	显著性（双尾）		0.358
	N	1080	1080
Qu19	皮尔森（Pearson）相关	-0.028	1
	显著性（双尾）	0.358	
	N	1080	1080

		Qu4	Qu20
Qu4	皮尔森（Pearson）相关	1	-0.028
	显著性（双尾）		0.358
	N	1080	1080
Qu20	皮尔森（Pearson）相关	-0.028	1
	显著性（双尾）	0.358	
	N	1080	1080

（3）户口与满意度的相关性

如表4-26所示，户口与社区图书馆、博物馆或美术馆、社区文化活动或培训、社区广场文化活动、社区报刊阅读栏、社区公益性文艺演出的满意度不显著相关。

表 4-26　　　　　　　　户口与满意度的相关性分析

		Qu4	Qu21
Qu4	皮尔森（Pearson）相关	1	-0.028
	显著性（双尾）		0.358
	N	1080	1080
Qu21	皮尔森（Pearson）相关	-0.028	1
	显著性（双尾）	0.358	
	N	1080	1080
		Qu4	Qu22
Qu4	皮尔森（Pearson）相关	1	-0.028
	显著性（双尾）		0.358
	N	1080	1080
Qu22	皮尔森（Pearson）相关	-0.028	1
	显著性（双尾）	0.358	
	N	1080	1080
		Qu4	Qu23
Qu4	皮尔森（Pearson）相关	1	-0.028
	显著性（双尾）		0.358
	N	1080	1080
Qu23	皮尔森（Pearson）相关	-0.028	1
	显著性（双尾）	0.358	
	N	1080	1080
		Qu4	Qu24
Qu4	皮尔森（Pearson）相关	1	-0.047
	显著性（双尾）		0.127
	N	1080	1080
Qu24	皮尔森（Pearson）相关	-0.047	1
	显著性（双尾）	0.127	
	N	1080	1080

续表

		Qu4	Qu25
Qu4	皮尔森（Pearson）相关	1	0.004
	显著性（双尾）		0.905
	N	1080	1080
Qu25	皮尔森（Pearson）相关	0.004	1
	显著性（双尾）	0.905	
	N	1080	1080

		Qu4	Qu26
Qu4	皮尔森（Pearson）相关	1	-0.028
	显著性（双尾）		0.356
	N	1080	1080
Qu26	皮尔森（Pearson）相关	-0.028	1
	显著性（双尾）	0.356	
	N	1080	1080

4. 教育水平与社区公共文化服务供需一致性的相关性分析

（1）教育水平与频次的相关性

如表4-27所示，教育水平与社区图书馆的出入频次显著相关，皮尔森（Pearson）系数为-0.130，说明教育水平越高，出入社区图书馆的频次愈少；教育水平与社区文化活动或培训的参与频次显著相关，皮尔森（Pearson）系数为-0.110，说明教育水平越高，参与社区广场文化活动的频次越少；此外，教育水平与博物馆或美术馆的出入频次、社区广场文化活动的参与频次、社区报刊阅读栏的阅读频次、社区公益性文艺演出的观看频次不显著相关。

表4-27 教育水平与频次的相关性分析

		Qu5	Qu9
Qu5	皮尔森（Pearson）相关	1	-0.130**
	显著性（双尾）		0.000
	N	1080	1080

续表

		Qu5	Qu9
Qu9	皮尔森（Pearson）相关	-0.130**	1
	显著性（双尾）	0.000	
	N	1080	1080

**相关性在0.01的显著性水平下显著（双尾）

		Qu5	Qu10
Qu5	皮尔森（Pearson）相关	1	-0.003
	显著性（双尾）		0.932
	N	1080	1080
Qu10	皮尔森（Pearson）相关	-0.003	1
	显著性（双尾）	0.932	
	N	1080	1080

		Qu5	Qu11
Qu5	皮尔森（Pearson）相关	1	-0.057
	显著性（双尾）		0.060
	N	1080	1080
Qu11	皮尔森（Pearson）相关	-0.057	1
	显著性（双尾）	0.060	
	N	1080	1080

		Qu5	Qu12
Qu5	皮尔森（Pearson）相关	1	-0.110**
	显著性（双尾）		0.000
	N	1080	1080
Qu12	皮尔森（Pearson）相关	-0.110**	1
	显著性（双尾）	0.000	
	N	1080	1080

**相关性在0.01的显著性水平下显著（双尾）

		Qu5	Qu13
Qu5	皮尔森（Pearson）相关	1	-0.009
	显著性（双尾）		0.775
	N	1080	1080

续表

		Qu5	Qu13
Qu13	皮尔森（Pearson）相关	-0.009	1
	显著性（双尾）	0.775	
	N	1080	1080

		Qu5	Qu14
Qu5	皮尔森（Pearson）相关	1	-0.022
	显著性（双尾）		0.474
	N	1080	1080
Qu14	皮尔森（Pearson）相关	-0.022	1
	显著性（双尾）	0.474	
	N	1080	1080

（2）教育水平与重要性的相关性

如表4-28所示，教育水平与社区图书馆、博物馆或美术馆、社区广场文化活动、社区报刊阅读栏、社区文化活动或培训、社区公益性文艺演出的重要性评价显著相关，且皮尔森（Pearson）相关系数均为负值，说明教育水平越高，对于社区图书馆、博物馆或美术馆、社区广场文化活动、社区报刊阅读栏、社区文化活动或培训、社区公益性文艺演出的重要性评价越低。

表4-28　　　　　　教育水平与重要性的相关性分析

		Qu5	Qu15
Qu5	皮尔森（Pearson）相关	1	-0.137**
	显著性（双尾）		0.000
	N	1080	1080
Qu15	皮尔森（Pearson）相关	-0.137**	1
	显著性（双尾）	0.000	
	N	1080	1080

** 相关性在0.01的显著性水平下显著（双尾）

续表

		Qu5	Qu16
Qu5	皮尔森（Pearson）相关	1	-0.137**
	显著性（双尾）		0.000
	N	1080	1080
Qu16	皮尔森（Pearson）相关	-0.137**	1
	显著性（双尾）	0.000	
	N	1080	1080

**相关性在0.01的显著性水平下显著（双尾）

		Qu5	Qu18
Qu5	皮尔森（Pearson）相关	1	-0.137**
	显著性（双尾）		0.000
	N	1080	1080
Qu18	皮尔森（Pearson）相关	-0.137**	1
	显著性（双尾）	0.000	
	N	1080	1080

**相关性在0.01的显著性水平下显著（双尾）

		Qu5	Qu19
Qu5	皮尔森（Pearson）相关	1	-0.137**
	显著性（双尾）		0.000
	N	1080	1080
Qu19	皮尔森（Pearson）相关	-0.137**	1
	显著性（双尾）	0.000	
	N	1080	1080

**相关性在0.01的显著性水平下显著（双尾）

		Qu5	Qu20
Qu5	皮尔森（Pearson）相关	1	-0.137**
	显著性（双尾）		0.000
	N	1080	1080
Qu20	皮尔森（Pearson）相关	-0.137**	1
	显著性（双尾）	0.000	
	N	1080	1080

**相关性在0.01的显著性水平下显著（双尾）

(3) 教育水平与满意度的相关性

如表4-29所示,教育水平与社区图书馆、博物馆或美术馆、社区广场文化活动、社区报刊阅读栏、社区文化活动或培训、社区公益性文艺演出的满意度间显著相关,且皮尔森(Pearson)相关系数为-0.137、-0.137、-0.137、-0.140、-0.124、-0.089,说明教育水平越高,对社区图书馆、博物馆或美术馆、社区广场文化活动、社区报刊阅读栏、社区文化活动或培训、社区公益性文艺演出的满意度越低。

表4-29　　　　　　　　教育水平与满意度的相关性分析

		Qu5	Qu21
Qu5	皮尔森(Pearson)相关	1	-0.137**
	显著性(双尾)		0.000
	N	1080	1080
Qu21	皮尔森(Pearson)相关	-0.137**	1
	显著性(双尾)	0.000	
	N	1080	1080

**相关性在0.01的显著性水平下显著(双尾)

		Qu5	Qu22
Qu5	皮尔森(Pearson)相关	1	-0.137**
	显著性(双尾)		0.000
	N	1080	1080
Qu22	皮尔森(Pearson)相关	-0.137**	1
	显著性(双尾)	0.000	
	N	1080	1080

**相关性在0.01的显著性水平下显著(双尾)

		Qu5	Qu23
Qu5	皮尔森(Pearson)相关	1	-0.137**
	显著性(双尾)		0.000
	N	1080	1080
Qu23	皮尔森(Pearson)相关	-0.137**	1
	显著性(双尾)	0.000	
	N	1080	1080

**相关性在0.01的显著性水平下显著(双尾)

续表

		Qu5	Qu24
Qu5	皮尔森（Pearson）相关	1	-0.140**
	显著性（双尾）		0.000
	N	1080	1080
Qu24	皮尔森（Pearson）相关	-0.140**	1
	显著性（双尾）	0.000	
	N	1080	1080

**相关性在0.01的显著性水平下显著（双尾）

		Qu5	Qu25
Qu5	皮尔森（Pearson）相关	1	-0.124**
	显著性（双尾）		0.000
	N	1080	1080
Qu25	皮尔森（Pearson）相关	-0.124**	1
	显著性（双尾）	0.000	
	N	1080	1080

**相关性在0.01的显著性水平下显著（双尾）

		Qu5	Qu26
Qu5	皮尔森（Pearson）相关	1	-0.089**
	显著性（双尾）		0.003
	N	1080	1080
Qu26	皮尔森（Pearson）相关	-0.089**	1
	显著性（双尾）	0.003	
	N	1080	1080

**相关性在0.01的显著性水平下显著（双尾）

5. 家庭收入与社区公共文化服务供需一致性的相关性分析

（1）家庭收入与频次的相关性

如表4-30所示，家庭收入与博物馆或美术馆的出入频次、社区广场文化活动的参与频次、社区报刊阅读栏的阅读频次、社区文化活动或培训的参与频次、社区公益性文艺演出的观看频次间显著相关，且皮尔森（Pearson）相关系数为0.183、0.121、0.120、0.081、0.071，说明家庭收入越高，出入博物馆或美术馆的频次越高、参与社区广场文化活动的频次越高、阅读报刊栏的频次越高、参与社区文化活动或培训的频次越高、观看社区公益性文艺演出的频次越高。

此外，家庭收入与社区图书馆的出入频次间不显著相关。

表4-30　　　　　　　家庭收入与频次间的相关性分析

		Qu7	Qu9
Qu7	皮尔森（Pearson）相关	1	0.020
	显著性（双尾）		0.519
	N	1080	1080
Qu9	皮尔森（Pearson）相关	0.020	1
	显著性（双尾）	0.519	
	N	1080	1080

		Qu7	Qu10
Qu7	皮尔森（Pearson）相关	1	0.183**
	显著性（双尾）		0.000
	N	1080	1080
Qu10	皮尔森（Pearson）相关	0.183**	1
	显著性（双尾）	0.000	
	N	1080	1080

**相关性在0.01的显著性水平下显著（双尾）

		Qu7	Qu11
Qu7	皮尔森（Pearson）相关	1	0.121**
	显著性（双尾）		0.000
	N	1080	1080
Qu11	皮尔森（Pearson）相关	0.121**	1
	显著性（双尾）	0.000	
	N	1080	1080

**相关性在0.01的显著性水平下显著（双尾）

		Qu7	Qu12
Qu7	皮尔森（Pearson）相关	1	0.120**
	显著性（双尾）		0.000
	N	1080	1080

续表

		Qu7	Qu12
Qu12	皮尔森（Pearson）相关	0.120**	1
	显著性（双尾）	0.000	
	N	1080	1080

**相关性在0.01的显著性水平下显著（双尾）

		Qu7	Qu13
Qu7	皮尔森（Pearson）相关	1	0.081**
	显著性（双尾）		0.008
	N	1080	1080
Qu13	皮尔森（Pearson）相关	0.081**	1
	显著性（双尾）	0.008	
	N	1080	1080

**相关性在0.01的显著性水平下显著（双尾）

		Qu7	Qu14
Qu7	皮尔森（Pearson）相关	1	0.071*
	显著性（双尾）		0.019
	N	1080	1080
Qu14	皮尔森（Pearson）相关	0.071*	1
	显著性（双尾）	0.019	
	N	1080	1080

*相关性在0.05的显著性水平下显著（双尾）

（2）家庭收入与重要性的相关性

如表4－31所示，家庭收入与社区图书馆、博物馆或美术馆、社区广场文化活动、社区报刊阅读栏、社区文化活动或培训、社区公益性文艺演出的重要性评价间均为不显著相关。

表4－31　　　　家庭收入与重要性的相关性分析

		Qu7	Qu15
Qu7	皮尔森（Pearson）相关	1	－0.023
	显著性（双尾）		0.453
	N	1080	1080

续表

		Qu7	Qu15
Qu15	皮尔森（Pearson）相关	-0.023	1
	显著性（双尾）	0.453	
	N	1080	1080

		Qu7	Qu16
Qu7	皮尔森（Pearson）相关	1	-0.023
	显著性（双尾）		0.453
	N	1080	1080
Qu16	皮尔森（Pearson）相关	-0.023	1
	显著性（双尾）	0.453	
	N	1080	1080

		Qu7	Qu17
Qu7	皮尔森（Pearson）相关	1	-0.023
	显著性（双尾）		0.453
	N	1080	1080
Qu17	皮尔森（Pearson）相关	-0.023	1
	显著性（双尾）	0.453	
	N	1080	1080

		Qu7	Qu18
Qu7	皮尔森（Pearson）相关	1	-0.023
	显著性（双尾）		0.453
	N	1080	1080
Qu18	皮尔森（Pearson）相关	-0.023	1
	显著性（双尾）	0.453	
	N	1080	1080

		Qu7	Qu19
Qu7	皮尔森（Pearson）相关	1	-0.023
	显著性（双尾）		0.453
	N	1080	1080
Qu19	皮尔森（Pearson）相关	-0.023	1
	显著性（双尾）	0.453	
	N	1080	1080

续表

		Qu7	Qu20
Qu7	皮尔森（Pearson）相关	1	-0.023
	显著性（双尾）		0.453
	N	1080	1080
Qu20	皮尔森（Pearson）相关	-0.023	1
	显著性（双尾）	0.453	
	N	1080	1080

（3）家庭收入与满意度的相关性

如表4-32所示，家庭收入与社区图书馆、博物馆或美术馆、社区广场文化活动、社区报刊阅读栏、社区文化活动或培训、社区公益性文艺演出的满意度间不显著相关。

表4-32　　　　家庭收入与满意度的相关性分析

		Qu7	Qu21
Qu7	皮尔森（Pearson）相关	1	-0.023
	显著性（双尾）		0.453
	N	1080	1080
Qu21	皮尔森（Pearson）相关	-0.023	1
	显著性（双尾）	0.453	
	N	1080	1080
		Qu7	Qu22
Qu7	皮尔森（Pearson）相关	1	-0.023
	显著性（双尾）		0.453
	N	1080	1080
Qu22	皮尔森（Pearson）相关	-0.023	1
	显著性（双尾）	0.453	
	N	1080	1080
		Qu7	Qu23
Qu7	皮尔森（Pearson）相关	1	-0.023
	显著性（双尾）		0.453
	N	1080	1080

续表

		Qu7	Qu23
Qu23	皮尔森（Pearson）相关	-0.023	1
	显著性（双尾）	0.453	
	N	1080	1080

		Qu7	Qu24
Qu7	皮尔森（Pearson）相关	1	-0.029
	显著性（双尾）		0.344
	N	1080	1080
Qu24	皮尔森（Pearson）相关	-0.029	1
	显著性（双尾）	0.344	
	N	1080	1080

		Qu7	Qu25
Qu7	皮尔森（Pearson）相关	1	-0.038
	显著性（双尾）		0.216
	N	1080	1080
Qu25	皮尔森（Pearson）相关	-0.038	1
	显著性（双尾）	0.216	
	N	1080	1080

		Qu7	Qu26
Qu7	皮尔森（Pearson）相关	1	-0.001
	显著性（双尾）		0.966
	N	1080	1080
Qu26	皮尔森（Pearson）相关	-0.001	1
	显著性（双尾）	0.966	
	N	1080	1080

6. 社区地理位置与社区公共文化服务供需一致性的相关性分析

（1）社区地理位置与频次的相关性

如表4-33所示，社区居民所在的社区地理位置与社区图书馆的出入频次、博物馆或美术馆的出入频次、社区广场文化活动的参与频次、社区报刊阅读栏的阅读频次、社区文化活动或培训的参与频次、社区公益性文艺演出的观看频次间显著相关，且皮尔森（Pearson）相关系数为

−0.095、−0.246、−0.134、−0.165、−0.122、−0.129，说明社区地理位置离城市中心区域越近，社区居民出入社区图书馆的频次、博物馆或美术馆的出入频次、社区广场文化活动的参与频次、社区报刊阅读栏的阅读频次、社区文化活动或培训的参与频次、社区公益性文艺演出的观看频次均倾向于越高。

表4-33　　　　　　　　社区地理位置与频次的相关性分析

		Qu8	Qu9
Qu8	皮尔森（Pearson）相关	1	−0.095**
	显著性（双尾）		0.002
	N	1080	1080
Qu9	皮尔森（Pearson）相关	−0.095**	1
	显著性（双尾）	0.002	
	N	1080	1080

**相关性在0.01的显著性水平下显著（双尾）

		Qu8	Qu10
Qu8	皮尔森（Pearson）相关	1	−0.246**
	显著性（双尾）		0.000
	N	1080	1080
Qu10	皮尔森（Pearson）相关	−0.246**	1
	显著性（双尾）	0.000	
	N	1080	1080

**相关性在0.01的显著性水平下显著（双尾）

		Qu8	Qu11
Qu8	皮尔森（Pearson）相关	1	−0.134**
	显著性（双尾）		0.000
	N	1080	1080
Qu11	皮尔森（Pearson）相关	−0.134**	1
	显著性（双尾）	0.000	
	N	1080	1080

**相关性在0.01的显著性水平下显著（双尾）

续表

		Qu8	Qu12
Qu8	皮尔森（Pearson）相关	1	-0.165**
	显著性（双尾）		0.000
	N	1080	1080
Qu12	皮尔森（Pearson）相关	-0.165**	1
	显著性（双尾）	0.000	
	N	1080	1080

**相关性在0.01的显著性水平下显著（双尾）

		Qu8	Qu13
Qu8	皮尔森（Pearson）相关	1	-0.122**
	显著性（双尾）		0.000
	N	1080	1080
Qu13	皮尔森（Pearson）相关	-0.122**	1
	显著性（双尾）	0.000	
	N	1080	1080

**相关性在0.01的显著性水平下显著（双尾）

		Qu8	Qu14
Qu8	皮尔森（Pearson）相关	1	-0.129**
	显著性（双尾）		0.000
	N	1080	1080
Qu14	皮尔森（Pearson）相关	-0.129**	1
	显著性（双尾）	0.000	
	N	1080	1080

**相关性在0.01的显著性水平下显著（双尾）

（2）社区地理位置与重要性的相关性

如表4-34所示，社区地理位置与社区图书馆、博物馆或美术馆、社区广场文化活动、社区报刊阅读栏、社区文化活动或培训、社区公益性文艺演出的重要性评价间显著相关，且皮尔森（Pearson）相关系数为-0.081，说明社区地理位置离城市中心区域越近，社区居民对于社区图书馆、博物馆或美术馆、社区广场文化活动、社区报刊阅读栏、社区文化活动或培训、社区公益性文艺演出的重要性评价越高。

表 4-34　社区地理位置与重要性的相关性分析

		Qu8	Qu15
Qu8	皮尔森（Pearson）相关	1	-0.081**
	显著性（双尾）		0.008
	N	1080	1080
Qu15	皮尔森（Pearson）相关	-0.081**	1
	显著性（双尾）	0.008	
	N	1080	1080

**相关性在0.01的显著性水平下显著（双尾）

		Qu8	Qu16
Qu8	皮尔森（Pearson）相关	1	-0.081**
	显著性（双尾）		0.008
	N	1080	1080
Qu16	皮尔森（Pearson）相关	-0.081**	1
	显著性（双尾）	0.008	
	N	1080	1080

**相关性在0.01的显著性水平下显著（双尾）

		Qu8	Qu17
Qu8	皮尔森（Pearson）相关	1	-0.081**
	显著性（双尾）		0.008
	N	1080	1080
Qu17	皮尔森（Pearson）相关	-0.081**	1
	显著性（双尾）	0.008	
	N	1080	1080

**相关性在0.01的显著性水平下显著（双尾）

		Qu8	Qu18
Qu8	皮尔森（Pearson）相关	1	-0.081**
	显著性（双尾）		0.008
	N	1080	1080
Qu18	皮尔森（Pearson）相关	-0.081**	1
	显著性（双尾）	0.008	
	N	1080	1080

**相关性在0.01的显著性水平下显著（双尾）

续表

		Qu8	Qu19
Qu8	皮尔森（Pearson）相关	1	-0.081**
	显著性（双尾）		0.008
	N	1080	1080
Qu19	皮尔森（Pearson）相关	-0.081**	1
	显著性（双尾）	0.008	
	N	1080	1080

**相关性在0.01的显著性水平下显著（双尾）

		Qu8	Qu20
Qu8	皮尔森（Pearson）相关	1	-0.081**
	显著性（双尾）		0.008
	N	1080	1080
Qu20	皮尔森（Pearson）相关	-0.081**	1
	显著性（双尾）	0.008	
	N	1080	1080

**相关性在0.01的显著性水平下显著（双尾）

（3）社区地理位置与满意度的相关性

如表4-35所示，社区地理位置与社区图书馆、博物馆或美术馆、社区广场文化活动、社区报刊阅读栏、社区文化活动或培训、社区公益性文艺演出的满意度评价间显著相关，且皮尔森（Pearson）相关系数为-0.081、-0.081、-0.081、-0.091、-0.082、-0.067，说明社区地理位置离城市中心区域越近，社区居民对于社区图书馆、博物馆或美术馆、社区广场文化活动、社区报刊阅读栏、社区文化活动或培训、社区公益性文艺演出的满意度评价越高。

表4-35　　　　　社区地理位置与满意度的相关性分析

		Qu8	Qu21
Qu8	皮尔森（Pearson）相关	1	-0.081**
	显著性（双尾）		0.008
	N	1080	1080

续表

		Qu8	Qu21
Qu21	皮尔森（Pearson）相关	−0.081**	1
	显著性（双尾）	0.008	
	N	1080	1080

**相关性在0.01的显著性水平下显著（双尾）

		Qu8	Qu22
Qu8	皮尔森（Pearson）相关	1	−0.081**
	显著性（双尾）		0.008
	N	1080	1080
Qu22	皮尔森（Pearson）相关	−0.081**	1
	显著性（双尾）	0.008	
	N	1080	1080

**相关性在0.01的显著性水平下显著（双尾）

		Qu8	Qu23
Qu8	皮尔森（Pearson）相关	1	−0.081**
	显著性（双尾）		0.008
	N	1080	1080
Qu23	皮尔森（Pearson）相关	−0.081**	1
	显著性（双尾）	0.008	
	N	1080	1080

**相关性在0.01的显著性水平下显著（双尾）

		Qu8	Qu24
Qu8	皮尔森（Pearson）相关	1	−0.091**
	显著性（双尾）		0.003
	N	1080	1080
Qu24	皮尔森（Pearson）相关	−0.091**	1
	显著性（双尾）	0.003	
	N	1080	1080

**相关性在0.01的显著性水平下显著（双尾）

		Qu8	Qu25
Qu8	皮尔森（Pearson）相关	1	−0.082**
	显著性（双尾）		0.007
	N	1080	1080

续表

		Qu8	Qu25
Qu25	皮尔森（Pearson）相关	-0.082**	1
	显著性（双尾）	0.007	
	N	1080	1080

**相关性在0.01的显著性水平下显著（双尾）

		Qu8	Qu26
Qu8	皮尔森（Pearson）相关	1	-0.067*
	显著性（双尾）		0.029
	N	1080	1080
Qu26	皮尔森（Pearson）相关	-0.067*	1
	显著性（双尾）	0.029	
	N	1080	1080

*相关性在0.05的显著性水平下显著（双尾）

第五节　社区公共文化服务供需矛盾的问题表现

综合问卷调查结果分析发现，当前社区中投资建设的六项公共文化服务设施，对于社区居民而言，其供需的一致性得分并不高；且由于本次被调查对象的群体性特征为经济发达区域的经济较发达城乡社区，相对于不发达或贫困区域的社区而言，该类社区的公共文化服务供给更为丰富、多样，但其得分并不高；上述分析均反映出当前我国社区公共文化服务与社区居民的需求存在供需矛盾问题，尤其是经济发达地区虽然投入较多，却未能充分发挥其公共文化服务功能。

由于造成公共财政投入的低效甚至无效。调查结果显示，对经济较为发达区域的社区中的中青年群体而言，当前我国社区公共文化服务的利用频次偏低，接近半数甚至更多的社区居民近一年内未曾享用过社区公共文化服务，如社区图书馆（32%）、博物馆或美术馆（46.9%）、社区广场文化活动（45.8%）、社区报刊阅读栏（39.9%）、社区文化活动或培训（54.9%）、社区公益性文艺演出（61.1%）。

基于前述相关性分析，发现当前我国社区公共文化服务供需矛盾的问题表现为下述几点。

一　不同性别居民间社区公共文化服务供需矛盾

调查数据分析结果显示，女性对于社区公共文化服务的满意度远远大于男性，而造成不同性别居民间社区公共文化服务供需矛盾问题。究其根本原因在于，目前对社区公共文化服务的需求调查中仍未充分考虑由于男性与女性的性别差异而对文化产品有不同偏好，如访谈中了解到女性对于社区的广场舞、合唱等曲艺类文化活动具有更大偏好，且对于社区公共文化服务的热情度更高；而男性则更偏好于象棋、读书等较为安静的文体活动。在访谈中也了解到，很多男性基于面子心理，而不愿参与社区公共文化活动或使用公共文化服务设施。因此，在社区公共文化空间设计时，应充分考量男性与女性性格特质而造成的需求差异，探讨如何构建社区不同居民与非政府组织、社会企业、社区居委会等多元主体间的充分协商、对话关系，以提升不同性别间社区公共文化服务供需一致性。

二　不同年龄居民间社区公共文化服务供需矛盾

问卷调查结果显示，当前社区图书馆、社区报刊阅读栏的主要享用者年龄普遍较大（即主要为退休老人），然而他们的满意度却偏低，说明社区图书馆、社区报刊阅读栏所提供的图书、报刊内容以及供给的形式存在诸多问题，一方面应针对各年龄层需求提供不同类型的图书、报刊资料，尤其是应探索如何满足高年龄层的图书报刊资料偏好；另一方面，应结合较年轻群体偏好使用网络、自媒体的个性特征，加强社区图书馆数字化建设，以满足不同年龄层对于社区图书馆、社区报刊阅读栏的不同偏好。

三　不同户籍居民间社区公共文化服务供需矛盾

问卷调查结果显示，相对于流动人口而言，社区常住人口出入社区图书馆与博物馆或美术馆、参与社区广场文化活动、阅读报刊栏的频次均倾向于越多；然而，社区中的流动人口，传统的社区公共文化服务往往不能满足他们的需求。随着城市化步伐不断加快，城市流动人口数量剧增，乡村常住人口数量日益减少，然而由于传统户籍制度制约，城市大量流动人口虽然常年居住于城市社区中，但由于其户籍并不在城市社区而缺乏归属感与社区认同感；社区常住居民对于流动人口也存在刻板印象，如很多居民提及流动人口马上联想到乱丢垃圾、偷窃等行为，而对该群体存在排斥感。上述因素综合作用下，社区中的流动人口群体往往处于公共部门进行社区公共文化服务需求调查的真空地带，而造成该群体居民的社区公共文化服务需求难以得到满足。

公共文化服务是提升居民归属感、社区认同感与社区凝聚力的核心要素，不同户籍居民间社区公共文化服务供需矛盾会造成社区居民间的文化价值矛盾与认同危机，严重危及社区和谐稳定发展。建议可通过加强数字化公共文化服务建设，充分利用网络、自媒体，一方面充分调查了解该群体的公共文化服务需求，提升供需一致性；另一方面，为该类群体参与社区公共文化活动、享用社区公共文化服务提供多元化、弹性化渠道，打破当前的两元对立格局，加强社会主义核心价值观教育，促进社区常住人口与流动人口的文化协同发展与社区归属感、认同感、凝聚力的共同提升，推动社区和谐稳定发展。

四 不同学历居民间社区公共文化服务供需矛盾

社区居民通常学历层次较为多元，既有大学及研究生以上学历，也有高中及以下学历；显然，不同学历居民间社区公共文化服务需求存在较大差异。然而，传统社区公共文化服务供给内容较为单一，造成不同学历居民间存在较为严重的社区公共文化服务供需矛盾问题。前述问卷调查结果显示，教育水平越高，出入社区图书馆、参与社区广场文化活动的频次越少，对于六项社区公共文化服务的重要性评价越低；对六项社区公共文化服务的满意度也越低，说明教育水平较高群体对于社区公共文化服务的要求更高，当前社区公共文化服务的供给内容远不能满足他们的需求，造成利用率、重要性评价、满意度均较低；尤其是社区图书馆，作为国家基本公共文化服务建设的立法内容，教育水平越高的被调查对象利用的频次越少，说明当前社区图书馆的运营管理、服务内容等存在诸多问题，亟须完善。

五 不同收入居民间社区公共文化服务供需矛盾

传统单位制住宅格局打破后，社区居民的职业与收入水平往往存在较大差异。问卷调查数据分析结果显示，家庭收入越高，出入博物馆或美术馆、参与社区广场文化活动、阅读报刊栏、参与社区文化活动或培训、观看社区公益性文艺演出的频次越高；即不同收入居民间存在社区公共文化服务供需矛盾。然而，社区公共文化服务为免费公益性服务，且其公共性决定其面向社区所有群体，因此，在社区公共文化服务供给中，应充分考量低收入家庭偏好，满足不同收入居民社区公共文化服务需求，促进社区公共文化服务体系的充分平衡发展。

第六节　社区公共文化服务供需矛盾问题的诱因分析

基于前述数据分析，发现当前我国社区公共文化服务供需矛盾的主要问题的根本原因在于社区公共文化服务供给主体的单一化、社区公共文化服务需求定位模糊、不同社区公共文化服务供给不均。

一　社区公共文化服务供给主体单一化

目前，我国社区公共文化服务的供给主体依然为基层政府部门，包括区县级政府部门、街道办事处，以及基层自治组织社区居委会。近年来，中央及地方政府不断强调、动员社会力量参与社区公共文化服务供给，并形成诸多政策性文件（本书第二章、第三章已论述），但仍存在以下问题：①我国非政府组织近年来数量迅速增长，然而，规模普遍较小，资金来源渠道单一且经费普遍较为短缺，如：A市规模较大的几个社区社会组织的经费来源主要依赖于政府购买公共服务费用，造成他们对政府部门的高度依赖性与依附性，导致其社会治理能力偏弱，不利于社区公共文化服务合作治理的深度开展。②企业参与社区公共文化服务合作治理的积极性、主动性不足。改革开放之初，赢利性是中国企业发展的首要目标，且由于营商环境等多因素制约造成企业普遍忽视其社会责任。直至20世纪90年代，"企业社会责任""企业公民"理论开始在中国广泛传播，中国企业开始以慈善捐助等式主动承担社会责任。然而，据中华慈善总会统计，2005年中国注册企业1000多万家，进行慈善捐助的不超过10万家①，且其中存在"奉旨捐款"、行政劝募等现象②。因此，由

---

① 《用我们的爱心点燃每一个需要光明的地方》，新民周刊－网易新闻转载，2005年11月25日，https://news.163.com/05/1116/14/22MG00OC0001124T_all.html，2019年1月1日。

② 倪建文：《中国企业慈善文化发展问题探讨——基于中美企业慈善文化比较的视角》，《齐鲁学刊》2013年第4期。

于社会力量参与不足造成社区公共文化服务供给主体单一化①,继而造成单一化的政府部门对于社区居民的公共文化服务需求的数据搜集、分析不足,社区公共文化服务供非所需。③由于政府部门的行政化管理体制,造成社区公共文化服务供给方式趋向于行政化,如社区图书馆的开放时间与政府部门一致,即工作日的早晨八点或八点半至下午五点,且由于行政人员数量少,社区图书馆经常处于关门状态;而社区居民,除退休人员之外,上学或工作时间以外才对社区图书馆存在需求,由此造成严重的供需矛盾问题。

二 社区公共文化服务需求定位模糊

社区公共文化服务供需矛盾问题直接体现为社区居民对于社区公共文化服务需求与当前社区公共文化服务的供给不匹配,而其根本原因在于社区公共文化服务供给决策过程依然为政府主导下的资源供给过程,基层政府部门由于财力、人力、物力等多元因素制约,对于不同性别、年龄、学历群体以及流动人口群体的社区公共文化服务需求未能形成精准化定位,而是按照上级政策中的指标性要求,以行政任务为导向,"一刀切"式地为社区供给各类公共文化设施或开展各类公共文化服务。以社区图书馆为例,2018年1月国家颁布《中华人民共和国公共图书馆法》,以立法的形式要求每个社区必须兴建一个社区图书馆,然而当前已兴建的大多数社区图书馆处于无人问津的尴尬境地,造成了公共资源的浪费;若不解决由于运营管理造成的供需矛盾问题,而是盲目强制增加投资,会造成更大的资源浪费。再以政府购买农村社区公益演出为例,目前面临观看人数少、庸俗化趋势等问题而日益引发社会公众质疑。上述供需矛盾问题产生的根本原因在于各级政府部门对社区居民的公共文化服务需求定位模糊而造成了供给的盲目性、低效性甚至无效性。

三 不同社区公共文化服务供给不均等

当前我国社区公共文化服务供给中,由于区域经济差距造成城市中心区域社区与城市边缘社区公共文化服务供给不均等,且优质的社区公

---

① Yanlei Hu, Cathy Yang Liu, Tong Chen, Ecological Improvement and Community Participation: Lessons from Xiaoqing River Ecological Improvement Project in Jinan, China, *Community Development Journal*, Vol. 52, No. 1, 2017, pp. 21 – 37.

共文化服务集中于城市中心区域的社区,并由此造成不同社区间公共文化服务的供需矛盾问题。

如前述调查结果显示,社区地理位置离城市中心区域越近,社区居民利用六项社区公共文化服务的频次越高,对于六项社区公共文化服务的重要性评价越高,对于社区六项公共文化服务的满意度评价也越高;反之,则越低。而城市中心区域通常经济实力较强且政府管理部门相对更为重视,说明经济发展的不平衡与公共政策的倾斜是造成城市中心区域、城市边缘区域与农村间社区公共文化服务发展不平衡的重要原因。

第七节　合作治理:社区公共文化服务供需矛盾的有效应对措施

本章通过调查研究发现当前社区公共文化服务存在诸多供需矛盾问题,亟须基于合作治理理论创新我国社区公共文化服务供给机制,提升社区公共文化服务供给效能,并不断推动社区公共文化服务的数字化、多样化,以满足不同性别、年龄、收入、教育水平等各种群体的偏好与需求,切实推动社区公共文化服务的普惠性与公共性。

合作治理作为一种新的治理范式,通过建立政府、企业、非政府组织以及公民间的自由、平等对话机制,以达成共识,从而实现对公共事务治理的有效治理。显然,主体多元化、主体间充分的信息沟通与反馈是合作治理的核心目标,而社区公共文化服务合作治理最基本的理论要义有二:

一是为打破当前社区公共文化服务供给主体的单一化,以构建由基层政府、基层自治组织、基层党组织、文化事业单位、文化企业、非政府组织以及社区居民等多元主体构成的社区公共文化服务治理网络结构,以实现对社区公共文化服务的弹性化供给,最大限度地满足不同性别、年龄、收入、教育水平等不同群体的社区居民的不同文化需求。

二是建立多元主体间自由、充分、平等的协商对话机制,并借助数字治理、大数据治理等现代治理工具,对社区不同性别、年龄、收入、教育水平的居民的公共文化服务偏好进行精准化的数据收集、处理与反馈,以实现对社区居民公共文化服务需求的精准化定位。

综上所述，合作治理对于解决当前我国社区公共文化服务供给主体单一化、社区公共文化服务需求定位模糊等问题具有一定的理论价值，有助于破解当前我国社区公共文化服务供需矛盾问题，提升社区公共文化服务的供给效率、效益与效能，推动社区和谐稳定发展。

第五章　中国社区公共文化服务合作治理的要素与关系

近年来，随着我国政治经济的迅速发展，社会力量参与社区公共文化服务的力度不断加大，参与形式、内容日益多样化。根据文化与旅游部《2017 年文化发展统计公报》数据显示，通过贯彻落实《关于加快构建现代公共文化服务体系的意见》和国家基本公共文化服务指导标准以推动我国公共文化服务体系建设，公共文化服务水平得到进一步提升，2017 年年末全国公共图书馆数量达 3166 个，群众文化机构数量达 44521 个，均比 2016 年度有所增长；且社会公众享用公共文化服务的比例大幅提升。以公共图书馆为例，2017 年全国公共图书馆发放借书证 6736 万个，比上年增长 20.4%；总流通人次 74450 万，增长 12.7%。书刊文献外借册次 55091 万，增长 0.7%；外借人次 25503 万，增长 2.5%；共为读者举办各种活动 155590 次，增长 11.1%；参加人次 8857 万，增长 24.1%。[1] 上述数据显示，随着我国政治经济的迅速发展，公共文化服务设施的数量稳步增长，且公共文化服务设施的利用率大幅提升，这体现了改革开放 40 多年来，社会公众的物质生活水平得到大幅提升，与此同时，对于精神文化的需求日益提高。党的十九大报告中，习近平总书记明确提出"新时代我国社会主要矛盾已经转化为人民日益增长的美好生活需要和不平衡不充分的发展之间的矛盾"[2]，公共文化服务供给中也存在发展不平衡不充分问题，尤其是东西部、城乡间、城市中心与城市边

---

[1] 中华人民共和国文化和旅游部：《2017 年文化发展统计公报》，中华人民共和国文化和旅游部官网，2018 年 5 月 31 日，http://zwgk.mct.gov.cn/auto255/201805/t20180531_833078.html? keywords = , 2018 年 7 月 13 日。

[2] 习近平：《决胜全面建成小康社会 夺取新时代中国特色社会主义伟大胜利——在中国共产党第十九次全国代表大会上的报告》，中国政府网，2017 年 10 月 27 日，http://www.gov.cn/zhuanti/2017 - 10/27/content_5234876.htm，2021 年 5 月 5 日。

缘社区间的发展不平衡不充分性更为突出,具体表现为:边疆、西部山区等特殊地区的公共文化服务短缺,未成年人、老年人、残疾人和流动人口等群体的公共文化服务供给不足,农村公共文化服务供给类型陈旧单一、供给方式粗放、供需不一致,等等。且随着我国国家治理体系与治理能力现代化水平日益提升,公共文化服务的治理主体日益多元化,因此,公共文化服务发展不平衡不充分问题的解决依赖于政府、企业、社会组织等多元主体的共同参与、合作治理。近年来,随着政府向社会力量购买公共文化服务的力度不断增强、社会组织数量与规模的急剧攀升,社区公共文化服务的供给主体日益多元化[①],逐步形成了具有中国本土特色的社区公共文化服务合作治理主体关系,即各级党委与基层党组织贯穿于合作始终,社区文化骨干等自治力量发挥核心功能的具有中国政党制度特色、政府主导型的社区公共文化服务合作关系网络。本章在对 A 省 6 个街道办事处下辖 106 个社区进行实地调研的基础上,对中国社区公共文化服务合作治理主体要素、客体要素及其合作关系进行系统解构,为下一步深入、系统分析中国社区公共文化服务合作治理的行动逻辑奠定基础。

第一节 中国社区公共文化服务合作治理的主体要素

改革开放 40 多年来,中国社区公共文化服务合作治理主体日益多元化,尤其是近年来,各地政府将合作治理纳入社区公共文化服务改革议程,政府、企业、社会、公民等不同主体在社区公共文化服务合作治理中发挥着不同的作用与功能,共同构成中国社区公共文化服务合作治理主体架构。本小节在实地调研与理论分析相结合的基础上,明确厘定当前中国社区公共文化服务合作治理的各项主体要素。

一 中央及地方政府部门

元治理(meta governance)最早是由英国学者鲍勃·杰索普(Bob

---

① 胡艳蕾:《政府购买公共服务的多元主体监督机制》,《山东师范大学学报》(人文社会科学版)2016 年第 6 期。

Jessop）于 1997 年提出，认为元治理是指"协调三种不同治理模式以确保它们中的最小限度的相干性"①，其目的在于解决治理失灵问题。元治理理论源自对治理理论的反思与批判，但由于其研究主题依然为治理问题，因此，仍属于治理理论的延伸。元治理理论不同于传统强调以社会为中心的治理，而强调政府在治理中的中心地位与重要角色，但其本质上与"国家中心论"截然不同，并非将政府视为权力中心，而是治理中的责任中心，即要求政府通过进行合作治理制度的设计、远景的构想、组织的安排以促使政府、企业、非政府组织、公民等多元主体间建立合作治理关系，以从根本上解决治理失灵问题。

在我国社区公共文化服务合作治理中，由于非政府组织力量薄弱、公民社会仍未形成，中央及地方政府承担着推动社会力量参与公共文化服务供给的公共政策制定、组织安排、合作方式设计、监督激励机制的构建等一系列重要功能，处于合作治理的责任中心，因此，就其本质而言，我国中央政府及地方政府（省、市级）所扮演的角色并不仅仅是一个合作治理的参与者，而是作为元治理者，承担着政策设计、财政投入、组织架构、监督审核等构建社区公共文化服务合作治理关系网络结构的责任与功能。

二 基层政府及相关部门

中国基层政府及其相关部门通常包括区（县）政府各部门、直属机构及派出机关（即街道办或乡镇）。在社区公共文化服务合作治理中，该类政府部门作为社区公共文化服务合作治理的直接参与者，主要承担着三类职责。一是负责中央政府及地方政府相关公共政策的传达与执行，扮演着政府向社会力量购买公共文化服务等社区公共文化合作治理政策的执行者角色。二是扮演着社区公共文化服务合作治理的基层治理者角色，即对社区公共文化服务合作治理的公共政策进行宣传、动员，并初步制定公共文化服务合作治理的组织架构与工作设想，在此基础上，鼓励、引导其所处区域内的文化事业单位、文化企业、非政府组织以及社会公众主动参与公共文化服务的供给与管理。三是根据公共文化服务评价标准及指标体系，对政府公共文化服务、公共文化机构以及重大公

---

① Jessop Bob, *Governance, Governance Failure, and Meta-Governance*, Arcavacata di Rende: Universita Della Calabria, 2003, pp. 6–15, 19, 16–18.

文化项目进行评价、监督，以促使其效能的最大化。因此，基层政府在我国社区公共文化服务合作治理中所扮演的是多重角色，尤其是当前我国基层社会自治理力量较为薄弱，基层政府的治理能力对社区公共文化服务合作治理效能高低具有直接影响。

三 社区居委会与基层党组织

社区居委会是基层治理的重要行政单元，基层党组织（社区综合党委、村党委或村党支部）则是基层治理中的重要党组织，二者共同推动新时代我国社区"法治、德治、自治"三治融合，尤其是基层党组织在新时代社区治理中发挥着越来越重要的功能，是社区公共文化服务合作治理的关键组织、倡导、管理、协调者，以"党建引领"角色定位而贯穿于社区公共文化服务合作治理全过程。

2009年，党的十七届四中全会通过《关于加强和改进新形势下党的建设若干重大问题的决定》，该《决定》明确指出，要通过财政转移支付等方式，建立稳定规范的基层组织工作经费保障制度[①]，目前由于城乡经济差距，城市社区党群活动经费已普遍拨付，不发达地区的农村社区仍未拨付。目前，我国社区公共文化服务的主要资金来源为基层党组织服务群众经费（简称党群活动经费），该经费属于基层党建中"三经费一场地"中的经费之一，资金来源为地方财政转移支付。以J市T区为例，每个社区每年度的党群活动经费为20万，其中市财政承担30%，区和办事处财政各承担35%，党群活动经费直接下拨至街道财政，社区根据其所需开展的各类文化活动或项目费用需求，以项目申请的方式向街道申请资金；J市党委组织部不定期对该项目经费的使用情况进行后评估与督查。尤其对于一些经济不发达地区而言，基层政府基于财政压力而极少以合同制形式引入文化企业或非政府组织提供社区公共文化服务，党群活动经费成为各社区公共文化活动经费的主要来源。

2018年，中共中央印发《中国共产党农村基层组织工作条例》（2018年12月28日起施行），其中第六章第十九条明确规定："党的农村基层组织应当加强对各类组织的统一领导，打造充满活力、和谐有序的

---

① 《中共中央关于加强和改进新形势下党的建设若干重大问题的决定》，中国网，2009年9月27日，http://www.china.com.cn/news/txt/2009-09/27/content_1861 4031.htm，2019年1月23日。

善治乡村，形成共建共治共享的乡村治理格局。""村'两委'班子成员应当交叉任职。村务监督委员会主任一般由党员担任，可以由非村民委员会成员的村党组织班子成员兼任。村民委员会成员、村民代表中党员应当占一定比例"①，该《条例》的出台，标志中国乡村治理格局的重大转变，即基层党组织在基层治理中责任与功能进一步强化；同样，城市社区治理中基层党组织也发挥着党建引领的核心功能。

综上所述，基层党组织（社区综合党委、村党委或村党支部）在社区公共文化服务合作治理中发挥着越来越重要的功能，与社区居委会（村委会）共同承担着执行、参与、组织、动员、监督等多重功能，以"党建引领"角色定位而贯穿于社区公共文化服务合作治理全过程。

四 文化事业单位

文化事业单位通常也被称为群众文化事业单位，或者群众文化机构，是指国家为开展群众文化工作而设立的文娱活动和读书活动场所，根据传统上所属上级部门的不同，可划分为四类，一是由政府文化部门组织建设的群众艺术馆、文化馆；二是由工会组织建设的工人文化宫、俱乐部；三是由共青团组织建设的青少年宫、少年之家；四是由街道、乡镇组织建设的文化站、文化室（俱乐部）。②上述文化事业单位一方面承担着为社区居民直接提供基本公共文化服务的职责，另一方面，也是政府购买公共文化服务项目的重要组织者与运作平台；是当前我国社区公共文化服务的重要供给者。由于传统体制下，文化事业单位本质上为基层政府机关的下级执行部门，其所供给的公共文化服务或产品具有强烈的官方色彩；2005 年年底，党中央、国务院印发《关于深化文化体制改革的若干意见》；2008 年 10 月国务院办公厅印发《关于文化体制改革中经营性文化事业单位转制为企业和支持文化企业发展两个规定的通知》；大量的文化事业单位进行了整合、调整与改制，部分文化事业单位转制为文化企业，但仍保留上述四类文化事业单位；2011 年中共中央确立的事业单位改革时间表中明确指出，至 2020 年，全部事业单位改革完成，建立新的事业单位管理体制与运行机制。然而，就目前而言，文化事业单

---

① 《中共中央印发〈中国共产党农村基层组织工作条例〉》，中国共产党网，2019 年 1 月 11 日，http://www.12371.cn/2019/01/11/ARTI1547162185106193.shtml，2021 年 5 月 5 日。
② 展志兰：《群众文化事业单位的固定资产管理探析》，《财经界》（学术版）2014 年第 7 期。

位的主要资金来源仍为公共财政拨款，因此，对于其挂靠的基层政府机关仍具有极强的依赖性。

五　文化企业

社区公共文化服务合作治理中，尤其在政府购买公共文化服务项目中，承接社区公共文化服务的企业是重要的供给方（被购买方），是公共文化服务的重要产生者。改革开放四十年来，我国文化体制发生了巨大变革，文化企业数量大幅增长、规模日益壮大。根据国家统计局2018年1月31日发布的统计数据显示，2016年度平均每季度增加规模以上文化及相关产业企业千家左右①，2017年度上半年增长数量为4000多家，截至2017年年底，全国规模以上文化企业数量达5.5万家，年度营业收入91950亿元，比上年增长10.8%（名义增长，未扣除价格因素）。其中，以"互联网＋"为主要形式的文化信息传输服务业、文化艺术服务业、文化休闲娱乐服务业、文化用品生产业四个行业的营业收入实现两位数增长。上述统计数据反映出，一方面我国文化服务与文化产品数量迅速增长，类型日益多样化；另一方面，反映出社会公众对于文化服务、文化产品的需求在迅速提升。且文化企业越来越多地参与到社区公共文化服务供给中，如浙江省杭州市文化发展有限公司自2016年成立以来，旨在打造社区文化交流平台、社区服务平台，目前在国内多个省市与社区居委会携手打造三十余家社区图书馆，解决了当前社区图书馆普遍面临的闲置率高、乏人问津等供需矛盾问题。

六　社区非政府组织

社区非政府组织是指在承接社区公共文化服务的各类非政府组织，主要包括两大类，一类为外驻型非政府组织，如J市山泉社会工作服务中心，通常其规模较大，承接的公共服务数量较多，种类也更为多元化；另一类为内生型非政府组织，即由社区居民自发组织形成的文化类志愿组织，如社区合唱团、社区曲艺社团等。2015年5月5日，国务院办公厅转发《关于做好政府向社会力量购买公共文化服务工作的意见》（国办发〔2015〕37号），非政府组织成为政府购买公共文化服务的重要承接

---

① 中共中央办公厅、国务院办公厅：《关于加快构建现代公共文化服务体系的意见》，中国政府网，2015年1月14日，http://www.gov.cn/xinwen/2015-01/14/content_2804240.htm，2021年5月5日。

主体，是当前我国社区公共文化服务的重要生产者之一。文化类非政府组织（NGO）也称文化类社会组织，主要有三种类型：一是文化类社会团体，如中国职工文化体育协会（业务主管部门中华全国总工会）、中国文化旅游摄影协会（已脱钩）；二是文化类基金会，如星云文化教育公益基金会（业务主管部门文化和旅游部）、张伯驹潘素文化发展基金会（业务主管部门文化与旅游部）；三是文化类民办非企业单位，如东方文化艺术院（业务主管部门文化与旅游部）、至德企业文化发展中心（业务主管部门民政部）。我国大量非政府组织早期是由政府相关部门组织建立的群团组织，文化类非政府组织也不例外。2015年7月8日，中共中央办公厅、国务院办公厅印发《行业协会商会与行政机关脱钩总体方案》，行业协会或商会被强制要求与政府行政机关脱钩，但其他非政府组织的业务主管部门仍为政府行政机关，因此与第三类治理主体文化事业单位存在交叉重合之处。然而，不论文化事业单位还是文化类非政府组织，均承担着社区公共文化服务供给的重要职能。

七 社区文化骨干及普通居民

社区居民是社区公共文化服务的享用者，也是社区公共文化服务的供给者、评价与监督者。在社区公共文化服务合作治理中，社区居民可划分为两类：

一是社区文化骨干，即主动、积极参与并组织社区公共文化活动，培育并加入社区文化志愿组织，并积极动员其他社区居民参与社区公共文化服务合作供给的社区居民。在对A省J市两个社区公共文化服务典范社区即SH社区与JX社区进行调研过程中了解到，社区文化骨干以退休党员为主，且具有较强的爱国主义情感、集体主义精神与志愿精神，如SH社区王××，社区居委会与社区居民都称他为王导，社区各类公共文化活动中，他不仅是积极的参与者，且主动承担社区各类文化演出活动的节目编排、组织、动员等工作，对于自己的志愿工作不仅具有极大的热情且感到退休后自我价值进一步提升，实现了个人价值与集体价值的有机统一。该类型社区居民在社区公共文化服务合作治理中发挥着关键作用。

二是其他社区居民，也可称为社会公众、社区普通居民。他们是社区公共文化服务的享用者，也是我国公共文化服务供给质量的关键外部评价主体，评价方法为满意度评价。近年来，我国各省市在推进公共文化服务体系建设过程中，公民满意度评价被视为公共文化服务供给水平及供给效能的关键性评价指标。2015 年，中共中央办公厅、国务院办公厅印发的《关于加快构建现代公共文化服务体系的意见》中明确指出，完善服务质量监测体系、研究制定公众满意度指标、建立群众评价反馈机制是完善当前我国公共文化服务评价工作机制的重要内容。[①] 因此，当前我国公共文化服务的效能评价中，已建立社会公众满意度评价机制，党的十九大以来，社会公众的公共文化服务获得感评价指标开始进入学界研究视野，但目前相关的研究仍较少。

八 第三方评估机构

20 世纪 20 年代，西方发达国家开始引入政府以外的民间组织对政府绩效进行评估，即第三方评价，目前第三方评价机构通常为专业评估公司或者非政府组织。我国第三方评价始于 1986 年，开始有一些半独立的民间社会调查机构在政府的指导下开展民意测验与社会调查；2004 年以后，开始出现独立的与半独立的第三方评价机构共存的状况，自此，第三方评价机构数量迅速增多，其评价行为也越来越得到政府认可。中共中央办公厅、国务院办公厅印发于 2015 年的《关于加快构建现代公共文化服务体系的意见》中明确指出，要探索建立公共文化服务第三方评价机制，以加强公共文化服务评价的客观性与科学性。[②] 然而，就目前而言，对于公共文化服务效能的第三方评价仍处于初步探索阶段，大多数公共文化服务效能、公民满意度评价的组织实施主体仍以各级政府部门为主。

第二节 中国社区公共文化服务合作治理的客体要素

2015 年，中共中央办公厅、国务院办公厅印发《关于加快构建现代

---

① 中共中央办公厅、国务院办公厅：《关于加快构建现代公共文化服务体系的意见》，中国政府网，2015 年 1 月 14 日，http://www.gov.cn/xinwen/2015 - 01/14/content_2804240.htm，2021 年 5 月 5 日。
② 中共中央办公厅、国务院办公厅：《关于加快构建现代公共文化服务体系的意见》，中国政府网，2015 年 1 月 14 日，http://www.gov.cn/xinwen/2015 - 01/14/content_2804240.htm，2021 年 5 月 5 日。

公共文化服务体系的意见》与《国家基本公共文化服务指导标准（2015—2020）》（见表5-1）①，该《标准》明确指出各级政府机关应当为社会公众提供的基本公共文化服务项目、公共文化服务硬件设施以及人员配备的基本要求与评价标准。

表5-1　　国家基本公共文化服务指导标准（2015—2020）

项目	内容	标　　准
基本服务项目	读书看报	1. 公共图书馆（室）、文化馆（站）和村（社区）（村指行政村，下同）综合文化服务中心（含农家书屋）等配备图书、报刊和电子书刊，并免费提供借阅服务 2. 在城镇主要街道、公共场所、居民小区等人流密集地点设置阅报栏或电子阅报屏，提供时政、"三农"、科普、文化、生活等方面的信息服务
	收听广播	3. 为全民提供突发事件应急广播服务 4. 通过直播卫星提供不少于17套广播节目，通过无线模拟提供不少于6套广播节目，通过数字音频提供不少于15套广播节目
	观看电视	5. 通过直播卫星提供25套电视节目，通过地面数字电视提供不少于15套电视节目，未完成无线数字化转换的地区，提供不少于5套电视节目
	观赏电影	6. 为农村群众提供数字电影放映服务，其中每年国产新片（院线上映不超过2年）比例不少于1/3 7. 为中小学生每学期提供2部爱国主义教育影片
	送地方戏	8. 根据群众实际需求，采取政府采购等方式，为农村乡镇每年送戏曲等文艺演出
	设施开放	9. 公共图书馆、文化馆（站）、公共博物馆（非文物建筑及遗址类）、公共美术馆等公共文化设施免费开放，基本服务项目健全 10. 未成年人、老年人、现役军人、残疾人和低收入人群参观文物建筑及遗址类博物馆实行门票减免，文化遗产日免费参观
	文体活动	11. 城乡居民依托村（社区）综合文化服务中心、文体广场、公园、健身路径等公共设施就近方便参加各类文体活动 12. 各级文化馆（站）等开展文化艺术知识普及和培训，培养群众健康向上的文艺爱好

---

① 中共中央办公厅、国务院办公厅：《关于加快构建现代公共文化服务体系的意见》，中国政府网，2015年1月14日，http://www.gov.cn/xinwen/2015-01/14/content_2804240.htm，2021年5月5日。

续表

项目	内容	标 准
硬件设施	文化设施	13. 县级以上（含县级，下同）在辖区内设立公共图书馆、文化馆，乡镇（街道）设置综合文化站，按照国家颁布的建设标准等进行规划建设 14. 公共博物馆、公共美术馆依据国家有关标准进行规划建设 15. 结合基层公共服务综合设施建设，整合闲置中小学校等资源，在村（社区）统筹建设综合文化服务中心，因地制宜配置文体器材
	广电设施	16. 县级以上设立广播电视播出机构和广播电视发射（监测）台，按照广播电视工程建设标准等进行建设
	体育设施	17. 县级以上设立公共体育场；乡镇（街道）和村（社区）配置群众体育活动器材设备，或纳入基层综合文化设施整合设置
	流动设施	18. 根据基层实际，为每个县配备用于图书借阅、文艺演出、电影放映等服务的流动文化车，开展流动文化服务
	辅助设施	19. 各级公共文化设施为残疾人配备无障碍设施，有条件的配备安全检查设备
人员配备	人员编制	20. 县级以上公共文化机构按照职能和当地人力资源社会保障、编办等部门核准的编制数配齐工作人员 21. 乡镇综合文化站每站配备有编制人员1-2人，规模较大的乡镇适当增加；村（社区）公共服务中心设有由政府购买的公益文化岗位
	业务培训	22. 县级以上公共文化机构从业人员每年参加脱产培训时间不少于15天，乡镇（街道）和村（社区）文化专兼职人员每年参加集中培训时间不少于5天

为深入分析当前我国社区公共文化服务合作治理的现状，集中对A省J市、H市等地市的城市社区、农村社区进行社会调查获得第一手资料，并结合政府网站、社交平台的网络资讯等二手资料，基于国家基本公共文化服务指导标准，联系当前我国社区公共文化服务合作治理现状，发现当前社区公共文化服务项目以合作治理模式供给的客体类型并没有涵盖《标准》中所列的所有项目类型，其原因主要有二：一是由于部分公共文化服务项目对硬件设施要求高，难以通过社会力量参与供给，如收听广播、观看电视、广电设施；二是由于当前行政管理体制的制约，部分公共文化服务项目通常由政府供给与管理，如人员配备。因此，由于前述两种公共文化服务基本不涉及合作治理问题，不再纳入社区公共文化服务合作治理的客体类型划分。

综上所述，当前我国社区公共文化服务合作治理的主要内容，即客体类型可划分为两大类：一是文化设施或机构类，包括社区及其周边的图书馆、文化馆、博物馆、美术馆、村（社区）综合文化服务中心、文体广场、公园、体育设施、辅助设施、流动设施等硬件设施；二是文化活动类，包括社区公益性电影、文艺演出、文体活动、文化艺术知识普及和培训等软件建设。

一　文化设施或机构类

（一）公共图书馆

2017年11月4日，我国颁布《中华人民共和国图书馆法》，自2018年1月1日开始实施。该法规第十四条明确规定，"县级以上人民政府应当设立公共图书馆。地方人民政府应当充分利用乡镇（街道）和村（社区）的综合服务设施设立图书室，服务城乡居民"①。近年来，社区公共图书馆或图书室的数量迅速增长，尤其是经济发达地区，基本能够实现一个社区一个公共图书馆（室）。以J市L区为例，根据L区政府统计数据，目前L区下辖13个街道，共计88个社区和21个行政村，即共计有城市社区与农村社区101个。2016年度，L区图书馆新建图书分馆20个，L区图书分馆数量达100个，并实现百家图书分馆际间"通借通还"②，基本实现了《图书馆法》中一个社区一个图书馆（室）的建设目标。然而，上述社区公共图书馆的投资运营主体为政府部门，社会力量与政府合作运营的民间图书馆并未统计在内。

总体而言，当前我国由政府与社会力量共同投资运营或者社会力量独立投资运营的合作治理模式下的社区公共图书馆（室）数量较少，且政府部门以及各大数据库对此并未进行综合统计。根据由北京大学信息管理系课题组、小微企业家自主创新发展协会（筹）、心平公益基金会、美国青树教育基金会、北京天下溪教育咨询中心、东莞图书馆共同主办的"文化火种寻找之旅：个体公民公益图书馆事迹寻访录"中的记载，目前全国共有民间图书馆417个（见图5-1），民间图书馆数量排前四位的为山东、山西、江苏、浙江四个省份，其资金来源渠道主要为社会公

---

① 第十二届全国人民代表大会常务委员会：《中华人民共和国图书馆法》，中国人大网，2017年11月4日，http://www.npc.gov.cn/zgrdw/npc/xinwen/2017-11/04/content_2031427.htm，2021年5月5日。

② J市L区图书馆：《J市L区图书馆2016年报》。

众自愿捐助、宗教组织、基金会、企业等社会力量,且运营管理中通常得到地方政府或基层政府、文化部门的政策支持,部分民间图书馆得到基层政府及文化部门的场地、设施等硬件支持。其中,山东省民间图书馆数量与国内其他省或直辖市相比最多,共计32个,青岛市民间图书馆数量最多(5个),济南市民间图书馆数量最少(1个)(见图5-2)。

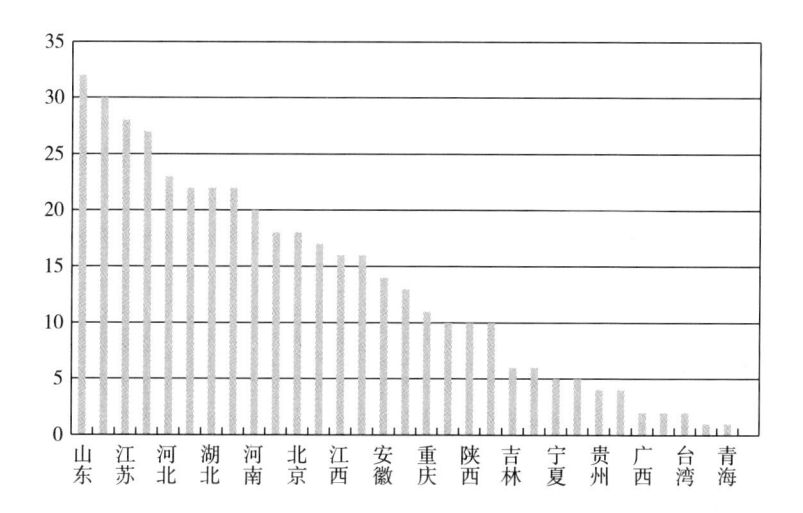

图5-1 我国各省及直辖市民间图书馆数量

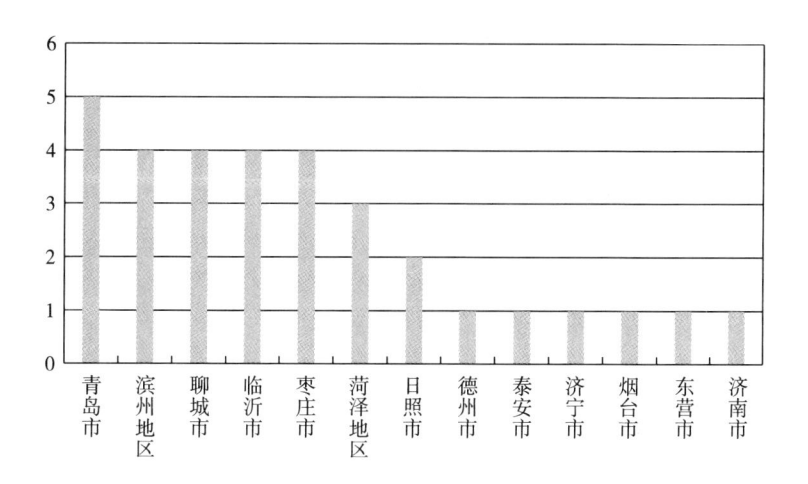

图5-2 山东省各地市民间图书馆数量

在对 J 市 LX 区、SZ 区部分街道调研中，发现虽然没有免费的民间公共图书馆，但社区中或社区附近商业区中近年来出现很多民间运营的独立书店，如 J 市 LX 区想书坊、睿丁岛清凉书院（原睿丁岛生活美学书吧）、品聚书吧、斐塔书吧、一行手绘、新月书坊、阡陌书店、小海豚书店等，上述书店虽以营利性为主，但强调体验式阅读而兼具图书馆阅读功能；此外，睿丁岛清凉书院除体验式阅读之外，明确开辟图书借阅区，即市民捐书、入会等方式办理借书证，并不定期举办各类阅读交流活动。总体而言，由于民间图书馆的运营需要投入大量人力、物力、财力，目前社会力量参与度偏低，且当前的合作治理中，政府往往提供的是口头宣传、政策支持，而没有实质性的人力、物力或财力支持，因此，运营难度较大也是造成社会力量参与提供社区公共图书馆服务的数量偏少的重要原因。

（二）群众文化机构

根据中华人民共和国文化与旅游部公开发布的全国年度文化发展统计公报中的分类，文化馆（含综合性文化中心、群众艺术馆）、文化站等由各级文化部门主办的开展群众文化活动的场所，被称为群众文化机构。显然，由于群众文化机构是由各级文化部门设立的文化事业单位，属于由政府机关设立的公共文化事业单位，因此，就其组织机构本身与由其场馆人员构成的文艺演出团体而言，不属于合作治理范畴。然而，在其功能运行即组织开展文艺活动、培训班、展览、公益性讲座等文化活动中，由社会力量与公共部门共同参与、合作治理的文化活动占一定比例。

根据文化与旅游部《2017 年文化发展统计公报》数据显示，截至 2017 年年底，全国群众文化机构数量达 44521 个，其中，乡镇（街道）综合文化站数量为 33997 个，平均每万人群众所享用的该类文化设施建筑面积 295.44 平方米，较 2016 年度提高 6.80 平方米；且 2006—2017 年，社会公众所享用的人均群众文化机构设施面积稳步上升（见图 5-3）①，反映了自 2005 年国家出台关于加强公共文化服务体系建设的相关公共政策及执行机制以来，基层公共文化服务机构及设施的数量、规模稳步发

---

① 中华人民共和国文化和旅游部：《2017 年文化发展统计公报》，中华人民共和国文化和旅游部官网，2018 年 5 月 31 日，http://zwgk.mct.gov.cn/auto255/201805/t20180531_833078.html?keywords=，2019 年 1 月 1 日。

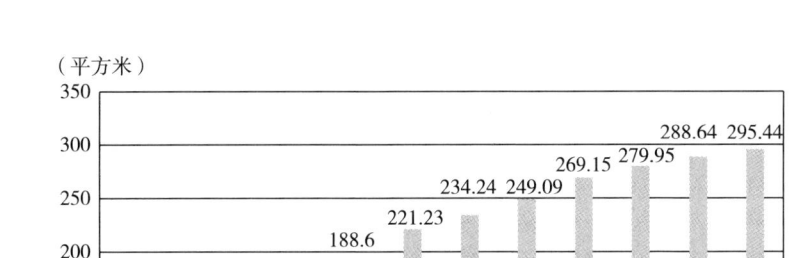

展，以满足社会公众日益增长的公共文化需求。

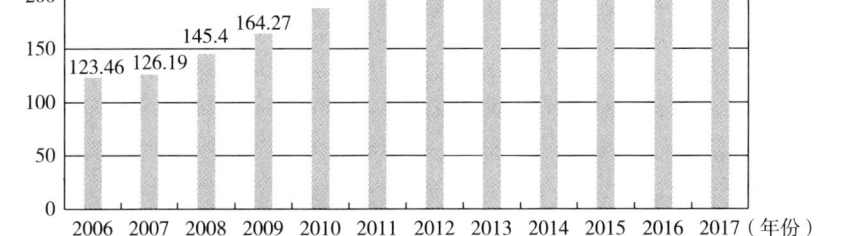

图 5-3 2006—2017 年我国人均群众文化机构设施面积

然而，目前政府机关网站以及各类科研数据库中，对于由群众文化机构所举办的文化活动、社会力量参与合作治理的项目仍未有具体的统计资料。通过对 A 省 J 市、H 市一些乡镇或街道进行个案调查，了解到目前社区内举办的书法展览、民俗展览、曲艺演出等文化活动更多的是由非政府组织参与提供。

（三）其他公共文化设施

公共博物馆、美术馆、艺术馆、流动文化设施、辅助文化设施、体育设施也属于社区基本公共文化设施。第一，公共博物馆、美术馆等公共文化设施由于运营成本较高，传统上以政府部门为主要供给主体，近年来，民间资本、社会组织参与运营的博物馆、美术馆以及艺术馆数量日益增多。以博物馆为例，基于国家文物局等政府官方网站信息数据，截至 2017 年，我国民办博物馆数量达 1110 家，占博物馆总数的 23.7%。[1] 第二，流动文化设施。该类设施是指根据基层实际，每个县配备用于图书借阅、文艺演出、电影放映等服务的流动文化车，开展流动

---

[1] 吕建中：《让民间博物馆真正在民间扎根》，国家文物局官网，2017 年 3 月 7 日，http://www.ncha.gov.cn/art/2017/3/7/art_1978_137880.html，2021 年 8 月 23 日。

文化服务，流动文化车的配置资金来自文化部、财政部以及省市级文化部门，主要为文化配套设施较为短缺的贫困地区提供，以满足居民的文化需求。如 2017 年 8 月，文化部、财政部为河北省 6 个市 22 个国家级贫困县配置 22 辆流动文化车，以为老少边穷及特殊群体提供小型文化活动、"非遗"展览展示、文化信息数字资源等服务、举办戏曲书法等培训。① 第三，辅助文化设施。该类文化设施是指为残疾人提供无障碍设施以及安全检查设备的各级公共文化设施。第四，体育设施及活动场所。目前我国社区居民的体育活动场所主要由单位体育设施、社区体育设施、收费体育场馆、公园、广场、社区空地、绿地和其他地点构成；其中社区体育设施源自体育彩票公益金②投资建设，主要健身器材有双杠、双位漫步机、仰卧起坐、室外乒乓球台、按摩器、太极揉推器、滚筒、四位蹬力器、弹振压腿、棋牌桌、上肢牵引器、伸背器等。然而，根据 2005 年建设部、国土资源部关于批准发布的《城市社区体育设施建设用地指标》，该《指标》明确界定了 19 类社区体育项目；其中足球、排球、篮球、羽毛球、门球等设施在当前我国城市社区中仍较难实现。

二 文化活动类

文化活动主要由文艺演出与文体活动构成。文艺演出是指电影、地方戏等文艺演出活动，该类公共文化服务合作治理的运营模式主要为合同制，即政府向文化事业单位、文化企业、文化类社会组织或个人购买公益性文艺演出服务，以丰富公民文化生活，满足公民的基本文化需求；文体活动是指社区居民依托社区综合文化服务中心、文体广场、公园、健身路径等公共设施就近参与各类文体活动，社区综合文化服务中心为社区居民提供文化艺术知识普及和培训。此外，文物建筑及遗址类博物馆向未成年人、老年人、现役军人、残疾人和低收入人群提供门票减免，文化遗产日免费参观。根据文化与旅游部官网公开数据显示，2017 年度全国群众文化机构共计开展各类文化活动 197.86 万场次，较 2016 年增长

---

① 河北省文化与旅游厅：《我省首批流动文化车交付使用》，河北省文化与旅游厅官网，http：//www.hebwh.gov.cn/common/content.jsp? articleId = 4028815d5d27903a015e4afa8a8702b5，2019 年 1 月 8 日。
② 体育彩票公益基金是指经国务院批准，从体育彩票销售额中按规定比例提取的专项用于发展体育事业的资金，公益金纳入政府性基金预算管理，专款专用，结余结转下年继续使用，实行收支两条线管理。中国体彩网，http：//www.lottery.gov.cn/gywh/index.html，2019 年 1 月 8 日。

7.6%，参与文化活动的社会公众达 63951 万人次，较 2016 年增长 10.5%（见表 5-2）。

表 5-2　　2017 年全国群众文化机构开展活动情况

项目	总量		比上年增长（%）	
	活动次数（万场次）	服务人次（万人次）	活动次数	服务人次
各项活动总计	197.86	63951	7.6	10.5
其中：展览	15.41	10711	2.7	-0.7
文艺活动	111.43	48183	4.6	13.8
公益性讲座	3.44	562	1.8	7.7
训练班	67.59	4494	14.5	5.7

注：各项活动总计与分项数据合计有出入，原资料如此。
资料来源：中华人民共和国文化和旅游部：《2017 年文化发展统计公报》，中华人民共和国文化和旅游部官网，2018 年 5 月 31 日，http://zwgk.mct.gov.cn/auto255/201805/t20180531_833078.html？keywords=2019 年 3 月 7 日。

第三节　中国社区公共文化服务合作治理的主体关系网络

中国场景下社区公共文化服务合作治理是指在中国特色社会主义政治经济社会制度环境下，中国中央及地方各级政府部门为满足社区居民日益增长的公共文化需求，运用公共政策、行政管理、社会动员、宣传教育等多元化公共事务管理工具，倡导、动员并引导基层政府、基层自治组织、基层事业单位、基层党组织、企业、非政府组织以及社区居民参与社区公共文化服务的决策、生产、运行、评价、监督等供给行动的全过程，且在这一行动过程中，形成具有中国特色的社区公共文化服务合作治理的主体关系网络。

一　中国场景下社区公共文化服务合作治理主体关系

中国场景下社区公共文化服务合作治理是在中国共产党的领导下，

各治理主体间通过民主协商达成共识，以实现社区公共文化服务的合作治理，促进社区公共文化服务的充分、优质、公平、精准、有效供给，从根本上解决由于传统政府单一供给体制而造成的供给过剩、供给短缺、供需不一致等供需矛盾问题。

因此，与西方国家社区公共文化服务合作治理主体构成不同，中国场景下社区公共文化服务合作治理主体不仅包括基层政府部门、非政府组织、社会企业、志愿者群体以及社区居民，还包括各级党委、基层党组织、社区权威人士（如退休老党员、楼组长、文化骨干）等，并由此形成极具有中国本土化特色的社区公共文化服务合作治理主体关系与行动框架（见图5-4）。

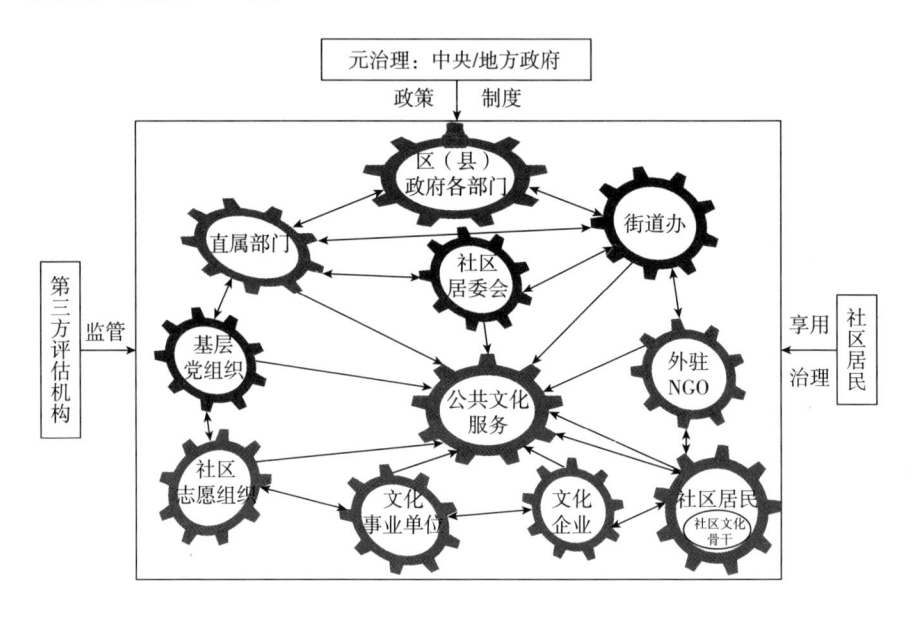

图5-4 中国社区公共文化服务合作治理主体关系

二 基于SNA的社区公共文化服务合作网络分析

（一）研究方法与研究设计

社会网络分析（social network analysis，SNA）方法是一种源自社会学领域的研究方法，该方法的基本理论出发点为社会是一个由各种复杂关系构成的大型网络，而"社会网络是社会行动者以及他们之间的关系之集合"①。因此，社会网络分析法通过将研究事件中行动主体（包括组织或个人）及其彼此间的关系进行定量分析，以形成对该关系网络的属性、特点的分析结论。该方法产生后主要应用于社会学领域相关问题的分析，近年来，开始受到国内公共管理学者关注，对公共危机管理领域的相关问题进行了一些可视化分析；然而，仍未有学者将该方法应用于社区公共文化服务合作治理网络分析。②③

本书选择我国30个社区公共文化服务合作治理案例为分析样本，基于合作治理的参与组织或群体与合作治理项目构建二模网（2-mode）社会网络分析矩阵，对社区公共文化服务合作治理网络的内在关联性、中心性、结构洞等网络特征进行量化分析，探寻当前我国社区公共文化服务合作治理关系网络的客观特征、现存问题，并分析归纳指出现存问题的诱因与应对举措。研究数据来源于2018年1月—2019年11月研究团队对全国3省1直辖市的多个地市社区公共文化服务合作治理案例的调研资料，以及少量的网络平台二手数据，以确保量化分析结论的可靠性与科学性。在数据收集处理过程中，鉴于数据的同质性与冗余性，将合作治理的参与主体进行了聚类处理，如将市政府、市委宣传部、市妇联等统称为市级行政部门，将区（县）政府、区（县）宣传部等行政部门统称为区（县）级行政部门，以提高网络的可视化效果。基于社区公共文化服务合作主体与合作项目，提取43个节点，根据节点间的联系构建邻接矩阵；运用Netdraw进行可视化处理（如图5-5）。

（二）数据测量与结果分析

1. 社区公共文化服务合作网络黏性测量

网络行动者对彼此行为的影响力与团队的凝聚力等构成了网络黏性，其测量方法为网络密度和网络捷径距离。④ 网络密度的数值越大，说明网络行动者间的关系越紧密，互动更为频繁；网络捷径距离则是指网络中两个节点间最短途径的长度，若是建立于网络捷径距离上的凝聚力指数

---

① 刘军：《整体网分析：UCINET软件实用指南》，上海人民出版社2014年版，第2页。
② 康伟、陈茜、陈波：《基于SNA的政府与非政府组织在公共危机应对中的合作网络研究——以"4.20"雅安地震为例》，《中国软科学》2014年第5期。
③ 杨庆国、陈敬良、甘露：《社会危机事件网络微博集群行为意向研究》，《公共管理学报》2016年第1期。
④ 王嵩、王刊良、田军：《科研团队隐性知识共享的结构性要素：一个社会网络分析案例》，《科学学与科学技术管理》2009年第12期。

越大，则说明网络的凝聚力越强。

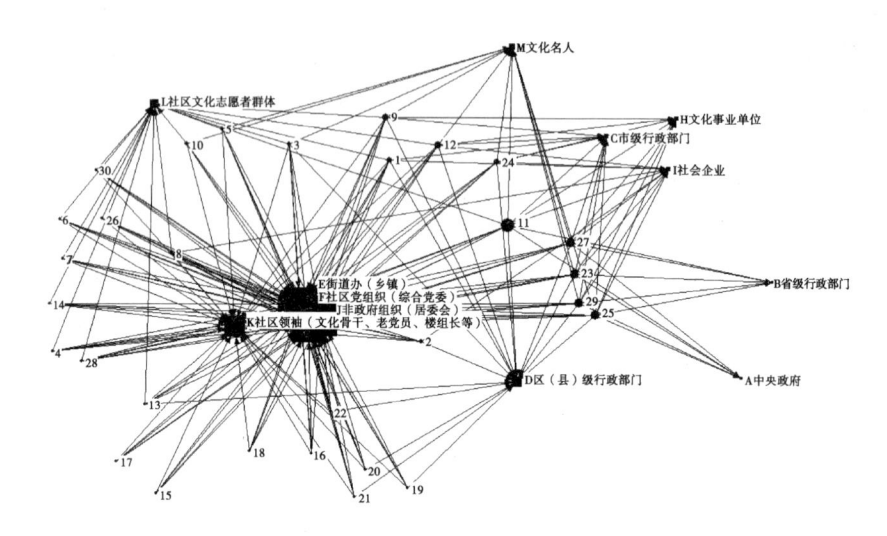

图 5-5　中国场景下社区公共文化服务治理主体与项目的合作网络

基于我国社区公共文化服务合作治理 30 个项目的主体关系一模网数据分析，发现我国社区公共文化服务合作网络整体网密度为 10.3590，说明各治理主体间的互动程度很高；网络捷径距离为 1，意味着任何一个治理主体平均只需经过一个其他治理主体便可与另外一个治理主体建立合作关系；且在该捷径距离上的凝聚力指数为 1，为最大值，说明治理主体间的互动频率非常高，彼此间建立了良好的合作关系（见表 5-3）。

表 5-3　社区公共文化服务合作网络黏性测量结果

Density
Average value = 10.3590
Standard deviation = 7.8102
Distance
Average distance = 1.000
Distance – based cohesion （"Compactness"） = 1.000 （range 0 to 1; larger values indicate greater cohesiveness）
Distance – weighted fragmentation （"Breadth"） = 0.000

2. 社区公共文化服务合作网络关联性测量

整体网分析中，所谓关联性一般是指一个集体网络中的各个行动者间的社会关系将该集体凝聚在一起。因此，网络关联性理论内涵主要有二：一是网络中各个行动者或组织间必须是相关联的；二是网络中各个结点间必须具有可达性（reachability）。

运用 Ucinet 对社区公共文化服务合作治理的主体—模网进行对称化处理，得到无向矩阵；在此基础上，计算可达距离矩阵与可达矩阵（reachability matrix）。可达矩阵的测量结果显示，网络各结点间无不达点；可达矩阵的密度为 1，即为网络的关联度（connectedness），说明该网络节点间的关联度很高，互动、合作频繁（见表 5-4）。

表 5-4　　　　　社区公共文化服务合作网络关联性测量结果

Reachability		
	Density	No. of Ties
30 个合作治理案例 - column - Aff - Sym - Geo	1.0000	156.0000
Connectedness = 1		

3. 社区公共文化服务合作网络中心性测量

"中心性"是社会网络分析方法中用于分析个人或组织在其社会网络中的权力如何或者居于何种中心地位。运用 Ucinet 软件对 2 - mode 中心性（centrality）进行计算。由于本书的主要目的在于分析我国社区公共文化服务合作治理主体间的网络关系，因此仅对 2 - mode 列的度中心性（degree centrality）、接近中心性（closeness centrality）与中间中心性（betweenness centrality）（表 5-5）进行分析。测量结果显示，合作治理主体 E 街道办（乡镇）、F 社区党组织（综合党委）、G 社区行政部门（居委会）、J 非政府组织的点中心性与接近中心性值最大，均为 1；其次为 K 社区权威（文化骨干、老党员等），度中心性为 0.833，接近中心性为 0.844；再次为 D 区（县）级行政部门与 L 社区文化志愿者群体，度中心性均为 0.533，接近中心性均为 0.659。上述数据说明在我国社区公共文化服务合作治理主体关系网络中，街道办、社区党组织、社区行政部门与非政府组织居于合作网络的中心位置，社区权威群体则居于该合作网络的次要中心位置，而中央政府、省级行政部门则处于网络最边缘的位置。中间中心性测量结果显示,街道办、社区党组织、社区行政部门与非政府组织较其他治理主体的中间中心测量数值较大,说明他们对于其他参与合作主体的控制力较大,处于网络核心位置。

表5-5　　基于30个合作治理案例的网络中心性测量

	度中心性	接近中心性	中间中心性
A 中央政府	0.167	0.519	0.001
B 省级行政部门	0.167	0.519	0.001
C 市级行政部门	0.300	0.563	0.007
D 区(县)级行政部门	0.533	0.659	0.033
E 街道办(乡镇)	1.000	1.000	0.132
F 社区党组织(综合党委)	1.000	1.000	0.132
G 社区行政部门(居委会)	1.000	1.000	0.132
H 文化事业单位	0.267	0.551	0.005
I 文化企业	0.333	0.574	0.010
J 非政府组织	1.000	1.000	0.132
K 社区权威(文化骨干、老党员等)	0.833	0.844	0.078
L 社区文化志愿者群体	0.533	0.659	0.029
M 文化名人	0.367	0.587	0.013

4. 社区公共文化服务合作网络的核心—边缘测量

社会网络分析中的"核心—边缘(core-periphery)结构研究"①②用于揭示在某一个社会网络中哪些行动者或组织位于核心、边缘位置以及这些结构间的内在关系。因此,社会网络中彼此相互联系的各个节点,位于核心区的各节点联系较为紧密,位于边缘区的各节点则相反。

运用 Ucinet 软件,对2-mode 转化后的主体1-mode 网络的核心—边缘(categorical core/periphery)进行测量,结果显示初始拟合值(starting fitness)为0.448,最终拟合值(final fitness)为0.976,说明拟合度

---

① S. P. Borgatti, M. G. Everett, L. C. Freeman, *Ucinet for Windows: Software for Social Network Analysis*, Harvard, MA: Analytic Technologies, 2002.

② M. Everett, S. Borgatti, "The Centrality of Groups and Classes", *The Journal of Mathematical Sociology*, Vol. 23, No. 3, 1999, pp. 181-201.

较高；G 社区行政部门（居委会）、E 街道办（乡镇）、F 社区党组织（综合党委）、J 非政府组织、K 社区权威（文化骨干、老党员等）位于网络的核心。然而，密度矩阵（density matrix）测量结果并未达到理想值（理想值为 1.1 块的密度是 1，2.2 块的密度为 0）。因此，在该合作网络中，合作治理主体间的组别区分并不明显。

此外，根据伯特的结构洞（structural holes）理论，两个点以距离 2 相连而不是以距离 1 相连时，说明两点之间存在一个结构洞（Burt, 1992）。结构洞是社会网络分析中分析某个行动者或组织是否居于重要联络地位而在很大程度上控制资源流动的一项测量指标。然而，在本书中的社区公共文化服务合作网络中，网络捷径距离的测量结果为 1，因此，说明节点间不存在结构洞，不需要进行结构洞的测量。①

（三）结论与讨论

本书以 30 个社区公共文化服务合作治理项目为研究样本，运用社会网络分析方法对社区公共服务合作治理网络进行定性定量分析，主要得到以下几个结论。

1. 政府部门：元治理

政府部门，尤其是中央、省级政府部门虽然掌握着大量公共资源与公共权力，然而在合作关系网络中却居于较边缘区域，主要发挥着制度设计与政策制定等元治理功能。元治理（meta governance）最早是由英国学者鲍勃·杰索普（Bob Jessop）于 1997 年提出，认为元治理是指"协调三种不同治理模式以确保它们中的最小限度的相干性"②，其目的在于解决治理失灵问题。元治理理论源自对治理理论的反思与批判，但由于其研究主题依然为治理问题，因此，仍属于治理理论的延伸。元治理理论不同于传统强调以社会为中心的治理，而强调政府在治理中的中心地位与重要角色，但其本质上与"国家中心论"截然不同，并非将政府视为权力中心，而是治理中的责任中心，即要求政府通过进行合作治理制度的设计、远景的构想、组织的安排以促使政府、企业、非政府组织、公民等多元主体间建立合作治理关系，以从根本上解决治理失灵问题。

---

① 刘军：《整体网分析讲义——Ucinet 软件应用》，第二届社会网与关系管理研讨会，哈尔滨工程大学社会学系，2007 年 1 月 18 日。

② Jessop Bob, *Governance*, *Governance Failure*, *and Meta-Governance*, Arcavacata di Rende: Universita Della Calabria, 2003, pp. 6 – 15, 19, 16 – 18.

在我国社区公共文化服务合作治理中,由于非政府组织力量薄弱、公民社会仍未形成,中央及地方政府承担着推动社会力量参与公共文化服务供给的公共政策制定、组织安排、合作方式设计、监督激励机制的构建等一系列重要功能,处于合作治理的责任中心,因此,就其本质而言,我国中央政府及地方政府(省、市级)所扮演的角色并不仅仅是一个合作治理的参与者,而是作为元治理者,承担着政策设计、财政投入、组织架构、监督审核等构建合社区公共文化服务合作治理关系网络结构的责任与功能。

2. 街道办及社区党委与行政部门:合作中心

社区公共文化服务合作网络中,街道办及社区的党委和行政部门居于网络中心位置,是社区公共文化合作治理中最为关键的节点,一方面承担着以党建引领社会主义核心价值的关键作用,另一方面发挥着动员、组织、激励等多元合作推进作用,而成为社区公共文化服务合作治理中的合作网络中心。基层党组织与党员发挥党建功能,贯穿于我国社区公共文化服务合作治理全过程,与基层自治组织建立一种相互制约又有机互动的"党、政、社"三方高度融合型社区公共文化服务合作治理关系网络。2009年,党的十七届四中全会通过《关于加强和改进新形势下党的建设若干重大问题的决定》,该《决定》明确指出,"通过财政转移支付等建立稳定规范的基层组织工作经费保障制度"[①],目前由于城乡经济差距,城市社区党群活动经费已普遍拨付,不发达地区的农村社区仍未拨付。目前,我国社区公共文化服务的主要资金来源为基层党组织服务群众经费(简称党群活动经费),该经费属于基层党建中"三经费一场地"中的经费之一,资金来源为地方财政转移支付。以 J 市 T 区为例,每个社区每年度的党群活动经费为 20 万,其中市财政承担 30%,区和办事处财政各承担 35%,党群活动经费直接下拨至街道财政,社区根据其所需开展的各类文化活动或项目费用需求,以项目申请的方式向街道申请资金;J 市党委组织部不定期对该项目经费的使用情况进行后评估与督查。尤其对于一些经济不发达地区而言,基层政府基于财政压力而极少以合同制形式引入文化企业或非政府组织提供社区公共文化服务,党群

---

① 《中共中央关于加强和改进新形势下党的建设若干重大问题的决定》,人民网,2009 年 9 月 27 日,http://cpc.people.com.cn/GB/64093/64387/10128290.html,2021 年 5 月 5 日。

活动经费成为各社区公共文化活动的经费主要来源。2018年，中共中央印发《中国共产党农村基层组织工作条例》（2018年12月28日起施行），其中第六章第十九条明确规定："党的农村基层组织应当加强对各类组织的统一领导，打造充满活力、和谐有序的善治乡村，形成共建共治共享的乡村治理格局。……村'两委'班子成员应当交叉任职。村务监督委员会主任一般由党员担任，可以由非村民委员会成员的村党组织班子成员兼任。村民委员会成员、村民代表中党员应当占一定比例……"① 该《条例》的出台，标志中国乡村治理格局的重大转变，即基层党组织在基层治理中责任与功能进一步强化；同样，城市社区治理中基层党组织发挥着党建引领的核心功能。综上所述，基层党组织（社区综合党委或村党委或村党支部）在社区公共文化服务合作治理中发挥着越来越重要的功能，与社区居委会（村委会）共同承担着执行、参与、组织、动员、监督等多重功能，以"党建引领"角色定位而贯穿于社区公共文化服务合作治理全过程。总之，街道办及社区行政部门是基层治理的重要行政单元，基层党组织（即社区综合党委或村党委或村党支部）则是基层治理中政党参与的重要载体，二者共同推动新时代我国社区"法治、德治、自治"三治融合，尤其是基层党组织在新时代社区治理中发挥着越来越重要的功能，是社区公共文化服务合作治理的关键组织、倡导、管理、协调者，以"党建引领"角色定位而贯穿于社区公共文化服务合作治理全过程。

3. 非政府组织与社区权威：合作中心与催化剂

非政府组织处于社区公共文化服务合作网络的中心位置，社区权威群体则处于合作网络的次中心位置，二者成为当前我国社区公共文化服务合作关系网络中的重要参与主体，并承担着合作行为催化的角色。

社区非政府组织是指在承接社区公共文化服务的各类非政府组织，主要包括两大类，一类为外驻型非政府组织，如J市山泉社会工作服务中心，通常其规模较大，承接的公共服务数量较多、种类更为多元化；另一类为内生型非政府组织，即由社区居民自发组织形成的文化类志愿组织，如社区合唱团、社区曲艺社团，等等。2015年5月5日，国务院办

---

① 《中共中央印发〈中国共产党农村基层组织工作条例〉》，共产党员网，2019年1月11日，http：//www.12371.cn/2019/01/11/ARTI1547162185106193.shtml，2021年5月5日。

公厅转发《关于做好政府向社会力量购买公共文化服务工作的意见》（国办发〔2015〕37号），非政府组织成为政府购买公共文化服务的重要承接主体，是当前我国社区公共文化服务的重要生产者之一。文化类非政府组织（NGO）也称文化类社会组织，主要有三种类型：一是文化类社会团体，如中国职工文化体育协会（业务主管部门中华全国总工会）、中国文化旅游摄影协会（已脱钩）；二是文化类基金会，如星云文化教育公益基金会（业务主管部门文化和旅游部）、张伯驹潘素文化发展基金会（业务主管部门文化与旅游部）；三是文化类民办非企业单位，如东方文化艺术院（业务主管部门文化与旅游部）、至德企业文化发展中心（业务主管部门民政部）。由于我国大量非政府组织早期是由政府相关部门组织建立的群团组织，文化类非政府组织也不例外。2015年7月8日，中共中央办公厅、国务院办公厅印发《行业协会商会与行政机关脱钩总体方案》，行业协会或商会被强制要求与政府行政机关脱钩，但其他非政府组织的业务主管部门仍为政府行政机关，因此与第三类治理主体文化事业单位存在交叉重合之处。然而，不论文化事业单位还是文化类非政府组织，均承担着社区公共文化服务供给的重要职能。

社区权威主要包括社区文化骨干与老党员。即由于个人文化专长或社会地位而对于社区公共文化事务具有较高发言权的社区权威群体，他们一方面主动、积极参与并组织社区公共文化活动，另一方面，协助社区培育文化志愿者与文化志愿组织，并积极动员其他社区居民参与社区公共文化服务合作供给。在对J市两个社区公共文化服务典范社区即SH社区与JX社区进行调研了解到，社区权威群体以退休党员、退休干部为主，且具有较强的爱国主义情感、集体主义精神与志愿精神，如SH社区王××，社区居委会与社区居民都称他为王导，社区各类公共文化活动中，他不仅是积极的参与者，且主动承担社区各类文化演出活动的节目编排、组织、动员等工作，对于自己的志愿工作不仅具有极大的热情且认为自己退休后自我价值进一步提升，实现了个人价值与集体价值的有机统一。该群体是当前我国社区公共文化服务合作治理中新生群体，他们并非基层治理行政体制内成员，但对于社区公共事务具有极高的热情与奉献精神，主动承担了大量社区文化志愿组织培育、社区公益文化活动的组织与动员、社区公益演出的设计与表演以及社区公益讲座的授课或联络、组织工作，且在参与合作治理过程中，他们的个人幸福感不断增强，自我价值不断提升，在社区公共文化服务合作网络中发挥着越来越重要的功能。

4. 文化企业："被合作者"角色

改革开放四十多年来，我国文化体制发生了巨大变革，文化企业数量大幅增长、规模日益壮大。根据国家统计局 2018 年 1 月 31 日发布的统计数据显示，2016 年度平均每季度增加规模以上文化及相关产业企业千家左右，2017 年度上半年增长数量为 4000 多家，截至 2017 年年底，全国规模以上文化企业数量达 5.5 万家，年度营业收入 91950 亿元，比上年增长 10.8%（名义增长，未扣除价格因素）。其中，以"互联网+"为主要形式的文化信息传输服务业、文化艺术服务业、文化休闲娱乐服务业、文化用品生产业四个行业的营业收入实现两位数增长。上述统计数据反映出，我国文化企业在迅速增长。然而，我国社区公共文化服务合作治理网络分析测量结果显示，社会企业处于网络的边缘位置，且大多数情况下属于被动参与，因此，本质上扮演的是"被合作者"的角色。这一特征体现出当前我国文化企业的数量虽然呈现迅速增长趋势，然而能够主动承担社会责任、参与社区公共文化服务合作供给的企业较少。如凤翮正道文化发展有限公司自 2016 年成立以来，旨在打造社区文化交流平台、社区服务平台，目前在多个省市与社区居委会携手打造三十余家社区图书馆，解决了当前社区图书馆普遍面临的闲置率高、乏人问津等供需矛盾问题。然而，整体而言，社区公共文化服务合作治理中参与的社会企业数量极为有限，且参与度普遍不高，本质上属于被动参与，是当前我国社区公共文化服务合作治理发展中面临的一大困境。

此外，区县级行政部门、社区文化志愿群体、文化名人在社区公共文化服务合作网络中处于较为边缘位置，一方面说明区县级行政部门在社区公共文化服务合作治理中并未发挥主导作用，而是街道办与社区层级的党政部门发挥着更为关键的作用，体现了我国社区公共文化服务合作治理中"党建引领+基层自治"的本质特征；另一方面，说明社区公共文化服务合作网络中，相较于社区文化志愿群体、文化名人，社区权威发挥着更为重要的作用，成为社区公共文化服务合作治理的重要参与者、动员者、组织者，是社区公共文化服务合作治理模式发展的催化剂。

社区公共文化服务是新时代我国公共文化服务体系建设的重要构成单元，合作治理作为 20 世纪以来产生的一种新的治理范式，对于优化社区公共文化服务供给具有重要的理论意义与实践价值。本书运用社会网络分析法（SNA），对我国社区公共文化服务合作治理的30个项目进行量化与质化相结合的分析，发现中国场景下社区公共服务治理主体构成及其关系网络与欧美等国存在显著差异，一是中央、省级等政府部门在合作网络作为元治理者处于网络较边缘区域；二是街道办及社区党委与行政部门处于合作网络中心，发挥着价值引领、深度参与等关键功能；三是非政府组织与社区权威群体为社区公共文化服务合作网络次中心，并对于网络行动者间的合作行为具有催化剂作用；四是社会企业、社区文化志愿者等处于合作网络边缘位置，扮演着"被合作者"角色。因此，"党、政、社"三方深度融合是当前我国社区公共文化服务合作治理网络的重要客观特征，且非政府组织、社区权威、社区文化志愿者在合作治理网络中承载着愈来愈重要的功能。

  本书结论可为我国社区公共文化服务合作治理的进一步深化改革提供决策参考，然而，研究仍存在一些不足之处，如社会网络分析的样本量较为有限，在下一步研究中，计划将分析样本量增加到100—150个社区公共文化服务合作治理项目，以提高研究结论的普适性。

第四节　本章小结

  综上所述，与欧美发达资本主义国家相比，中国社区公共文化服务合作治理的主客体要素以及合作治理主体关系具有中国本土化特色，主要体现为下述几点。

  第一，基层党组织与党员发挥党建功能，贯穿于我国社区公共文化服务合作治理全过程，与基层自治组织建立一种相互制约又有机互动的"党建引领＋基层自治"型合作关系。

  近年来，随着基层党建工作的深度开展，基层党组织在社区治理中发挥着越来越重要的功能[1]，是我国社区公共文化服务合作治理中重要的组织、动员与供给者，这是中国政党合一体制下形成的本土化合作治理机制。虽然从治理主体构成上而言，似乎与西方资本主义民主国家的合

---

[1] 曹海军：《党建引领下的社区治理和服务创新》，《政治学研究》2018年第1期。

作治理理念，即合作治理本身远离政治、政党的干预这一理念相矛盾，然而，中国场景下基层党组织在社区公共文化服务合作治理中所扮演的是一种辅助性角色，即一方面发挥政治监督功能，监督社会力量供给的社区公共文化服务中是否存在违背社会主义核心价值观、违背中国法律法规的公共文化服务；另一方面，则发挥人才、资金等资源支持功能，为企事业单位、非政府组织、社区文化骨干等社会力量参与社区公共文化服务合作治理提供经费（党群经费）、人才（党员，尤其是老党员）、公共空间等硬件设施、上级沟通联络等多样化辅助性功能，以促进社区公共文化服务合作供给。

第二，各级政府部门在中国社区公共文化服务合作治理中发挥元治理作用。

目前社区公共文化服务主要由公共文化设施与公共文化活动两类服务构成，由于企业、非政府组织在中国社区公共文化服务合作治理中的整体参与度较低，社区公共文化设施的投资、建设者均为基层政府部门，如社区图书馆、社区文化广场等；由企业、非政府组织投资兴建的社区公共文化设施数量极少。此外，在上述社区公共文化设施的运营管理中，基层政府部门发挥主导作用，少数社区引入文化企业、非政府组织进行合作治理，然而，绝大多数社区公共文化设施的运营管理者为基层自治组织即社区居委会。

第三，党群经费是中国社区公共文化服务合作治理的重要经费来源。

如前所述，除社区公共文化设施外，社区公共文化活动是社区公共文化服务的重要组成部分。该类社区公共文化服务的供给方式目前主要有三种类型，一是政府投资或政府购买的方式，为社区居民提供文艺演出、文化讲座等公共文化服务，这一类型在农村社区较为普遍；二是社区居委会在传统节日期间申请党群经费开支，与基层党组织、社区志愿组织、社区居民等共同为社区居民提供文艺演出、传统文化活动等各类公共文化服务；三是社区居民自发组织，利用社区公共文化设施如社区文化广场，为社区居民提供诸如健身操、广场舞等公共文化活动。显然，无论城市社区还是乡村社区，党群经费成为社区公共文化活动开展的关键经费来源，在社区公共文化服务供给中发挥着越来越重要的功能。

第四，社区文化骨干在中国社区公共文化服务合作治理中扮演关键角色。

社区文化骨干是当前我国社区公共文化服务合作治理中产生的一个新的社区居民群体，以退休干部、退休党员为主，少数为具有某一方面文化专长的在职人员，他们并非基层治理行政体制内成员，但对于社区公共事务具有极高的热情与奉献精神，主动承担了大量社区文化志愿组织培育、社区公益文化活动的组织与动员、社区公益演出的设计与表演以及社区公益讲座的授课或联络、组织工作，且在参与合作治理过程中，他们的个人幸福感不断增强，自我价值不断提升。与西方国家不同，社区文化骨干成为新时代我国社区公共文化服务合作治理中的一个新的重要治理主体。

第六章　中国社区公共文化服务合作悖论的多案例比较

党的十九大报告强调指出，文化是国家、民族之魂，文化兴国运兴，文化强民族强；坚持社会主义核心价值观，创造性转化发展中华优秀传统文化，继承革命文化，发展中国特色社会主义先进文化，坚持文化自信，建设社会主义文化强国，是实现中华民族伟大复兴的基础。社区作为基层治理中最重要的社会共同体，是中国特色社会主义文化塑造、传播以提升公民文化素养、加强公民文化自信的重要平台。然而，由于区域经济发展不平衡、社区人口构成日益复杂化以及社区公共文化服务治理主体单一化等问题，造成社区公共文化服务供需矛盾问题日益加剧；合作治理作为一种新的治理范式，近年来被越来越多地应用于社区公共文化服务治理中，一定程度上缓解了社区公共文化服务供需矛盾问题，而被各地政府部门作为社区公共文化服务供给模式优化的改革策略。

然而，我们在对 A 省 6 个街道办下辖 106 个社区的调查研究中发现，J 市 SZ 区 SG 街道办下辖的 SH 社区与 EQXC 街道办下辖的 JX 社区为所有调查案例中社区公共文化服务合作治理运行效果较好的两个典型性个案，绝大多数社区均面临公共文化服务合作治理悖论问题。本章节拟基于 Ansell 和 Gash 的合作治理一般模型，对社区公共文化服务合作治理效能显著的个案 A 城市社区、社区公共文化服务合作治理显著滞后的个案 B 城市社区与社区公共文化服务合作治理频次高但效能不好的个案 C 农村社区，三个典型性个案进行深度比较研究，以深入分析当前我国社区公共文化服务合作治理中所面临的合作悖论现象的问题表现与产生机理，以为下一步深入探讨如何推动社区公共文化服务合作治理，解决其供需矛盾问题奠定基础。

第一节 合作治理与合作悖论

2005年,美国《科学》（Science）杂志在其创刊125周年之际,公布了当前人类社会面临的25个最具挑战性、最重要的科学问题,其中包括"人类合作行为如何发展（How Did Cooperative Behavior Evolve）"①。人类作为群体性生物,合作是人类社会自古以来追求的梦想。生命起源于合作②,合作行为是推动人类社会发展进步重要行为基础。美国学者马丁·诺瓦克（Martin A. Nowak）与罗杰·海菲尔德（Roger Highfield）在其著作《超级合作者》中在对生物合作的五大机制——直接互惠、间接互惠、空间博弈、群体选择与亲缘选择进行系统分析阐释的基础上,指出除了合作、突变、自然选择是人类社会进化的三大原则,且与竞争意识相比,合作意识似乎是人类的直觉或本能。③

合作治理（collaborative governance）作为一种新的治理范式,日益受到国内外学者关注,且越来越多地被应用于环境治理、府际关系、公共安全治理等诸多公共事务治理中。然而,在对不同国家、不同地区针对不同公共事务的合作治理实践案例分析中,学者们发现同时存在着诸多合作悖论问题,如谢东水（2018）基于"他在性"的理论视角对当前我国共享单车合作治理中所面临的"合作不成"困境进行阐释,认为西方行政学基于"自在性"原则建立而忽视了"他者",即强调政府的引导、动员作用;而合作治理本质上强调多元主体共同参与,即"他在性",因此,需重视多元主体合作能力的培养。④ Bing Ran 等（2018）通过建立合作治理中权力与信任互动关系的理论分析框架,提出参与者之间的盲目信任可能会造成部分合作优势丧失与合作风险等七个理论命题,以此基

---

① Elizabeth Pennisi, "How Did Cooperative Behavior Evolve?", Scicence, Vol. 309, No. 7, 2005, p. 93.

② [美] 马丁·诺瓦克、罗杰·海菲尔德:《超级合作者》,龙志勇、魏薇译,浙江人民出版社2013年版,第143页。

③ [美] 马丁·诺瓦克、罗杰·海菲尔德:《超级合作者》,龙志勇、魏薇译,浙江人民出版社2013年版,第319-336页。

④ 谢东水:《协同治理中"合作不成"的理论缘由:以"他在性"为视角》,《学术界》2018年第6期。

础上分析了权力不平衡、盲目或缺乏信任等多种互动关系对合作治理的影响[①]，包括有效合作与合作悖论现象。

显然，合作治理理论作为一种新的治理范式，为当代国家公共事务管理提供了一种新的理论视角与行动策略，有利于解决新公共管理改革运动带来的公共服务碎片化问题；然而，该理论在应用于不同文化背景、不同政治体制、不同经济水平的国家或地方公共事务管理中时，并未实现其理论框架中所致力实现的多元主体平等参与、协商以达成共识、共同促进公共事务治理的公平、公正、效率、效益以及效能等多元治理目标，而是面临合作悖论，具体表现为虽然公共政策导向、制度设计、组织架构、社会环境等多元因素均为推动多元主体间进行合作治理的正向激励因素，然而，各合作治理主体间却无法实现有效的协商、对话与合作、参与，而造成合作治理悖论现象。

尤其是在对中国社区公共文化服务合作治理进行个案比较研究中发现，虽然自2005年以来，中央及地方政府通过公共政策、公共财政、组织变革等多元化行政工具，不断引导、激励多元主体参与社区公共文化服务合作治理，然而由于合作治理悖论问题导致不同社区间公共文化服务合作治理发展现状存在显著差距、合作治理效能不高等问题。因此，亟须对我国社区公共文化服务的合作治理进行深度剖析，分析合作悖论现象的问题表现、产生机理以及主要诱因。

第二节　多元治理主体间合作悖论的问题表现

2019年1月3—29日，我们对J市、H市6个街道办下辖106个社区公共文化服务的合作治理现状进行调查研究（见表6-1），在此基础上，选择最具代表性的三个典型性个案进行比较研究，于2019年1月3—22日期间，分别对个案A、个案B、个案C社区综合党委书记、社区居委会主任及副主任等行政人员、相关企业工作人员、相关非政府组织工作人员以及社区居民等人士进行面对面深度访谈，并进行第一手数据资料收

[①] Bing Ran, Huiting Qi, "The Entangled Twins: Power and Trust in Collaborative Governance", *Administration & Society*, Vol. 00, No. 0, 2018, pp. 1–30.

表6-1　　　　　　　社区公共文化服务合作治理调查样本

名称			地理位置	下辖社区				数量
J市	S区	S街道	新建城市中心	S1社区	S3社区	S5社区		5
				A社区(S2)	S4社区			
		E街道	传统城市中心	E1社区	E2社区	E3社区	E4社区	7
				E5社区	E6社区	E7社区		
		Q街道	城市边缘	Q1社区	Q4社区	Q7社区	Q10社区	11
				Q2社区	Q5社区	Q8社区	Q11社区	
				Q3社区	Q6社区	Q9社区		
	T区	DK街道	城市边缘	D1社区	B社区(D4)	D7社区	D10社区	11
				D2社区	D5社区	D8社区	D11社区	
				D3社区	D6社区	D9社区		
H市	J区	DY街道	城市中心	DY1社区	DY9社区	DY17社区	DY25社区	31
				DY2社区	DY10社区	DY18社区	DY26社区	
				DY3社区	DY11社区	DY19社区	DY27社区	
				DY4社区	DY12社区	DY20社区	DY28社区	
				DY5社区	DY13社区	DY21社区	DY29社区	
				DY6社区	DY14社区	DY22社区	DY30社区	
				DY7社区	DY15社区	DY23社区	DY31社区	
				DY8社区	DY16社区	DY24社区		
	M区	L乡镇	城市边缘	M1村委会	M12村委会	M22村委会	M32村委会	41
				C村委会(M2)	M13村委会	M23村委会	M33村委会	
				M3村委会	M14村委会	M24村委会	M34村委会	
				M4村委会	M15村委会	M25村委会	M35村委会	
				M5村委会	M16村委会	M26村委会	M36村委会	
				M6村委会	M17村委会	M27村委会	M37村委会	
				M7村委会	M18村委会	M28村委会	M38村委会	
				M8村委会	M19村委会	M29村委会	M39村委会	
				M9村委会	M20村委会	M30村委会	M40村委会	
				M10村委会	M21村委会	M31村委会	M41村委会	
				M11村委会				
合计								106

集。基于对三个典型性个案社区的深度访谈与对 6 个街道办下辖社区公共文化服务合作治理概况调查的第一手数据资料的系统分析，发现目前我国社区公共文化服务治理主体间合作悖论问题主要表现在以下几个方面。

一　中央及地方政府与区级政府间的合作悖论

基于 106 个社区调研结果发现，中央及地方政府与区级政府间存在合作悖论问题，造成当前我国不同社区间公共文化服务合作治理的发展规模、实施效果存在显著差距。自 2005 年以来，我国中央及地方政府大力倡导社区公共文化服务合作治理，并制定出台一系列政策措施，然而，调查结果显示，不同区（县）政府对于社区公共文化服务合作治理政策立场与执行策略存在显著差异。以个案 A 与个案 B 为例。个案 A 社区所隶属的区级政府（S 区）对于公共文化服务、合作治理的关注度高且与相应的政策措施出台较早、财政补贴多，能够迅速地回应国家针对公共文化服务合作治理的相关政策要求。而个案 B 社区所隶属的区级政府（T 区）在政策制定、实施过程中对于社区公共文化服务及其合作治理关注度偏低、动力明显不足；对国家关于公共文化服务合作治理的公共政策要求存在政策选择行为，即有选择性执行公共政策，如仅关注经济转型、GDP 发展问题，而回避有关公共文化服务合作治理方面的政策要求，从而造成政策执行滞后现象。

访谈记录一：

个案 A 社区居委会书记张××：我们社区公共文化活动可丰富了，J 市电视台还有很多媒体都报道过，区里对我们特别支持！我们在 S 区社区文化这块应该是数一数二的！……嗯，政府购买，挺多的，区政府、妇联、宣传部还有街道办，一般他们牵头，给我们购买了多种多样的公共文化服务，像四点半课堂、妇幼乐园啊什么的，可多啦！

访谈记录二：

个案 B 社区居委会书记王×：唉，我们社区属于 T 区，区财政收入比较低您也知道吧，所以区里领导对于文化设施、文化活动根本不重视……政府购买就别说，2016 年因为上边要求，给我们购买过一次，后来就不给钱了，社会组织也不来了，现在完全没有政府购买……

二 社区居委会与社区居民间的合作悖论

社区公共文化服务合作治理中，社区居民作为重要合作治理主体，能否针对社区公共文化服务供给问题，与社区居委会间建立规范、有效的协商对话关系，是社区公共文化服务合作治理效能的重要影响因素。然而，基于对 6 个街道办社区公共文化服务合作治理概况的调查研究与三个典型性个案社区的深度访谈，发现社区公共文化服务合作治理效能较为显著的社区，其社区居委会与社区居民间协商、对话的渠道较为多元，社区居民参与社区公共事务的主动性更强、参与人数更多、参与频次也更多；相反，社区公共文化服务合作治理发展较为迟缓、效能较低的社区，其社区居委会与社区居民间协商、对话的渠道较为单一，且社区居民参与社区公共事务的主动性较低、参与人数与频次也较少，即存在较为严重的合作悖论问题。

访谈记录三：

个案 A 社区居委会书记张××：嗯，我们社区居委会为社区居民搭建了很多、很好的参与协商平台，瞧，这里就是平日里社区居民及代表与社区居委会讨论议事的地方，而且现在年轻人更喜欢运用网络交流，如绿园小区年轻人较多，社区综合党委针对这一情况，组建网络议事群，大家在网上畅谈家园事，各类问题在网络平台爆发，党群服务站不等不靠，针对网格内提出的问题认真梳理，协调"三大中心"及时化解，社区 12345 案件也随之降低了。嗯，社区公共文化活动更是社区居民自己说了算，我们社区的文艺类志愿组织，他们积极性很高，早期其实是广场舞大妈们，做健身操的大爷们，在我们的动员下，他们组建了各种文艺团体，自己设计节目、排练、演出，我们社区居委会就是个辅助角色，社区党委对他们的设计方案是否存在违反国家大政方针等问题进行监督，如果没有问题，会帮助他们申请活动经费、联系活动场地等，我们负责做好幕后工作，哈哈。

访谈记录四：

个案 A 社区文化骨干王××：我们社区里的文化活动可丰富了，社区就像个大家，我们每个小家都得积极参与，社区才会越来越好！我当了一辈子兵，退休后，在社区里忙活，觉得自己活得更有价值啦！

第六章　中国社区公共文化服务合作悖论的多案例比较 / 155

访谈记录五：

个案 B 社区委会书记王×：唉，我们社区这儿动员大家参加文体活动非常困难，这个地方是 J 市老工业区，很多企业职工都下岗了，流动人口也很多，辖区内的单位职工、常住居民，大多更关注自己的事，对于社区公共活动不关心、不参与，然而，一旦出现可能会造成自身利益受损的事件，如泉舜小区列出老旧小区改造计划后，违建拆迁等问题引起部分居民关注与非理性参与，后期在我们社区居委会的走门串巷，多方协调下，才确保该计划顺利开展；社区公共文化活动，更难组织动员，"晚枫合唱团"是唯一的一个社区文化志愿组织，我们用了一年多的时间，今年（2018 年）吧，才算是真正组织起来了。

访谈记录六：

个案 B 社区居民李×：社区的事儿啊，唉，家里的事儿还忙不过来呢，瞎掺和啥呢！

个案 B 社区居民（志愿团体成员）孙×：嗯，我们社区居委会主任为了把我们组建起来费了老大劲儿啦！为什么大家都不愿参与啊？你看啊，我们社区这个地方经济本来就不好，各种矛盾比较突出……主要是很多居民觉得参加社区活动对自己没啥好处吧，他们觉得是在为别人忙活。

三　社区居委会与私人部门间的合作悖论

私人部门，即企业，作为营利性组织而具有较为丰富的人才、资金资源以及更为前沿、优质的管理实践经验，而在公共文化项目管理、运营中更具组织优势。然而，通过对 106 个社区公共文化服务合作治理现状的调查结果显示，私人部门的参与是当前社区公共文化服务合作治理中的薄弱环节，且私人部门的有效参与是影响社区公共文化服务合作治理效能的关键因素。在调查的 106 个社区中，SH 社区、JX 社区等少数社区公共文化服务合作治理效能较好，凤翙正道文化发展有限公司、北京摩拜科技有限公司等企业以负责管理运营或者投资赞助的方式参与社区公共文化服务合作治理并取得较好效果；反观，大多数社区公共文化服务合作治理主体较为单一，缺乏企业参与或者企业参与模式存在问题而造成合作治理效能较低，如个案 C 农村社区，每年政府向文化企业购买大量文化演出项目，但由于运营模式为"政府统筹安排节目、社区及街道办负责演出人员食宿与演出场地、百姓负责出席观看"而造成"百姓不愿意看、社区不愿意接待、政府却积极购买"的怪圈，一提到政府购买公共文化服务项目，街道办、社区居委会及社区居民避之不及。因此，当前我国社区公共文化服务合作治理中另一大问题在于社区居委会与私人部门间的合作悖论。

访谈记录七：

个案A城市社区居委会副主任李××：嗯，近几年，企业参与我们社区公共事务的越来越多了，公共文化服务？包括哪些？……对，我们社区图书馆是由企业来运营的，现在效果特别好，前几年一直是闲置状态，占了地儿又没人去，18年区宣传部帮助我们联系了一家企业，和我们共建了凤翮筑梦书屋，现在每天开放，不仅书籍丰富，而且他们经常举办各种文化活动，社区里的年轻父母、孩子特别愿意参与，大家都抢着从微信群里报名！

访谈记录八：

个案C农村社区居委会工作人员耿××：是啊，现在政府为丰富村民文化生活，向文化企业购买了挺多公益演出，但是吧，唉，其实我也去看过，不仅是每年演出的内容都差不多，大家看看就不爱看了，还有一个情况，乡镇还有村委会其实都不希望政府购买这些文化活动，主要吧，这些活动说是政府购买，但是演出人员的食宿、场地等接待任务都是乡镇或是村里承担，不仅花销大而且人员、时间都得靠上，所以村里对于这些政府购买文化活动能推就推……

访谈记录九：

个案B城市社区居委会主任王×：没有，我们社区连社会组织参与得都很少，企业谁会愿意来呢？区里也没有相关的政策支持，推荐企业过来？没有，没人管这事，也没有人重视……

四 社区居委会与非政府组织间的合作悖论

非政府组织（Non‑Government Organization）也被称为社会组织

(Social Organization)、非营利组织（Non-Profit Organization），是基层治理的重要社会单元，是社区公共文化服务社会化的关键参与主体，且由于非政府组织的草根性、公益性以及组织管理的弹性化等特质，而成为基层社会治理中不可缺少的参与主体。美国、英国、日本、新加坡等经济发达国家，非政府组织均为其社区公共文化服务的关键供给主体或管理运营主体。以新加坡为例，其社区公共文化服务设施由新加坡政府及其下属部门城市规划局负责设计与财政投入，社区理事会（物业管理机构）负责社区硬件设施（包括公共文化服务设施）的建设、维护与管理；而社区公共文化服务活动，则全部由社区居委会（或邻里委员会）、民众俱乐部（民众联络所）、公民咨询委员会等社区非政府组织负责；社区党支部则负责收集、反馈社区居民的各类诉求，包括公共文化服务方面的具体诉求，并协助社区居民解决各类问题①。然而，通过调查了解到，中国绝大多数社区公共文化服务的治理主体仍为街道办、社区党委、社区居委会等党政部门，合作治理效能较好的社区其非政府组织通常数量较多、规模较大且管理更规范；反之，合作治理效能较低的社区，其非政府组织通常数量较少、规模较小、管理也不够规范，如JQ社区，因此，后者社区公共文化服务的供给完全依赖于区（县）、街道办财政投入与政策支持，而存在社区居委会与非政府组织间的合作悖论问题。其次，通过对一些合作治理处于起步阶段的社区进行深度调查了解到，如LN社区，目前引入了大量非政府组织，且区（县）民政局成立的区级社会组织服务孵化中心也位于该社区，但由于社区内大多数非政府组织均具有官方背景，而对政府依赖度非常大，从对该类非政府组织负责人进行深度访谈中了解到，其组织资金来源全部为政府购买项目，没有社会捐助，经费缺乏独立性导致他们在合作治理中基本处于听候街道办、社区居委会指令的状态，有很多想法不能得到认可，他们的工作人员也常常无法感到自身的工作价值，人才流失较严重，由此造成社区居委会与非政府组织间的合作悖论问题。

访谈记录十：

个案B城市社区居委会书记王×：社区内社会组织很少很少，2016

---

① 胡艳蕾：《社区公共文化服务合作生产：基于中国与新加坡的比较研究》，国际行政科学学学会—连氏善治国际学术会议（IIAS-Lien）论文，新加坡，2019年6月18—21日。

年的时候，因为市里有要求，区里为我们向社会组织购买了一些公共服务项目，但是只购买了一年，后面没有再购买，社会组织都走了。社区里的志愿组织也很少，动员难度非常大，嗯，但是我们还是在一直努力，我们现在动员成立了社区合唱队，社会组织在社区治理中发挥着很大的作用啊，但是区里与街道办支持力度很小的，社会组织动员组织不起来。

访谈记录十一：

S区社会组织服务孵化中心主任刘×：我们这个社会组织经费不用操心，全部为政府购买项目经费，但是吧，我们人才流失很严重，我们的年轻社工，工作一段时间就想考公务员啊考社区居委会啊换工作啊，他们经常被叫到区里（即社区居委会）做一些行政辅助工作，时间久了，老觉得自己的工作没啥价值，这是个挺大的问题……社区里的一些公益文化活动，如关爱一些离岗职工的活动等等，我们社工们的新创意非常多，但是报到区里老担心这些活动会造成社区不稳定，是在没事儿找事儿啊什么的，目前组织的活动主要是区里定好的吧，所以，搞得大家积极性越来越低……

第三节 社区公共文化服务治理主体间合作悖论的诱因分析

基于社区公共文化服务合作治理中合作悖论问题的理论分析框架与社区公共文化服务合作悖论的问题表现，结合6街道办下辖106个社区的调研，以个案A、B、C三个社区为典型性个案进行深度访谈、数据分析与比较，认为当前中国社区公共文化服务合作悖论的形成诱因主要在于下述几个方面。

一 区域发展不平衡造成政策空传等政策执行偏差

2015年以来，中央及地方政府大力推动社区公共文化服务供给的社会化、市场化政策，以构建社区公共文化服务供给的多主体合作治理格局。然而，各地社区公共文化服务合作治理的发展速度、治理效能存在明显差距，其中区域经济文化发展不平衡造成基层政府在政策执行中存在政策空传、政策变通、执行梗阻等政策执行偏差问题，是其重要诱因。

所谓政策空传，通常是指"政策文本没有转化为具体实施行动，政府职能部门与社会没有有机互动，政策目标达成度低，政策实施呈现为象征性执行，出现政策实施中的'空传现象'"①。

通过对个案 A、B 进行调查与比较研究发现，社区公共文化服务合作治理效能较低的个案 B 中政策空传问题更为显著。个案 A 与个案 B 隶属于两个经济发展水平、区域社会环境截然不同的区（县），个案 A 所隶属的 S 区位于 J 市城市中心，是 J 市政治、经济、文化中心，区内有部属、省部共建以及省属高校 7 所，区属各类学校 66 所，J 市标志性旅游景观均坐落于该区，显然，S 区不仅经济发展水平较高，2017 年 GDP 在 A 省所有区县中排名第 12 位，J 市各区县中排名第 3 位（46.96 亿元）；且由于位于 J 市中心区域，具有深厚的文化底蕴，因此，"文化强区"是 S 区政府一直以来的重要发展战略。个案 A 社区所隶属的区县由于经济基础好，区县政府对于公共文化服务、合作治理的关注度高且与之相应的政策措施出台较早、财政补贴多，能够迅速地回应国家针对公共文化服务合作治理的相关政策要求。

而个案 B 社区，所隶属的 T 区位于 J 市的城市北部边缘地区，2017 年 GDP 在 A 省所有区县中排名第 48 位，J 市各区县中排名第 6 位（19.94 亿元）；黄河横跨该区，区内老旧工业企业较多，属于 J 市老工业区，然而改革开放后大量老工业企业破产，该区企业下岗职工较多；由于地处城市边缘地区，房屋购买、租赁价格偏低，外来务工的流动人口数量较多；区内仅有三所二本高校；因此，T 区政府面临经济发展、贫困治理等严峻问题，基层政府在政策制定、实施过程中对于社区公共文化服务及其合作治理关注度偏低、动力明显不足；由于财政压力，对国家关于公共文化服务合作治理的公共政策要求存在政策选择行为，即有选择性地执行公共政策，如仅关注经济转型、GDP 发展问题，而回避有关公共文化服务合作治理方面的政策要求，从而造成政策执行滞后现象。

二 基层领导干部的合作治理能力与创新能力不足

Ansell 和 Gash（2008）基于对 127 个涵盖公共卫生、教育、社会福

---

① 李瑞昌：《中国公共政策实施中的"政策空传"现象研究》，《公共行政评论》2012 年第 3 期。

利和国际关系等领域区域合作研究文献的综合分析而构建的合作治理一般模型被大多数学者视为合作治理的一般性分析框架，得到国内外大多数学者认可①；在该分析模型中，领导要素（包括许可、授权）被视为合作治理的重要影响因素。同样，在中国场景下，基层政府及其派出机关、基层党组织是社区公共文化服务合作治理的重要参与者与责任者；基层领导干部的合作治理能力、创新能力对于社区公共文化服务合作治理具有重要影响。通过对个案 A、个案 B、个案 C 的基层主要领导干部深度访谈中发现，部分基层领导干部合作治理能力、创新能力不足是造成社区公共文化服务合作治理效能不高的重要原因。

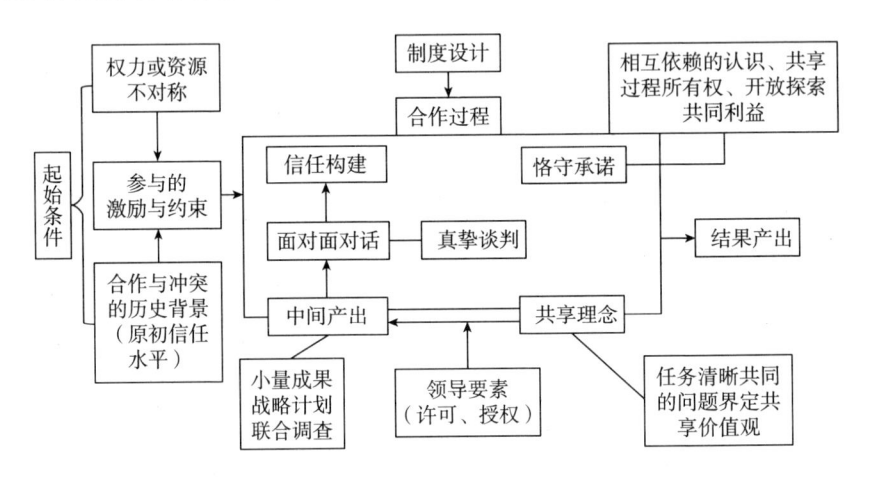

图 6-1　Ansell 和 Gash 的合作治理一般模型

资料来源：Chris Ansell, Alison Gash, "Collaborative Governance in Theory and Practice", *Journal of Public Administration Research and Theory*, Vol. 18, No. 4, 2008, pp. 543–571.

个案 A 基层领导干部，尤其是社区居委会的主要领导干部的创新意识、动员能力以及公共资源获取能力较强，其社区公共文化服务合作治理发展效能也较好。个案 A 社区居委会主任张××，80 后，大学毕业后即在其所居住的社区居委会从事社区管理工作，至今已十余年，在我们调查的六个街道下辖社区中属于学历较高、年龄较小的社区居委会主任，在访谈过程中发现，她对于创新当前社区公共文化服务供给机制，加强

---

① Chris Ansell, Alison Gash, "Collaborative Governance in Theory and Practice", *Journal of Public Administration Research and Theory*, Vol. 18, No. 4, 2008, pp. 543–571.

与社会组织、企业合作,积极申请基层政府协助创新社区治理机制等方面的热情度非常高,社区公共文化服务合作治理的参与主体越来越多元化,除社区内入驻社会组织、文化企业与社区志愿组织外,与 A 省文艺广播等新闻媒体间建立合作关系,如 2018 年与省级文艺广播机构在社区启动党建文化宣传项目"开讲啦"与"党建直播间",新闻媒体的参与一方面拓展了社区公共文化服务项目的内容,另一方面扩大了社区公共文化服务项目的影响力,进一步提高了社区居民、社区志愿组织、文化企事业以及社区入驻社会组织等多元治理主体参与合作治理的积极主动性,并促使社区建立了公共文化服务合作治理的良性循环机制。

相比较而言,社区公共文化服务合作治理发展状况较为滞后的个案 B、个案 C,其基层领导干部,尤其是社区居委会(或村委会)主要领导干部年龄偏大,对于政府购买、合作治理等基层治理创新事务的接受度、了解度偏低,他们工作热情高但工作方法较为传统,发展理念多为求稳,如在调研过程中,一些社区领导者持较强烈地排斥态度,且对于公共资源的获取、动员能力较弱。因此,近年来虽然上级政策要求各社区应加强社会组织、企业等社会力量参与公共文化服务合作治理,但由于区县级、街道办以及社区居委会的主要领导者的创新意识、合作治理能力不足,造成其社区公共文化服务合作治理发展不畅。

三 信息黑箱造成治理主体间协商共识的短期性

1948 年,W. R. 阿什比在控制论创始人 N. 维纳"封闭盒"概念的基础上提出"黑箱"概念,用来描述难以观测到的有机体的内部机制。[①] 通过前期比较研究发现,当前我国社区公共文化服务合作治理中,由于基层政府、基层自治组织(社区居委会)、基层党组织、外驻社会组织、文化企业、社区志愿组织以及社区居民等各治理主体间存在信息不完整、不充分等"信息黑箱"问题。一方面,上级政府政策信息、社区公共资源情况等信息主要被基层政府、基层自治组织与基层党组织的核心成员掌握,而外驻社会组织、文化企业、社区志愿组织以及社区居民由于属于体制外人士而存在"信息黑箱"问题;另一方面,对于外驻社会组织、文化企业等治理主体的组织背景、治理能力与参与动机等信息,基层政府、基层自治组织以及基层党组织的信息来源为资质审核等较为单一的

---

① 大百科全书编辑部:《中国大百科全书·心理卷》,中国大百科全书出版社 1994 年版。

渠道，也存在"信息黑箱"问题。如在对个案 A 调研过程中，基层政府及自治组织的工作人员对于那些参与社区公共文化服务的文化企业的参与动机以及营利方式存在诸多困惑，但由于社区公共文化服务属于公益性服务，因此两者协商中，基层自治组织（社区居委会）要求文化企业仅可以提供公益服务，不可有任何营利性行为。虽然目前二者对此达成了共识，然而由于协商共识的达成并未建立在充分沟通的基础上，该共识是否具有长效性是当前合作治理面临的一大问题，且"信息黑箱"极易造成合作治理主体间出现不信任或背叛行为。

四 权力不平衡与信任困境造成合作治理的形式化

权力与信任是合作治理中的两个最关键要素，直接影响着合作治理的效果和可持续性，且二者间也存在一种"孪生式"（The Entangled Twins）生长关系，即二者间是一种相互影响、相互制约关系，而非因果关系。[①] 在对当前我国社区公共文化服务合作治理的实证调查中发现，合作治理主体间权力不平衡与信任困境是造成当前社区公共文化服务合作治理形式化的主要原因，具体表现为：

第一，合作治理主体间的权力不平衡。基层政府与基层自治组织通常享有丰富的政治、财政以及人力资源，由于传统"官本位"思想制约而导致该类治理主体在参与合作治理中极易将自身角色定位为"领导者"或"管理者"，而社区外驻社会组织、文化企业、社区志愿组织以及社区居民由于缺乏政治、财政资源支持，尤其是社区外驻社会组织的主要财政来源为基层政府，如孵化器类社会组织，政府购买资金是其唯一的财政来源。因此，由于后者对于政府部门、公共权力的高度依赖性，造成当前社区公共文化服务合作治理中权力的不平衡，继而造成治理主体间协商、合作的形式化，一些社区公共文化服务的供给成为隐性的上传下达行为，社会组织面临"被行政化""内卷化"风险。

第二，"信息黑箱"、权力不平衡问题造成合作治理中各参与主体间由于信息不完整、不充分而产生信任危机或盲目信任问题，尤其是盲目信任问题是当前我国社区公共文化服务合作治理中存在的较显著问题。从对6个街道部分社区外驻非政府组织进行深度访谈中，发现绝大多数

---

① Bing Ran, Huiting Qi, "The Entangled Twins: Power and Trust in Collaborative Governance", *Administration & Society*, Vol. 00, No. 0, 2018, pp. 1–30.

社区外驻非政府组织对于基层政府及基层自治组织持较高的信任度与心理依赖性,社区外驻非政府组织的专职社工由于待遇偏低而流动性非常强,即每年大量社工通过考取社区居委会行政岗位,社区外驻非政府组织处于"被行政化"的边缘。在访谈中,少量社区外驻非政府组织负责人意识到该问题但由于权力不平衡而认为难以寻找到解决对策。因此,合作治理主体间存在信任危机、盲目信任等信任困境是造成当前我国社会公共文化服务合作治理形式化另一重要诱因。

五 资金、人才短缺造成非政府组织合作治理能力不足

近年来,我国非政府组织的规模、数量、种类迅速增长。根据民政部公布的最新统计公报数据显示,至2015年年底,我国登记备案的非政府组织数量达66.2万个,比2014年增长9.2%。① 然而,我国非政府组织的整体规模、数量以及社会治理能力均较为薄弱,且大多数规模较大的非政府组织对于政府的依赖度较高,组织管理欠规范。2015年7月8日,中共中央办公厅、国务院办公厅印发《行业协会商会与行政机关脱钩总体方案》,以促进行业协会、商会等非政府组织规范发展。② 然而,"脱钩"后的非政府组织由于募集资金的渠道单一、人才短缺等问题造成其参与社会治理能力不高。通过社会调查研究发现,在当前我国社区公共文化服务合作治理中,非政府组织参与治理的独立性、自主性主要依赖于其资金来源的多样性,然而当前社区中相当一部分非政府组织的资金来源渠道较为单一,资金、人才短缺导致他们不得不对于基层政府具有较强的依赖性,参与社区公共文化服务的合作治理能力明显不足。

六 碎片化的住宅格局造成社区居民参与意识短缺

改革开放以来,我国由计划经济体制转变为具有中国特色的社会主义市场经济体制,国民经济水平迅速增长,人民物质生活也日益丰富;1994年国务院要求实施城镇住房制度改革,1998年《国务院关于进一步深化住房制度改革加快住房建设的通知》要求自该年度下半年开始,停

---

① 中华人民共和国民政部:《2015年社会服务发展统计公报》,民政部门户网站,2016年7月11日,http://www.mca.gov.cn/article/sj/tjgb/201607/20160715001136.shtml,2019年2月4日。
② 中共中央办公厅、国务院办公厅:《行业协会商会与行政机关脱钩总体方案》,中国政府网,2015年7月8日,http://www.gov.cn/zhengce/2015-07/08/content_2894118.htm,2019年2月4日。

止住房实物分配政策，逐步实施住房分配货币化政策。① 因此，我国传统的"单位制"住宅格局被逐步打破，住房分配货币化政策促使传统单位人的住宅格局日益碎片化，且这碎片化住宅格局进一步造成社区居民邻里关系日益疏离、社区认同感日益下滑②，尤其是流动人口较多的社区，社区居民的参与意识、社区认同感非常低，社区公共事务的动员组织难度也非常大。如在对个案 B 等一些流动人口较多的社区进行社会调查研究中发现，社区居民虽然对于社区公共文化服务的供给较为关注，也表现出较大需求，但对于社区公共事务活动缺乏参与意识，甚至由于缺乏社区认同感而对社区公共事务存在排斥感。相反，一些由单位团购房构成的社区，相对而言，社区居民的认同感较强，对于社区公共事务的参与度也较高。

第四节　本章小结

本章通过对 A 省 6 个街道办下辖 106 个社区公共文化服务合作治理现状进行调查研究的基础上，对个案 A、个案 B、个案 C 三个典型性社区公共文化服务合作治理现状进行比较研究，发现目前仅有极少数社区公共文化服务合作治理运行效果较好的两个典型性个案，绝大多数社区均面临公共文化服务合作悖论问题，具体表现为：中央及地方政府与区级政府间的合作悖论、社区居委会与社区居民间的合作悖论、社区居委会与私人部门间的合作悖论、社区居委会与非政府组织间的合作悖论；通过深度比较研究，发现造成当前合作悖论的主要原因在于：区域发展不平衡造成政策空传等政策执行偏差、基层领导干部的合作治理能力与创新能力不足、信息黑箱造成治理主体间协商共识的短期性、权力不平衡与信任困境造成合作治理的形式化、资金或人才短缺造成非政府组织合作治理能力不足、碎片化的住宅格局造成社区居民参与意识短缺。

---

① 国务院：《国务院关于进一步深化城镇住房制度改革加快住房建设的通知国发〔1998〕23 号》，北京市住房与建设委员会官网，2006 年 10 月 11 日，http：//www.bjjs.gov.cn/bjjs/fwgl/zfgg/zfgg/350118/index.shtml，2019 年 2 月 4 日。

② 胡艳蕾、李晓明：《当前我国中产阶层政治认同与文化重建》，《当代世界社会主义问题》2016 年第 4 期。

第七章　社区公共文化服务合作治理的中新比较

20世纪90年代以来，随着新公共服务理论、新公共管理理论、多中心治理、合作治理等理论的不断涌现，不同国家社区公共文化服务供给模式不断发生变革并逐步形成各具地方特色的供给模式。然而，就其总体发展趋势而言，西方国家大体上都经历了由早期的放任自由或者政府主导，到民营化、私有化改革模式，至当今的多元主体合作供给模式。且由于公共文化本身具有极强的公共性、文化性，使社区公共文化活动或服务自产生以来，社区居民、社会团体等多元化社会力量的参与从未间断，而仅仅体现为参与度的强弱之分。此外，国内外的大量实践经验表明，加强社会力量参与社区公共文化服务供给，不仅有利于减轻政府财政负担，且可促进社区公共文化服务的弹性化供给，推动社区公共文化服务的充分、平衡发展。合作治理被视为提升公共服务效率与效用的治理策略，目前已被大多数国家纳入公共服务改革议程。优质且多样化的社区公共服务是现代国家实现善治（good governance）的重要目标，合作生产也被越来越多的国家应用于社区公共文化服务治理场域。

然而，由于不同国家、不同区域间的政治、经济、社会以及文化背景存在显著差异，社区公共文化服务合作治理的运行机制与效果显著不同。以中国与新加坡为例，由于政治体制影响，两国均逐步形成了政府主导下的社区治理与社区公共文化服务合作治理机制。1989年，时任新加坡总理吴作栋提出应投入更大的关注和资源在新加坡的文化和艺术，提升国家活力与公民生活品质。自此，新加坡政府不断加大公共文化投入，在为社区居民提供健全、优质的公共文化服务硬件设施的基础上，培育并引导社区居民、非政府组织、私人部门共同参与社区公共文化服务合作治理；目前实施的"文化艺术人人可及"计划已促使新加坡每年至少出席一项文化艺术活动的国民比例达40%，参与文化艺术活动的活跃人数比例达20%，上述两个数字至2025年预计可达80%和50%。①

21世纪初期，国内学术界以及基层政府部门掀起一股向新加坡社区治理与社区公共文化服务供给经验学习、借鉴的热潮，积极探索、分析如何借鉴新加坡政府主导下社区公共服务（包括公共文化服务）的多元主体参与治理机制，以有效提升中国社区公共服务供给的效率、效益以及效能。通过对当前中国②社区公共文化服务合作治理的现状进行实证调查发现，近年来，中国基层治理理念、模式及运行机制不断创新发展，逐步建立具有中国政党制度特色、社会文化特色的政府主导型社区公共文化服务合作机制，并取得一定成效，然而也面临诸多问题，如社会组织的行政化危机、社会工作者的内卷化、公共政策的公平与公正性缺失、参与主体间信息不对称以及协商对话形式化；最终造成社区公共文化服务合作治理的效能偏低、不同区域间社区公共文化服务合作治理的效能差距。如《中华人民共和国文化和旅游部2018年文化和旅游发展统计公报》统计数据显示，该年度公共图书馆总流通人次82032万，占总人口③比例为0.6%④。显然，中国与新加坡虽然均实施政府主导型社区公共文化服务合作治理模式，但由于两国社区公共文化服务的合作治理路径及管理机制存在一定差异，造成两国的治理效能仍存在一定差距。

第一节　跨国比较研究的理论维度

随着治理理论的发展，1991年，伍德（D. C. Wood）和格雷（B. Gray）首次提出合作治理（collaborative governance）这一新的学术概念⑤，并由此形成一股研究热潮。针对合作治理分析框架的代表性研究成果主要有

---

① 俞小玲、胡满生、刘新权:《新加坡公共文化建设的启示》，《上海文化》2014年第4期。
② 本章所指均为"中国大陆"的治理实践。
③ 中国总人口约为14亿。
④ 中华人民共和国文化和旅游部:《中华人民共和国文化和旅游部2018年文化和旅游发展统计公报》，中华人民共和国文化和旅游部官网，2019年5月30日，http://zwgk.mct.gov.cn/auto255/201905/t20190530_844003.html? keywords = ，2019年5月31日。
⑤ Donna J. Wood, Barbara Gray, "Toward a Comprehensive Theory of Collaboration", *Journal of Applied Behavioral Science*, Vol. 27, No. 2, 1991, pp. 139 – 162.

Gash 和 Ansell 的合作治理分析框架（2008）[①]、杨宝（2017）构建的由行动主体、合作动机、权力分配、激励机制四个维度构成的一般性分析框架[②]等。然而，上述两个理论分析框架仍将权力分配作为其重要分析评价维度，而与中国、新加坡两国政府主导型社区公共文化服务合作治理实践机制中的权力分配方式、方法存在理论与实践间的矛盾。因此，基于中新两国政府主导型社区公共文化服务供给模式特色，政府主导型社区公共文化服务合作治理的理论分析与比较研究框架应由合作治理的主体构成、合作治理的制度安排、行动主体参与合作的动机、行动主体参与合作的能力、行动主体参与合作的情境因素、行动主体参与合作的激励机制六个方面构成。

本章运用主要文献分析法与比较研究法，对两国社区公共文化服务合作治理的主体构成、合作治理的制度安排、行动主体参与合作的动机、行动主体参与合作的能力、行动主体参与合作的情境因素、行动主体参与合作的激励机制等深层次因素进行比较，以深入分析中国与新加坡社区公共文化服务合作治理为何存在效能差距。其中，针对中国社区公共文化服务合作治理的实证研究主要来自针对中国 J 市若干社区实地调研中获取的第一手数据资料、中国学者的相关研究文献以及中国文化和旅游部等政府官网及新闻网的第二手资料；由于实地调研较为困难，对新加坡社区公共文化服务合作治理的研究数据信息主要依赖于旅居于新加坡的部分中国访问学者、长期居住于新加坡社区的若干居民新加坡南华理工大学，新加坡管理大学、新加坡国立大学等高校的部分师生、相关领域学者已发表的研究文献以及新闻媒体网络等第二手资料。

第二节　社区公共文化服务合作治理的中新比较

基于前述六个维度的理论分析框架，对中国与新加坡社区公共文化服务合作治理运行机制及现状进行系统比较研究（见表 7-1），发现两国

[①] Chris Ansell, Alison Gash, "Collaborative Governance in Theory and Practice", *Journal of Public Administration Research and Theory*, Vol. 18, No. 4, 2008, pp. 543–571.

[②] 杨宝、李秋月：《社会服务的合作生产：基本框架与实践类型——基于多案例的比较研究》，《学习与实践》2017 年第 11 期。

虽然具有较为相近的文化背景、种族特征等社会文化情境，且政府部门在社区公共文化服务供给中均扮演主导性角色，社区公共文化服务合作治理主体均呈现多元化发展趋势，但由于合作治理主体关系架构、合作治理制度安排、公民及非政府组织合作治理能力、参与合作治理的情境以及参与合作治理的激励机制不同，一方面形成了两种不同合作治理主体关系结构，另一方面造成社区公共文化服务合作治理效能存在显著差距。

表7-1　中国与新加坡社区公共文化服务合作治理的比较分析

维度	具体指标	中国	新加坡
合作治理的主体构成	中央及地方政府	政策制定、财政投入、考核监督、项目审批	政策制定、财政投入、考核监督、项目审批
	社区行政部门	政策执行、财政投入、上传下达、组织协商、社会动员、秩序维护	政策执行、信息公开、财政投入、推动合作
	社区居民	主动参与者少、被动参与者多	主动参与者多、根据闲暇时间进行年龄层划分、义工数量多
	非政府组织	数量不断增长、功能日益强化、资源获取能力弱、规模偏小、专业化人才短缺	数量多、功能较强、资源获取能力较强、专业化人才充足
	私人部门	参与合作治理私人部门数量较少、不同区域间极为不平衡、未建立规范健全的参与机制	参与合作治理私人部门数量较多、不同区域间发展均衡、已建立规范健全的参与机制
	基层党组织	本土化特色	—
合作治理的制度安排	组织架构制度	条块化、地方政府为合作治理的关键决策主体	弹性化、非政府组织为合作治理的关键决策主体
	协商对话制度	单一化	多样化
	信息公开制度	渠道单一、信息不充分	渠道多元、信息充分
	监督评估制度	上级对下级的监督	第三方评估
	信息反馈制度	反馈渠道单一	反馈渠道多元
行动主体参与合作的动机	自我物质需求	强	强
	自我精神需求	弱	强
	职业规制	强	强
	职业道德	弱	强

续表

维　度	具体指标	中国	新加坡
行动主体参与合作的能力	个体教育水平	不同社区间存在显著差异	整体教育水平较高
	个体闲暇时间	退休人员	55岁以上
	获取资源能力	普遍较弱	较强
	运用资源能力	普遍较弱	较强
	参与协调能力	普遍较弱	较强
行动主体参与合作的情境因素	公共政策环境	公共政策制定中缺乏公共参与、政策执行不畅或扭曲	公共政策制定中公共参与度高、政策执行顺畅
	区域经济环境	区域间经济水平不均衡	区域间经济水平较为均衡
	社区居住环境	不同社区居住环境差别极大	不同社区居住环境差别较小
	社区文化环境	不同社区文化设施、文化活动发展极为不平衡	政府主导下社区间差异较小
行动主体参与合作的激励机制	公民参与激励机制	少数社区采用志愿积分制	社区参与与志愿活动纳为教育体制、社区福利等制度体系
	非政府组织参与激励机制	不同街道激励措施不同免费提供场地、政策扶持、少量政府购买项目	规范、一致化的激励措施政策扶持、大量政府购买项目
	私人部门参与激励机制	免费提供场地	政策倾斜

注：中国大陆一个社区居委会通常管理1000—2000多户居民；而新加坡的一个标准社区通常为8000户，相当于我国中等规模的街道办或乡镇；因此，在比较时，以中国街道办事处作为与新加坡社区公共文化服务合作生产的比较对象。

一　各具本土特色的合作治理主体关系架构

通过比较发现，在社区公共文化服务合作治理过程中，中国与新加坡的合作治理主体均包括中央及地方政府、社区行政部门、社区居民、非政府组织与私人部门，各合作治理主体的角色与功能定位存在相似之处，如中央及地方政府均承担着政策制定、财政投入、考核监督、项目审批等管理职能，但由于政治经济体制与社会文化差异，各自形成具有本土特色的合作治理关系架构。

官办背景的非政府组织是新加坡社区公共文化服务合作治理的关键参与主体。基于相关文献资料发现，新加坡人民协会负责统管社区建设工作，为官办非政府组织，其最高决策机构是人协董事会，而董事会的当然主席由国家总理担任,副主席由一位政府部长兼任,与社区发展委员会、公民咨询委员会、居委会或邻里委员,与社区对社区其他志愿组织或非政府组织、社区居民共同构成社区公共文化服务合作治理的关系框架;民众联络所或民主俱乐部则是社区公共文化服务的相应设施。[①] 显然,新加坡社区治理结构是一种自治程度较高,但又深受政府、政党影响的基层治理体制,其中,非政府组织与公民(志愿者)是社区公共文化服务合作治理的关键主体。

政党参与是中国社区公共文化服务合作治理的一大特色。中国社区公共文化服务合作治理主体中除中央及地方政府、街道办及社区居委会、社区非政府组织、私人部门以及社区居民之外,中国共产党领导下的基层党组织作为社区居委会的重要组织机构,既不是行政组织,也不是社会组织,而是中国共产党的政治组织,在社区治理中居于政治领导核心地位,具有独特的政治功能与组织优势。目前,基层党建为中国共产党建设的关键核心内容,基层党组织在中国社区公共文化服务合作治理中扮演着重要角色,如社区公益文化演出的规划者、动员者、组织者与参与者。总体而言,中国社区居委会虽然被定义为基层自治组织,但其组织架构是中国各级政府部门延伸机构,且由于行政发包制的行政管理体制,社区居委会更类似于基层政府机关,承载着大量由上级政府行政发包的政治、经济、社会、文化类行政事务,而其社区公共事务的自治与治理能力与效果受到极大制约。

二 社区公共文化服务合作治理的制度安排差异

两国社区公共文化服务合作治理的制度安排差异主要表现在下述几个方面。

第一,公共财政投入制度方面。新加坡中央及地方政府对于社区公共文化服务的财政支持力度更大,如社区活动经费(包括文化活动经费)按照一个新加坡国民一年一新加坡元的额度划拨活动经费;社区公共文化服务设施则全部由中央财政负担,依据国家城市规划政策,由城市规划部门负责兴建与定期维护、翻新。相比较而言,当前中国社区建设经费来源渠道主要有财政支持、社会赞助、费随事转、有偿服务等,财政支持通常来自区级财政与街道办财政,且明确规定社区居委会不可从事

---

① 王剑云:《杭州与新加坡的城市社区组织模式比较》,《城市规划汇刊》2003 年第 3 期。

营利性活动①,因此社区经费相对而言极为有限。从对 J 市市委相关部门负责人与 J 市 SH 社区、JQ 路社区等社区居委会主任进行深度访谈中了解到,目前社区公共服务的活动经费主要来自由区级财政与街道办财政共同承担的党群经费(即服务群众专项经费),经济发达城市社区每年 10 万—15 万,经济不发达城市社区每年 5 万—8 万,由于主要由地方财政负责,经济欠发达地区的城市社区以及大量农村社区尚无法获得该项经费支持,且由于经费紧张,该项经费主要用于公共设施的维修与维护,仅有较少部分用于公共文化活动。因此,与新加坡相比,中国社区公共文化服务经费投入存在经费短缺、区域不均等问题。

第二,运营管理制度方面。新加坡中央政府部门对于社区公共文化服务运营管理制度更为规范与富有弹性。社区公共文化设施建设纳入城市规划而非社区行政部门承担,其建设运营制度规范;社区公共文化活动则由人民协会与社区(邻里)委员会、民众联络所、民主俱乐部等各类社会组织负责组织开展,并可根据社区居民需求灵活供给各类公共文化服务。如在社区图书分馆的选址建设中,新加坡政府部门根据社区人口流动变化,通过政策倾斜或者政府购买服务的形式,将大量社区图书分馆建于社区大型商场(Mall)内,有效提升了社区公共图书馆的服务质量、利用率以及满意度。②③ 相比较而言,中国社区公共文化服务的规划兴建权责归属于区级政府及街道办,而运营管理的权责归属于社区居委会,条块化的行政体制造成其管理中易出现权责主体缺位、越位等现象,最终造成社区公共文化服务供需矛盾、供给效率低等问题。

三 公民参与社区公共文化服务合作治理的能力差距

公民作为社区公共文化服务合作治理的核心主体,其在合作治理过程中的参与能力主要包括公民个体素养、动员能力、资源获得能力、参与协商对话能力等公共参与能力,是社区公共文化服务合作治理效能的关键影响因素。通过对中国与新加坡的比较研究发现,新加坡自摆脱殖民统治以来,致力于提升公民素质教育、公民意识教育以及公共参与能

---

① 王剑云:《杭州与新加坡的城市社区组织模式比较》,《城市规划汇刊》2003 年第 3 期。
② 付少雄、陈晓宇:《全民阅读语境下新加坡公共图书馆社区分馆的规划与建设》,《图书馆论坛》2018 年第 9 期。
③ 傅云霞:《新加坡公共图书馆商业中心馆建设模式的启示》,《图书馆学刊》2017 年第 10 期。

力培育，制定并实施涵盖义务教育、高等教育、师资培训、志愿者激励等多样化教育激励机制，如：新加坡在教师职前教育中设置服务学习项目即志愿组织的"义教"活动①；自1990年起实施社区服务计划，即规定参与社区服务的学生能够获得额外的课外活动分或徽章，中学阶段的学生每年要至少完成6个小时公益劳动，初级学院学生每年至少要完成40个小时的社区服务工作，学生参与活动的积分与记录材料是他们升学时学校考察的必要内容②。中国尚未建立起规范、长效的公民公共参与培育机制，在巨大的升学压力下，学习成绩为升学考察的唯一指标；因此，社区居民尤其是青少年及其父母，对于社区公共活动不仅缺乏参与动力，且极少参与社区公共事务，在社区公共文化服务合作治理中常常处于缺位状态，公民参与社区公共文化服务合作治理的能力受到极大制约。

四 中新两国社区公共文化服务合作治理的情境因素不同

情境理论（situational theory）又称为权变理论，为美国学者菲德勒于1967年提出，用于分析领导者、被领导者与环境之间的相互关系；之后，"情境"这一概念被用于描述人或事物发生的环境因素。通过对中国与新加坡两国社区公共文化服务合作治理的情境因素进行比较发现，中国与新加坡均制定并实施了大量推动社区公共文化服务合作生产的公共政策，为公民、非政府组织以及私人部门参与提供政策支持与政策倾斜，但两国间仍存在诸多差异。

第一，政策制定与实施的周期不同。新加坡社区公共文化服务合作治理的起步较早，自1989年起新加坡政府已开始高度重视社区公共文化服务建设，由城市规划部门制定规范、标准化的社区公共文化服务设施建设规划，并由政府财政负责投资兴建；在官办非政府人民协会的倡导下，与社区大量非政府组织共同组织实施一系列文化复兴计划，引导、鼓励社区居民、私人部门积极参与社区公共文化服务合作治理。中国自2015年起，中央政府制定实施政府向社会力量购买社区公共文化服务政策，并大力推动社区公共文化服务的合作治理；然而，由于经费来源均为地方财政，经济发达与不发达区域间社区公共文化服务合作治理效能

---

① 张丽冰：《新加坡职前教师教育中的服务学习》，《高教探索》2014年第2期。
② 《新加坡社区服务计划》，摘自《青年探索》2009年第2期，《思想理论教育》2009年第18期。

产生巨大差距。

第二，政策支持或政策倾斜的力度不同。20世纪80年代以前，新加坡被称为"文化的沙漠"，但1989年之后，公共文化建设成为新加坡国家发展战略中的重要内容，并陆续出台一系列公共政策，如建立国家艺术理事会、推出艺术之家计划（1991），发布《文艺复兴城市报告：文艺复兴新加坡的文化与艺术（2000）》，土地政策、能源政策以及艺术文化发展方向倡导"软硬兼施"（2010），2011年，新加坡艺术与文化策略检讨指导委员会制定国家文化发展蓝图（2011）、实施2025年文化艺术人人可及计划，等等，上述政策的制定与实施促使社区公共文化服务合作治理。而中国由于存在区域间经济发展不平衡，不同区域间对于公共文化发展持不同观点，如A省J市S区自2011年起制定文化强区战略，该区县对社区公共文化服务合作治理体系建设的政策扶持力度较大；相反J市T区、H区等区县由于财政收支有限，对公共文化服务合作治理体系建设较不重视。因此，前述两方面差异是造成当前中国与新加坡社区公共文化服务治理效能差距的重要原因。

五 中国社区公共文化服务合作治理的激励机制不够健全

社区居民、非政府组织、私人部门能否主动、积极地参与社区公共文化服务合作治理，是决定社区公共文化服务合作治理能否顺利运转以及效能高低的关键因素；显然，社区居民、非政府组织、私人部门的主动性源自是否建立健全完善的社区公共文化服务合作治理的激励机制。如新加坡为激励社区居民参与提供社区公共文化服务，参与非政府组织志愿活动，制定多样化的激励机制，如针对学生的社会服务积分制并计入升学考核，针对志愿福利组织实施免税优惠政策，且公益机构捐款人享受2.5倍的个人所得税回扣[①]，鼓励社会赞助社区活动，制订经费搭配计划（政府按捐款额度1∶1比例配套，如果是长期固定捐款，政府则按1∶3比例配套）[②]，为社区义工在工作时间提供免费停车位，等等。相比较而言，目前中国对于社区居民、非政府组织、私人部门参与社区公共文化服务合作治理仍未建立规范、长效、多样的激励机制，且对于非政府

---

① 李鑫、冯国栋：《社区管理的"资源困境"及解决路径探析：兼论新加坡社区管理》，《宏观经济管理》2015年第11期。

② 袁方成、耿静：《从政府主导到社会主导：城市基层治理单元的再造——以新加坡社区发展为参照》，《城市观察》2012年第6期。

组织、私人部门参与社区公共文化服务合作治理设置大量政策、制度门槛，造成他们参与社区公共文化服务合作治理往往缺乏主动性，且积极性不高。

第三节　本章小结

中国与新加坡同属于亚洲文明，儒家文化对于两国居民均有较深厚的影响，然而，两国近代以来的文明发展历程、生态自然环境、人口结构、政治经济体制却截然不同。在国家治理体制方面，政府部门发挥主导性角色是中国与新加坡国家治理的共同特征。

20世纪以来，合作治理理论开始应用于新加坡与中国社区公共文化服务供给改革实践中，均取得一定成效。然而，通过系统比较研究，我们发现，由于合作治理主体关系架构、制度安排、公民参与合作治理能力、合作治理的情境因素以及激励机制等维度因素，造成中国与新加坡社区公共文化服务合作治理效能存在显著差距，日益发展成为各具本土特色的社区公共文化服务合作治理模式；相比较而言，新加坡社区公共文化服务合作治理机制较为成熟、完善，而中国社区公共文化服务合作生产中仍面临公民、非政府组织及私人部门参与社区公共文化服务合作治理能力不足、合作沟通渠道单一以及协商对话形式化等问题，可在借鉴新加坡实践经验的基础上，联系中国社区政治、经济、社会文化背景，探索通过明确合作治理中政府部门的角色功能、厘清社区行政部门权责定位，健全合作治理的信息公开制度、对话协商制度等制度安排，提升社区居民、非政府组织及私人部门参与合作治理能力，完善社区公共文化服务合作治理的相关政治、经济及文化政策，发挥政策规制、政策引导、政策激励等功能等本土化解决机制。

由于区域位置、人力成本等因素制约，针对新加坡社区公共文化服务合作治理状况的一手调研资料较为有限，公开发表的学术论文、网络平台数据等第二手资料较多，易存在统计信息滞后、不完整或失真等风险，这是本章研究的主要不足之处。在今后的研究中，将致力于获得更多新加坡社区公共文化服务合作治理的第一手数据资料与典型性个案，以对当前研究结果进一步补充完善。

第八章　社区公共文化服务合作治理的动力要素

中国场景下的社区公共文化服务合作治理主体间的合作关系具有显著的本土特点，如基层党委、基层政府及其派出机关在社区公共文化服务合作治理中不仅为参与主体，且发挥着价值引导、制度设计、工具选择等主导性作用；而非政府组织规模小且对政府依赖度高、不同区域间非政府组织的数量与规模发展极为不平衡、企业参与度偏低以及社区居民参与不足等诸多问题，造成社区公共文化服务合作治理中主体间的合作悖论问题，制约着社区公共文化服务合作治理的效能发挥。本章综合运用定性分析与定量分析方法，即首先基于 Ansell 和 Gash 的合作治理一般性分析框架，发现制度设计、领导力要素、多元主体参与以及合作治理的互动机制四个层次要素被视为合作治理的驱动机制；在此基础上，联系中国社区公共文化服务合作治理网络关系的本土化案例，运用比较个案研究法与深度访谈法，对典型性个案 A 进行水平、垂直、横向迁移比较①，以对社区公共文化服务合作治理动力要素进行系统化解构，发现中央及地方政府的政策引导、基层政府及各部门的直接支持、基层政府部门行政人员的能力、社区综合环境四个方面动力要素；最后，以网络调查问卷的形式，要求 191 名基层行政人员②与非政府组织工作人员运用李克特（Likert）五分量表对社区公共文化服务合作治理动力要素影响力的强弱进行评分，对个案分析结论进行检验；以进一步探讨中国场景下社区公共文化服务合作治理动力要素的具体构成及其驱动力的强弱。

---

① 本章个案调查的数据资料来源为个案所隶属街道办、区（县）政府及相关部门，在此表示感谢！

② 调查对象以 J 大学 MPA 在校生为主，工作单位涵盖 A 省各地 39 个街道办（乡镇）；以前期调研的 6 个街道（乡镇）工作人员与非政府组织工作人员；调查对象覆盖面为 A 省 45 个街道办。

第一节　社区公共文化服务合作治理的个案比较

个案研究（case study）一直以来在社会科学研究领域备受推崇，最具影响力的研究成果为社会科学家罗伯特·殷（Robert Yin）（2013）的著作《个案研究：设计与方法（Case Study: Design and Method）》，认为当现象与情境的边界不清晰的情况下，应当在现实情境中对当下现象（个案）开展深度的实证研究。① 莱丝利·巴特利特（Lesley Bartlett）和弗兰·维弗露丝（Fran Vavrus）（2017）认为由于"传统个案研究将现象与语境混为一谈；坚持为个案划定边界；没有充分认识到个案研究在社会科学研究中的价值；没有坚定地为个案研究结论的推广性作辩护；对比较的价值认识不足等"而具有一定局限性；而基于过程导向的比较个案研究（comparative case study）通过水平、垂直和横向迁移比较，以实现对一系列相关事件或行动者进行对比研究，打破了传统个案研究中"文化、语境固定不变"的思维定式。② 因此，运用比较个案研究方法，能够确保对当前我国社区公共文化服务合作治理的现状研究的深入系统性，突破传统个案研究的局限性。

比较个案研究方法包括三个维度的比较研究，第一个维度为水平比较，在对不同个案进行比较的同时，要跟踪其社会行动者、文献或者其他影响这些个案的因素；第二个维度为垂直比较，即比较全球、国家及地区和当地社区三个不同层次的影响因素；第三个维度为横向迁移的（transversal）比较，即随着时间的推移对个案进行横向迁移的比较。③ 本章以社区公共文化服务合作治理效能显著的个案 A 为典型性个案，与社区公共文化服务合作治理滞后的个案 B 进行水平比较、垂直比较与横向迁移比较，以形成对中国场景下社区公共文化服务合作治理发展动力要素的系统化阐释。本章选择的横向比较样本个案 A 与个案 B，虽然均属

---

① Yin, Robert K., *Case Study Research: Design and Methods*, Sage publications, 2003.
② 莱丝利·巴特利特、弗兰·维弗露丝，田京、倪好：《比较个案研究》，《教育科学研究》2017 年第 12 期。
③ 莱丝利·巴特利特、弗兰·维弗露丝，田京、倪好：《比较个案研究》，《教育科学研究》2017 年第 12 期。

于城市社区，但社区隶属区县在政治、经济、文化、社会发展领域存在显著差异，社区公共文化服务合作治理的发展现状也存在显著差距，尤其是后一客观特征是深度剖析社区公共文化服务合作治理的动力要素的基本保障；且比较研究中采取深度访谈与文献分析等方法，以确保比较结论的科学性与可靠性。

一　比较个案的样本选择与调查

（一）水平比较

2019年1月3日至1月22日期间，对个案A社区居委会主任、党委书记张×，个案B社区居委会主任、党委书记王××，及部分社区居委会工作人员、社区社会组织工作人员以及社区居民进行深度访谈。基于深度访谈与社区文本资料，对个案A与个案B社区进行个案比较，同时，跟踪其社区行动者、文献或者其他影响个案A与个案B的因素，进行水平比较，发现区（县）政府部门的政策与资源支持、上级行政机关的关注与资源支持、社会力量的参与度、社区人口经济文化水平是推动社区公共文化服务合作治理发展的重要动力要素。

1. 区（县）级政府公共文化服务政策导向

个案A隶属的S区政府，近年来在公共政策制定中一直较为重视社区公共文化服务建设及其供给模式创新，"十二五"计划中明确提出，要新建改造社区健身场所30处、文化大院（文化活动中心）85个，建成启用区全民健身活动中心和图书馆新馆；2011—2016年，深入实施文体惠民工程，新建改造社区健身场所146处、社区文化活动中心（文化大院）112个；2018年提出"文化强区"战略，建设图书馆分馆10家，改造提升农家书屋10个、基层综合文化服务中心10个，组织开展各类群众体育活动20次，建成球类场地3处、健身活动节点6处。相比较而言，个案B隶属的T区政府对于社区公共文化服务建设仍处于"政策空传"阶段，即仅仅是政策传达，并未制定具体、长效、规范的行动策略，查阅该区近三年来政府工作报告，对于社区公共文化服务建设仅仅根据上级政策要求而略有提及，具体行动策略不够明确、具体。如2017年政府工作报告中要求建设区级图书馆；2018年政府工作计划中提及要实施"文体惠民"工程，加快公共文化设施建设，加快文化事业和文化产业发展，均为较笼统的表述。由此可见，个案B所隶属的T区政府对于社区公共文化服务及其合作治理并未制定明确、具体的政策要求。

2. 上级行政机关的关注与资源支持

个案 A 位于 J 市中心区域，所隶属的 S 街道办、S 区等上级政府地方财政收入较高，对于社区公共文化服务等各类公共服务投资力度较强，不仅区政府对于社区公共服务包括公共文化服务建设高度重视，且区妇联、区民政局等涉及民生事务的政府机关部门在公共政策、经费投入、组织规划等方面发挥关键作用，如"社区妇女儿童家园"项目，是由 S 区妇联以政府购买服务的方式，委托 J 市恩泉社会组织发展中心承接社区 0—3 岁阳光宝贝成长乐园、寒暑假国学营、新生活快乐家庭、食育工坊、一泓心灵家园等社区公益性文化、娱乐活动，获得社区居民一致好评。个案 B 位于 J 市北部的城市边缘地带，其所隶属的 D 街道办、T 区，尤其是 T 区地方财政收入虽在 J 市各区县中属于中间水平，然而远低于 S 区财政收入水平。以 2017 年为例，S 区财政收入为 46.96 亿元，全省排名第 12 位；T 区为 19.94 亿元，全省排名 48 位，远低于 S 区。由于财政收水平不高，与 S 区政府相比，该区政府及其相关部门对于社区公共文化服务的关注度偏低、经费投入也较少。同样，以政府购买社区公共服务项目为例，T 区政府仅于 2016 年基于 J 市民政局对于政府购买公共服务项目的指标性政策要求曾为个案 B 社区购买过少量公共服务项目，但由于区财政压力大，上述项目均未能持续供给。

3. 企业、非政府组织等社会力量的参与度

通过深度访谈了解到，个案 A 社区公共文化服务合作治理主体较多元、内容更为多样，社区公共文化服务整体水平较高；目前该社区公共文化服务合作治理的参与主体有社区居委会、基层党组织、恩泉等大型社会组织、"社区丝韵艺术团、霞光乐团、戏曲协会"等社区文体类志愿组织、凤翩正道等文化企业、社区居民志愿者等多元治理主体，至 2016 年社区内参与社区公共服务的社会组织已达 34 家，2017 年因表现突出受到表彰的社会组织为 23 家，其中文化类社会组织 17 家；社区公共文化服务供给内容由图书阅读、文艺演出、书画、幼儿教育、青少年教育至国际文化交流；为鼓励社区居民参与社区事务，采取志愿者积分制，根据社区居民参与社区事务的内容和次数进行积分，累计积分可获得小到抽纸、保温水杯，大到高档厨房礼盒或 2 小时家政服务等奖励，该制度大大提升了社区居民参与社区事务的积极性与主动性。社区居委会处于乐和大院内，无论工作日还是周末，社区居民络绎不绝，在多次赴社区进

行深度访谈与调研期间，发现该社区图书馆、曲艺馆等文体活动室内均呈满员状态，与其他社区图书馆乏人问津的状态截然不同。究其原因，该社区图书馆由社区居委会与文化企业（凤翱正道文化发展有限公司）合作运营，社区非政府组织积极参与相关公共文化服务供给，由此构建社区公共图书馆及其服务的多元主体合作治理机制，一方面确保社区图书馆工作日、晚间以及周末免费开放，另一方面依托社区图书馆场地，提供四点半课堂、公益讲座、读书会等多样化的公共文化服务，由于场地有限，社区居民需要在微信群里"抢名额"，参与的积极性很高，所开展的各类公共文化服务活动满足不同年龄层的不同需求，获得社区居民一致好评。

个案 B 社区公共文化服务合作治理仍处于探索阶段，且受制于经济、环境等多方面因素，发展速度极为缓慢。通过对该社区居委会主任王×的深度访谈了解到，由于该社区人口构成复杂，社区居民动员难度大，直到 2018 年年底才动员成立第一家文化类社区志愿组织——晚枫合唱团。然而，社区居民及辖区内单位职工参与社区文化活动等社区事务的积极性普遍不高，且难以动员，社区居委会工作任务重、难度大；另外，由于该社区所隶属的 T 区、D 街道办财政收入偏低，财政投入严重不足，目前主要依靠党群经费（20 万/年），该经费源自市（30%）、区（35%）与街道办（35%），J 市财政承担比例固定为 30%，区与街道办财政投入根据区、街道办的不同财政状况灵活调整。因此，个案 B 社区公共文化服务的经费来源较单一，合作治理的主要参与主体为社区居委会、基层党组织、社会组织、社区居民参与度偏低。

4. 社区常住人口结构的稳定性

个案 A 社区所下辖的五个片区均为 2000 年前后开始新建的商品房，且大量住房为房改后 A 省省直机关及事业单位团购房，因此其社区人口以政府机关职工、事业单位职工、私营企业主以及企业职工为主，且以常住人口为主，外来流动人口较少；由于该社区住房地理位置处于 J 市中心位置，且为学区房，紧邻千佛山，自然环境优越，致使该社区房价较高，该社区居民的整体收入水平普遍较高。与个案 A 不同，个案 B 社区的下辖片区以老旧棚户区、老旧单位宿舍以及部分新建商品房构成，社区常住人口构成较为复杂，既有政府机关职工、企事业单位职工、商人、自由职业者等常住人口，也有外来打工者、失业者等外来流动人口。个案 B 社区人口构成的复杂性，一方面造成社区居委会管理、动员的困难，尤其是社区公共文化服务活动较难开展；另一方面，由于住房配套等问题引发的社区群体性事件、社区矛盾事件较多，社区居委会不得不把大量精力放在协调、处理上述事件，而无暇顾及社区公共文化服务。如该社区的百货站宿舍为破产单位宿舍，维修基金无法使用，社区居民意见很大，社区居委会帮助进行多方协调，耗时一年时间完成涉及三个区（县）13栋楼600余户居民维修基金的分户及后期维修工作。

（二）垂直比较

垂直比较，即对个案A的全球、国家及地区和当地基层政府及其派出机关三个不同层次的影响因素的比较，具体包括三个层面比较内容：第一，相关的国际公约、前沿理论及其实践对个案A社区公共文化服务合作治理发展的影响；第二，中国中央政府及地方政府制定的相关公共政策、中国学者相关理论与实践研究成果对个案A社区公共文化服务合作治理发展的影响；第三，个案A社区所隶属的S区级政府及其相关部门、S街道办事处等基层政府及相关部门的相关社区公共文化服务政策影响。

1. 全球政策与理论研究

即国际公约、国外合作治理理论与实践经验对中国社区公共文化服务合作治理发展具有积极推动作用。1997年10月27日，中国政府签署联合国《经济、社会及文化权利国际公约》，2001年批准该《公约》，自此，社区公共文化服务作为公民公共文化权利，日益受到中国政府关注，并开始制定关于公共文化服务建设的相关政策。此外，如本书第二章所述，20世纪90年代末以来，美国学者针对公共服务碎片化、府际关系等问题创立合作治理理论，之后，合作治理理论引起中国学者关注，并产生一大批针对合作治理（也被译为协同治理、协作治理）的理论内涵及其对中国国家治理现代化的理论与实践价值的大量研究；然而，将合作治理理论应用于公共文化服务供给领域的研究仍处于起步阶段。

综上所述，国际化的相关公共政策（即《公约》）的产生，合作治理等相关理论的产生与发展，是我国社区公共文化服务合作治理产生与发展的重要外部动力因素，为我国政府部门关注社区公共文化服务合作治理的改革举措提供了重要的政策支持与理论依据。

2. 国家及地区政策

（1）国家层面公共政策

2005年《中共中央关于制定国民经济和社会发展第十一个五年规划

的建议》中首次提出"公共文化服务"一词，并明确指出要强化政府文化管理和服务职能，逐步构建覆盖全社会的比较完备的公共文化服务体系是文化体制改革的重要目标之一①；2013 年，党的十八届三中全会通过《中共中央关于全面深化改革若干重大问题的决定》，该决定首次明确提出要鼓励社会力量、社会资本参与公共文化服务体系建设②；2014 年党的十八届四中全会明确要求应制定公共文化服务保障法③，2015 年国务院办公厅转发《文化部等部门关于做好政府向社会力量购买公共文化服务工作意见》，明确提出国家对于公共文化服务市场化、社会化改革的具体要求。④

（2）省（直辖市）层面政策

随着中央政府关于推动公共文化服务市场化、社会化政策的不断出台，对于引入社会力量参与公共文化服务体系建设也提出了具体要求。2014 年 9 月 1 日，A 省召开"全省公共文化服务体系建设工作会议"，该会议首次提出要促进公共文化服务的社会化发展；2016 年 1 月 5 日中共 J 市市委办公厅、J 市人民政府办公厅印发《关于加快构建现代公共文化服务体系的实施意见》的通知。⑤ 根据国家、A 省、J 市关于公共文化服务社会化、市场化建设的政策出台时间可见，虽然国家自 2013 年已开始全面推进公共文化服务的社会化与市场化，2014 年 A 省文化部门仅稍微提及并未提出具体要求，而同时期，浙江省、江苏省等一些省市已开展大规模的公共文化服务社会化、市场化行动；直至 2016 年，A 省文化部门、J 市政府及文化部门才开始出台一些公共文化服务合作治理政策及行动策

---

① 《中共中央关于制定国民经济和社会发展第十一个五年规划的建议》，人民出版社 2005 年版，第 23 页。

② 党的十八届三中全会：《中共中央关于全面深化改革若干重大问题的决定》，中国新闻网，2013 年 11 月 15 日，http：//www.chinanews.com/gn/ 2013/11 - 15/5509681_11.shtml，2018 年 8 月 2 日。

③ 党的十八届四中全会：《中共中央关于全面推进依法治国若干重大问题的决定》，中国社会科学网，2014 年 10 月 23 日，http：//www.cssn.cn/fx/fx_ttxw/201410/t20141030_1381703.shtml，2018 年 8 月 2 日。

④ 国务院办公厅：《文化部等部门关于做好政府向社会力量购买公共文化服务工作意见》（国办发〔2015〕37 号）》，中华人民共和国文化和旅游部官网，2015 年 5 月 11 日，http：//zwgk.mcprc.gov.cn/auto255/201505/t2015 0513_474761.html，2018 年 8 月 2 日。

⑤ 中共 J 市委办公厅：《J 市人民政府办公厅、中共 J 市委办公厅、J 市人民政府办公厅印发〈关于加快构建现代公共文化服务体系的实施意见〉的通知》。

略，如文化券、政府购买公共文化服务项目等。

显然，较之其他沿海经济发达省份，在国家层面的公共文化服务社会化、市场化政策引导下，A 省各地市社区公共文化服务合作治理的相关政策虽然相继出台，然而由于政策要求较为宏观、缺乏具体政策目标、政策工具缺乏创新性等诸多问题的存在，社区公共文化服务合作治理的起步与发展较为缓慢。

（3）区（县）层面政策

通过比较个案 A 与个案 B 所隶属的区（县）层级的公共政策环境，发现与国家、省、市级公共政策环境相比，区（县）层级的公共政策环境对于社区公共文化服务合作治理的产生与发展具有更加直接的推动作用。

首先，发展战略方面。个案 A 社区所隶属的 S 区在其"十二五规划（2010—2015）"中已提出"文化强区"战略，并于"十二五"时期通过加大财政投入力度，新建、扩建或改造提升区、街道、社区（村）级各类公共文化设施，形成了由区文化馆和图书馆、街道综合文化站、社区文化活动中心（农村文化大院）构成的三级群众文化活动网络；在区"文化发展十三五规划（2016—2020）"中进一步强调其"文化强区"战略，并明确提出至 2020 年 S 区文化发展主要指标在全省领先、文化事业整体水平在全省同类城市前列的战略目标，并建立比较完善的政府向社会力量购买公共文化服务体系。相比较而言，个案 B 社区所隶属的 T 区为城市边缘区域，2016 年公布的《T 区国民经济和社会发展第十三个五年规划纲要（草案）》中明确指出，"居民老旧住房改造、环境治理、城乡贫困治理"等民生问题仍是该区亟须解决的难题，如何推动区经济发展破解财政困境是 T 区面临的重大议题，社区公共文化服务建设一直以来未受到充分重视，且并未作为该区的重要发展战略。

其次，社区公共文化服务社会化、市场化改革方面。自 2009 年开始，J 市开始向山泉社会工作服务社购买社工服务；2011 年，S 区妇联等多部门开始购买社工服务；2014 年，S 区民政局与财政局对 S 区首批政府购买服务项目进行签审与组织实施，共投入资金 100 万元，以养老服务为主，涵盖一些针对老年人的公共文化服务；2013 年 S 区民政局组织建立"S 区社会组织创新园"对 S 区社会组织进行孵化、培育，2015 年 S 区区委区政府出台《关于加快推进社会组织培育发展的意见》、2017 年出台

《关于改革社会组织管理制度促进社会组织健康有序发展的实施意见》等促进社会组织发展的系列政策制度，并依托社区现有公共设施，如党群服务中心、街道综合服务中心等，建立社区社会组织综合服务平台，为社区社会组织提供组织、设施、经费以及人才支持。至 2018 年 1 月，S 区备案的社会组织已达 1400 多家。综上所述，由于个案 A 所隶属的 S 区政府及其各相关部门对社区公共文化服务、社会组织建设的高度重视与财力、人力的大量投入，其社区公共文化服务合作治理的起步（2009 年）早于 A 省、J 市相关政策的出台（2014 年）。个案 A 社区自 2010 年以来，积极响应 S 区"文化强区"发展战略，在 S 区民政局、妇联、区委宣传部等部门的引导或资助下，以政府购买、文化企业和社会组织主动参与的形式，实现社区公共文化服务供给主体的多元化，有效推动社区公共文化服务合作治理的迅速发展。然而，同样隶属于 J 市的 T 区，社区公共文化服务市场化、社会化却一直处于举步维艰的状况。基于 A 省、J 市对加强社会力量参与社区公共服务的政策要求，T 区政府及相关部门在面临经济发展压力与各类民主难题的情况下，开始通过政策支持、少量财政投入等方式，推进社区公共服务的合作治理。至 2018 年，T 区备案社会组织 1000 家；社会组织的数量、规模均远低于 S 区。根据官方统计数据，至 2016 年，T 区政府购买社区公共服务共计投入 200 万元，在对个案 B 社区居委会进行深度访谈中了解到，T 区由于财政压力大，仅在 2016 年度为社区购买过一些公共服务（包括公共文化服务），由于缺乏经费支持，上述政府购买社区公共服务项目并未持续下来，2017 年、2018 年以来，社区公共文化服务活动的开展主要依赖党群经费，并没有政府购买项目。

综上所述，通过对个案 A 与个案 B 的垂直比较发现，国际性政策与理论、国家层面政策、省及市层面政策、区（县）层面政策均为推动社区公共文化服务合作治理的重要动力要素，且对社区公共文化服务合作治理而言，区（县）层面政策具有更加直接的影响力，即对于文化企业、规模较大的非政府组织参与社区公共文化服务合作治理具有直接推动作用，而区财政状况、区发展规划与发展战略是影响区级公共文化服务政策制定的关键性因素。

（三）横向迁移比较

所谓横向迁移的（transversal）比较，就是随着时间的推移对所研究的个案进行横向迁移的比较,即对个案 A 与个案 B 社区公共文化服务合作治理的产生与发展进行时间跟踪比较研究,发现虽然由于区县层面的政策与资源支持力度不同而造成个案 A 与个案 B 社区公共文化服务合作治理的发展程度存在显著差距,然而,由于国家层面公共政策即 2009 年党的十七届四中全会《关于加强和改进新形势下党的建设若干重大问题的决定》中对社区党群经费的政策性要求,以及基层党组织的深度参与,有效降低了由于区域间政策执行偏差而造成的社区公共文化服务供给不均等问题。

个案 A 社区公共文化服务合作治理始于 2009 年 S 区为部分社区购买社工服务,其中包含少量公共文化服务;2010 年以来,在 S 区民政局、妇联、区委宣传部门以及街道办等政府部门的引导、组织、扶持下,开始大规模向社区引入社会组织、政府购买项目、文化企业,并不断培育社区志愿组织,其中影响力较大的文化类社区志愿组织有 17 家,多元参与、合作供给社区公共文化服务已成为该社区居委会主任及其工作人员的共识;此外,自 2009 年党的十七届四中全会《关于加强和改进新形势下党的建设若干重大问题的决定》颁布以来,每年 25 万社区党群经费是社区组织开展各类公共文化服务的重要经费来源之一。

个案 B 社区由于所隶属的上级基层政府财政压力较大,2016 年 T 区政府基于 J 市民政局对于政府购买项目的指标性政策要求,启动组织政府购买公共服务项目,其中包括少量的社区公共文化服务项目,然而于区财政压力大,该类政府购买项目仅持续 1 年,并未延续下来;且由于社区人口构成的复杂化,社会动员难度较大,至 2018 年仅有 1 家文化类社区志愿组织——晚枫合唱团。然而,自 2009 年以来,每年 20 万社区党群经费成为社区公共文化服务的唯一经费,且由于社区志愿组织少,培育难度大,基层党组织成为社区公共文化服务合作治理的重要参与主体。

综上所述,通过对个案 A 社区与个案 B 社区进行水平、垂直与横向迁移比较,并将横向迁移比较一直贯穿于水平比较与垂直比较研究过程中,发现各级政府部门的政策引导与资源支持、基层政府部门领导者的关注与支持、街道办及社区居委会行政领导者的治理与创新能力、非政府组织数量规模等社区内部环境要素对于社区公共文化服务合作治理的产生与发展均具有直接或间接推动作用。

二 比较个案研究结果：中国社区公共文化服务合作治理动力要素

（一）各级政府部门的政策引导

由中央、地方政府通过公共政策引导构建的社区公共文化服务合作治理模式，有效解决了当前我国社区公共文化服务供需不平衡问题。基于前述研究可知，社区公共文化服务合作治理虽然在不同历史时期存在一些自发性实践，然而，大规模深入开展源自2009年党的十七届四中全会《关于加强和改进新形势下党的建设若干重大问题的决定》中对社区党群经费的要求与2013年党的十八届三中全会《中共中央关于全面深化改革若干重大问题的决定》中鼓励社会力量、社会资本参与公共文化服务体系建设的要求①，在此基础上，全国各地市开始制定相应的政策措施，以推动社区公共文化服务合作治理，其目标在于解决政府作为单一的管理主体而造成的社区公共文化服务供给不足或过剩、供需不一致等供需不平衡问题。尤其是个案A社区，通过引入文化企业、社会组织项目、社区志愿组织与社区居民共同参与社区公共文化服务供给，不仅为社区不同性别、不同年龄层、不同教育水平社区居民提供差异化公共文化服务，且解决了社区图书馆等文化设施闲置率高等资源浪费问题，不断推动社区公共文化服务充分、平衡发展。

（二）基层政府及各部门的直接支持

通过对个案A社区与个案B社区公共文化服务合作治理现状的深度比较发现，基层政府，即区县级政府及各相关部门的直接支持，对于社区公共文化服务合作治理的发展规模具有显著影响。基层政府及各相关部门的直接支持主要可划分为下述两个层面：

第一，基层政府发展战略与政策支持。通过比较个案研究发现，个案A社区所隶属的S区"十二五"时期已提出"文化强区"的公共文化发展战略，并对各社区公共文化服务的供给规划、内容进行明确部署，以公共政策的方式要求下辖街道社区贯彻执行，且目前社会组织入驻社区的公共文化服务项目均为S区民政局、妇联等区级相关政府部门帮助引入社区，尤其是文化企业、非政府组织参与供给的公益项目均是由区

---

① 党的十八届三中全会：《中共中央关于全面深化改革若干重大问题的决定》，中国新闻网，2013年11月15日，http://www.chinanews.com/gn/2013/11-15/5509681_11.shtml，2018年8月2日。

县级政府及相关部门、街道办等基层政府部门联系并向社区推广；反观，个案 B 社区所隶属的 T 区，由区级财政状况不佳、社会环境复杂等多因素制约，社区公共文化服务建设并未得到区级政府及相关政府部门重视。

第二，基层政府及相关部门的财政支持。个案 A 社区公共文化服务合作治理项目主要有政府向非政府组织购买项目、文化企业参与供给的公益项目、非政府组织参与供给的公益项目以及社区居民自发组织的公共文化服务项目，其中，政府购买项目均由区县政府及相关部门与街道办出资购买，而后三类项目的活动经费主要依赖由市级、区县政府与街道办共同承担的党群经费。而个案 B 社区公共文化服务仅能得到党群经费支持，制约着社区公共文化服务合作治理的发展。

（三）街道办及社区居委会领导干部的治理能力

街道办及社区居委会行政领导者作为社区公共文化服务的直接治理主体，承担着社区公共文化服务合作治理的理念、制度以及工具的创新，社区志愿组织培育，多元主体间的利益协调与协商对话等基本职责，以推动社区公共文化服务供给多样化，满足社区居民的基本公共文化需求。通过个案比较研究发现，街道办及社区居委会行政领导者治理能力的高低对社区公共文化服务合作治理的发展程度具有直接影响。

社区作为国家治理中最小的基层自治单位，街道办及社区居委会承载着如何整合社区居民、非政府组织、文化企事业单位的不同利益诉求，协调街道办等上级政府部门、非政府组织、文化企事业单位与社区居委会的不同目标、行动计划、期望值以及行动后果是社区居委会面临的关键议题，并在此基础上进行机构制度的设计、提出远景设想、促进自组织发展等元治理责任，而非简单的参与治理者。尤其是街道办及社区居委会领导者的合作治理能力，即社区居委会主任作为基层自治领袖，其创新能力、动员能力是推动社区公共文化服务合作治理发展的重要因素。

街道办及社区居委会扮演着基层元治理角色，在不断推动基层治理制度与治理体系创新的同时，应不断提升其社会动员能力与组织能力。如个案 A 社区建立的社区志愿者积分制度，大幅提升社区居民参与社区公共事务的积极性与主动性。社区志愿者积分制度并非个案 A 社区首创，2012 年上海浦东陆家嘴社区开始实行社区居民志愿参与社区公共事务可获得积分兑换社会服务的社区志愿者积分制度①，这是志愿者积分制度首次应用于社区志愿服务管理中；2014年前后，随着我国基层治理、社会组织管理制度的日益健全，社区志愿者积分制度被应用于越来越多的社区志愿服务管理，如大理市下关镇西大街社区②；然而，通过对文献、网络新闻的查阅发现，该制度并未被广泛用于社区志愿服务管理中，且其持久性不断受到质疑③；然而，个案A社区由于引入社区非政府组织广泛参与，积分奖励除颁发证书等精神荣誉奖励之外，还有多样化且实用的物质奖励；该激励制度极大地调动了社区居民的积极性，尤其是社区离退人员以及事业单位工作不太繁忙的工作人员的参与积极性。此外，个案A社区的社区居委会主任为该社区常住居民，自大学毕业后便在该居委会工作，任职十余年，对于社区居民的各类需求、心理状况有深度了解，具有较强的社会动员能力与工作协调能力；组织的大量社区文化活动不仅为居民所需，且让社区居民（尤其是离退休居民）感受到其自身价值，社会认同感、凝聚力较强，上述因素是促使志愿者积分制度在该社区运行效果一直较好的重要原因。

此外，基层党组织的动员参与能力，对于社区公共文化服务合作治理的发展具有直接影响；基层党组织作为重要治理主体之一，推动形成具有中国政党制度特色的社区公共文化服务合作治理结构。英、美等国家社区公共文化服务的合作治理主体由政府、非政府组织、文化企业及社区居民构成，两党或多党体制下执政党不参与社区公共文化服务治理。然而，我国社区公共文化服务合作治理主体不仅包括各级政府、非政府组织、文化企事业单位及社区居民，还包括基层党组织，从而形成了具有中国政党制度特色的社区公共文化服务合作治理结构。通过比较个案研究发现，无论个案A社区还是个案B社区，基层党组织成员是社区公共文化服务合作治理的重要参与者与组织动员者，是规划、组织、提供各类社区公共文化服务的重要治理主体，而党群经费则是社区公共文化服务活动开展的主要经费来源。基层党组织的深入参与，促使我国基层

---

① 解放日报：《上海浦东志愿者可用"积分"换服务》，《社团管理研究》2012年第12期。
② 《西大街社区推行志愿者服务积分奖励制度》，大理日报网，2015年10月29日，http://www.dalidaily.com/shehui/120151029/1090617.html，2019年2月18日。
③ 翟珺：《垃圾分类靠志愿者监督积分奖励能否持久?》，《上海法治报》2014年1月14日，第A02版。

治理中形成一种具有中国特色的社区公共文化服务合作治理结构，一方面发挥了中国共产党的文化引领功能，另一方面促进了社区公共文化服务供给的均等化。

（四）社区人口特征、非政府组织规模等环境要素

通过比较个案研究发现，社区人口特征，如常住人口与流动人口比例、职业背景、收入水平等是影响社区志愿组织培育、社区居民参与度的重要因素，而社区志愿组织的数量与规模、社区居民参与度又直接影响着社区公共文化服务合作治理的发展[1][2]。个案A社区由于为新建商品房社区，社区居民的职业以企业家、机关事业单位职工为主，流动人口较少，且社区人口的收入相对较低，而个案B社区是J市老工业区，破产的国有企业较多，下岗职工、流动人口数量较多，社区人口的收入水平相对较低。由于社区居民收入水平两个街道均没有具体统计，根据当前社区二手房房价状况为依据进行比较（见表8-1）。在对两个社区居委会相关领导者进行深度访谈后了解到，上述因素对于基层领导者进行合作治理的动员、协调产生直接影响，相对于个案B而言，个案A的社区居民的社区荣誉感、认同感更高，参与社区公共事务（包括公共文化服务）的积极性、主动性更强，且参与度普遍较高，因此，更易于组织动员，社区志愿组织数量多、规模也较大。

表8-1　2019年3月个案A与个案B社区二手房房价

	建造年代	房价（元/平方米）
个案A社区二手房		
商品房小区1	2004	23121
商品房小区2	2004	21311
个案B社区二手房		
商品房小区3	2009	9249
商品房小区4	1998	13971
J市二手房均价		17503

---

① Yanlei Hu, Cathy Yang Liu, Tong Chen, "Ecological Improvement and Community Participation: Lessons from Xiaoqing River Ecological Improvement Project in Jinan, China", *Community Development Journal*, Vol. 52, No. 1, 2017, pp. 21-37.

② Yanlei Hu, *How to Enhance the Responsibility of the Citizen in China*? UESTC Press, January, 2015, pp. 995-1001.

第二节 中国场景下社区公共文化服务
合作治理动力要素检验

基于前期研究发现，中国场景下社区公共文化服务合作治理的发展规模、治理效能在不同区县、不同社区间存在显著差异，本小节通过对 A 省 45 个街道办（乡镇）发放调查问卷，以探究中国场景下社区公共文化服务合作治理的关键性动力要素。

一 测量项与调查样本选择

2019 年 6 月 16—21 日，以网络调查问卷的形式，对 A 省各地 45 个街道办（乡镇）以及非政府组织的工作人员发放调查问卷 191 份，其中有效问卷 191 份，有效率 100%。调查问卷测量量项选择由两部分构成，第一部分为调查样本的基本信息，第二部分为基于前述比较个案研究结果，即各级政府部门的政策与资源支持、各级政府部门主要领导者的关注、基层部门行政人员的能力、社区内部环境四个层面社区公共文化服务合作治理的动力要素，以李克特（Likert）五分量表对四个层面动力要素的影响力强弱进行赋分，1（完全没有影响）、2（有一点推动效果）、3（一般）、4（有较强的推动力）、5（最重要的动力）；为提高调查问卷的有效性，要求调查对象在对每一层次动力要求进行打分前，首先对每一层次具体测量项的影响力强弱进行总体性评价，即题目 9B、13C、18D、24E，因此，这几项在进行量表计算时忽略不计。

二 信度与效度检验

为确保调查结果的有效性，运用 SPSS 软件，对本调查问卷的各具体测量项的信度进行检验。

整体测量项目信度检验结果显示（见表 8-2），本书中对四类动力要素"各级政府部门的政策与资源支持（Qu10B - Qu12B、Qu25E - 26E）、各级政府部门主要领导者的关注（Qu14C - Qu17C）、基层部门行政人员的能力（Qu19D - Qu23D）、社区内部环境（Qu27E - Qu31E）"的测量均为 Likert 五分量表，共 20 个条目的 Cronbach's α 系数值为 0.911，大于 0.7，具有较高的内在一致性。

表 8-2　　　　　　　　整体性测量项信度分析

Cronbach 的 Alpha	基于标准化项目的 Cronbach 的 Alpha	项目个数
0.911	0.926	20

数据分析结果显示，各级政府部门的政策与资源支持类动力要素具体测量项的 Cronbach's α 系数值为 0.727（见表 8-3），大于 0.7，显示信度较好。

表 8-3　　　各级政府部门的政策与资源支持测量项信度分析

Cronbach 的 Alpha	基于标准化项目的 Cronbach 的 Alpha	项目个数
0.727	0.738	5

此外，其他三组动力要素即各级政府部门主要领导者的关注与支持（0.719）（见表 8-4）、基层部门行政人员的能力（0.845）（见表 8-5）、社区内部环境（0.876）（见表 8-6）的具体测量项的 Cronbach's α 系数值均大于 0.7，提示具有较高的内在一致性，信度检验结果较好。

表 8-4　　各级政府部门主要领导者的关注与支持测量项信度分析

Cronbach 的 Alpha	基于标准化项目的 Cronbach 的 Alpha	项目个数
0.719	0.729	4

表 8-5　　　　　基层部门行政人员的能力测量项信度分析

Cronbach 的 Alpha	基于标准化项目的 Cronbach 的 Alpha	项目个数
0.845	0.845	5

表 8-6　　　　　　社区内部环境测量项信度分析

Cronbach 的 Alpha	基于标准化项目的 Cronbach 的 Alpha	项目个数
0.876	0.876	5

对各具体测量项的均值、方差及标准差进行计算，发现当各条目例数一样时，汇总后的平均值就等于各条目均值的直接加和，且每当剔除某一条目后，其均值、Cronbach's α 系数的变化如表 8-7、表 8-8、表

8-9、表8-10,更正后项目总数相关(即每一个特定条目与其他条目汇总的 Pearson 相关系数)均大于 0.3,显示与其他项目相关性较强,均不需要剔除。

表8-7　各级政府部门的政策与资源支持测量项相关性检验

	尺度平均数 (如果项目已删除)	尺度变异数 (如果项目已删除)	更正后项目 总数相关	平方复相关	Cronbach 的 Alpha (如果项目已删除)
Qu10B	15.20	8.255	0.451	0.299	0.697
Qu11B	15.21	8.275	0.562	0.342	0.652
Qu12B	15.25	8.618	0.364	0.186	0.735
Qu25E	15.25	8.534	0.535	0.347	0.664
Qu26E	14.91	8.644	0.569	0.372	0.655

表8-8　各级政府部门主要领导者的关注与支持测量项相关性检验

	尺度平均数 (如果项目已删除)	尺度变异数 (如果项目已删除)	更正后项目 总数相关	平方复相关	Cronbach 的 Alpha (如果项目已删除)
Qu14C	11.38	5.773	0.421	0.396	0.715
Qu15C	11.36	5.779	0.644	0.480	0.590
Qu16C	11.33	6.064	0.456	0.373	0.687
Qu17C	11.53	5.387	0.543	0.354	0.636

表8-9　基层部门行政人员的能力测量项相关性检验

	尺度平均数 (如果项目已删除)	尺度变异数 (如果项目已删除)	更正后项目 总数相关	平方复相关	Cronbach 的 Alpha (如果项目已删除)
Qu19D	15.31	8.046	0.686	0.532	0.803
Qu20D	15.03	8.552	0.599	0.423	0.827
Qu21D	15.17	8.424	0.665	0.457	0.810
Qu22D	15.26	8.078	0.659	0.526	0.811
Q23D	15.15	8.435	0.649	0.517	0.814

表8-10　　社区内部环境测量项相关性检验

	尺度平均数（如果项目已删除）	尺度变异数（如果项目已删除）	更正后项目总数相关	平方复相关	Cronbach 的 Alpha（如果项目已删除）
Qu27E	14.61	10.586	0.763	0.612	0.836
Qu28E	14.72	10.149	0.762	0.614	0.835
Qu29E	14.34	11.361	0.665	0.455	0.859
Qu30E	14.74	10.426	0.732	0.538	0.843
Qu31E	14.45	11.207	0.613	0.390	0.872

因此，调查问卷信度分析结果较好，各测量项间相关性较强，调查问卷有效性较强，可以进行一下步分析。

三　调查样本的客观特征

由表8-11可见，本次问卷调查样本具有下述客观特征：

第一，性别特征。本次问卷调查对象性别平均数为1.58，中位数为2，可见调查对象中女性比例更高一些。频次分析结果显示，本次问卷调查对象中男性占41.9%，女性占58.1%。该调查结果也反映出近年来我国基层女干部数量的增长。

第二，年龄特征。本次问卷调查对象的年龄的平均数为2.12，中位数为2，且偏斜度为3.350，说明调查对象大多数为中青年（21—40岁占比为90.1%），与近年来我国基层干部队伍日益年轻的改革趋势相一致，同时反映出本次调查对象以基层行政人员为主，调查结果具有较高的可信度。

表8-11　　问卷调查样本概况描述

	N		平均数	中位数	偏斜度	偏斜度标准误	最小值	最大值
	有效	遗漏						
1A. 性别	191	0	1.58	2.00	-0.332	0.176	1	2
2A. 年龄	191	0	2.12	2.00	3.350	0.176	2	4
3A. 职业	191	0	4.29	4.00	-0.284	0.176	1	6
6A. 社区类型	191	0	3.12	4.00	-0.840	0.176	1	4
7A. 文化程度	191	0	2.12	2.00	0.714	0.176	1	4
8A. 行政级别	191	0	0.95	1.00	1.319	0.176	0	5

第三，职业特征。本次问卷调查对象的职业类型选项的平均数为 4.29，中位数为 4，且偏斜度为 −0.284（见表 8−11），说明问卷调查对象以街道办或乡镇、社区居委会等基层政府部门及其派出机关为主，具体比例见表 8−12，调查样本的代表性较强，调查结果具有较高的可信度。

表 8−12　　　　　　　　　调查对象的职业类型

		次数	百分比	有效的百分比	累积百分比
有效	1	6	3.1	3.1	3.1
	2	10	5.2	5.2	8.4
	3	39	20.4	20.4	28.8
	4	58	30.4	30.4	59.2
	5	23	12.0	12.0	71.2
	6	55	28.8	28.8	100.0
	总计	191	100.0	100.0	

第四，工作或居住的社区类型。为提高调查的针对性与有效性，填写问卷时，明确要求调查对象若在社区或村委会工作，则以工作地为准填写；否则，以居住地为准。本次问卷调查对象居住或工作的社区类型平均数为 3.12，中位数为 4.00，偏斜度为 −0.840，说明工作或居住于城市中心社区的调查对象最多，占比为 51.8%（见表 8−11、表 8−13）。

表 8−13　　　　　　　　调查对象工作或居住的社区类型

		次数	百分比	有效的百分比	累积百分比
有效	1	24	12.6	12.6	12.6
	2	29	15.2	15.2	27.7
	3	39	20.4	20.4	48.2
	4	99	51.8	51.8	100.0
	总计	191	100.0	100.0	

第五，教育水平。本次问卷调查对象文化程度的平均数为 2.12，中位数为 2.00，偏斜度为 0.714，说明调查对象的教育水平绝大多数为本

科，占比为71.2%（见表8-11、表8-14）。

表8-14　　　　　　　　　　　调查对象的教育水平

		次数	百分比	有效的百分比	累积百分比
有效	1	19	9.9	9.9	9.9
	2	136	71.2	71.2	81.2
	3	31	16.2	16.2	97.4
	4	5	2.6	2.6	100.0
	总计	191	100.0	100.0	

第六，行政级别。本次问卷调查对象行政级别的平均数为0.95，中位数为1.00，偏斜度为1.319，说明调查对象的行政级别主要为科员，占比为54.5%（见表8-11、表8-15），即调查对象大多数为基层一线工作者。

表8-15　　　　　　　　　　　调查对象的行政级别

		次数	百分比	有效的百分比	累积百分比
有效	1	56	29.3	29.3	29.3
	2	104	54.5	54.5	83.8
	3	18	9.4	9.4	93.2
	4	11	5.8	5.8	99.0
	5	1	0.5	0.5	99.5
	总计	191	100.0	100.0	

综上所述，本次问卷调查对象女性比例稍高，这是近年来我国基层女干部数量不断增长的结果，但男女比例差距较小，不影响调查结果的客观性；调查对象主要为中青年基层行政人员，且教育水平集中于本科阶段；上述客观特征符合中央组织部自2000年发布《中央组织部关于进一步做好选调应届优秀大学毕业生到基层培养锻炼工作的通知》以来基层干部队伍的人员构成特点，即截至2014年已有20余万名优秀的应届本科生考取选调生职位[①]，成为我国基层干部队伍的中坚力量。

---

① 郑瑞同：《青春在基层绽放——全国青年选调生作品选编》，知识产权出版社2014年版，第2页。

四 社区公共文化服务合作治理动力要素的因子分析

（一）因子分析

1. 统计量描述

运用 SPSS 软件，对问卷调查的统计量进行描述性分析（见表 8-16）。

表 8-16　　社区公文化服务合作治理的动力要素统计描述

名称		样本量	最小值	最大值	平均值	标准差	中位数
各级政府部门的政策与资源支持	Qu10B	191	1	5	3.754	1.113	4
	Qu11B	191	1	5	3.738	0.976	4
	Qu12B	191	1	5	3.707	1.146	4
	Qu25E	191	1	5	3.707	0.945	4
	Qu26E	191	1	5	4.047	0.884	4
各级政府部门主要领导者的关注	Qu14C	191	1	5	3.822	1.133	4
	Qu15C	191	1	5	3.838	0.894	4
	Qu16C	191	1	5	3.869	1.010	4
	Qu17C	191	1	5	3.670	1.096	4
基层部门行政人员的能力	Qu19D	191	1	5	3.670	0.924	4
	Qu20D	191	1	5	3.953	0.896	4
	Qu21D	191	1	5	3.812	0.862	4
	Qu22D	191	1	5	3.717	0.942	4
	Qu23D	191	1	5	3.827	0.874	4
社区内部环境	Qu27E	191	1	5	3.602	0.962	4
	Qu28E	191	1	5	3.492	1.041	4
	Qu29E	191	1	5	3.880	0.913	4
	Qu30E	191	1	5	3.476	1.020	4
	Qu31E	191	1	5	3.764	0.996	4

2. KMO 与和 Bartlett 球形度检验

首先应分析研究数据是否适合进行因子分析，SPSS 软件分析结果（见表 8-17）显示，KMO 为 0.909，大于 0.6，符合因子分析的前提要求，表示该数据可用于因子分析研究；且数据通过 Bartlett 球形度检验（$P<0.05$），说明研究数据适合进行因子分析。

表 8-17　　　　　　　　　　KMO 和 Bartlett 的检验

KMO 值		0.909
Bartlett 球形度检验	近似卡方	2065.88
	df	171
	p 值	0

3. 因子间的共同度分析

运用 SPSS 软件进行因子间的共同度分析，如表 8-18 所示，初始共同度均为 1，提取 3 个公因子后，各因子均存在信息丢失，尤其是 Qu25E（0.472）、Qu26E（0.474）的信息量丢失严重。

表 8-18　　　　　　　　　　共同度分析

	起始	抽取
Qu10B	1.000	0.719
Qu11B	1.000	0.552
Qu12B	1.000	0.677
Qu25E	1.000	0.472
Qu26E	1.000	0.474
Qu14C	1.000	0.687
Qu15C	1.000	0.631
Qu16C	1.000	0.715
Qu17C	1.000	0.661
Qu19D	1.000	0.522
Qu20D	1.000	0.691
Qu21D	1.000	0.538
Qu22D	1.000	0.567
Qu23D	1.000	0.560
Qu27E	1.000	0.716
Qu28E	1.000	0.699
Qu29E	1.000	0.599
Qu30E	1.000	0.682
Qu31E	1.000	0.561

抽取方法：主成分分析。

4. 因子间的总方差分析

由表 8-19 可见，第 1 个因子的特征根为 8.468，解释 19 个原始变量总方差的 44.567%；第 2 个因子的特征根为 1.717，解释 19 个原始变量总方差的 9.039%，累计方差贡献率为 53.607%；第 3 个因子的特征根为 1.540，解释 19 个原始变量总方差的 8.103%，累计方差贡献率为 61.710%；且只有这三个因子的特征根大于 1。如表 8-19 所示，有三个因子提取与旋转，其累计解释总方差百分比和初始解的前三个变量相同，但经旋转后的因子重新分配各因子的解释原始变量的方差，使因子的方差更为接近，也更易于解释。

表 8-19　　　　　　　　因子分析说明的变异数统计

元件	初始特征值			提取平方和载入			循环平方和载入		
	总计	变异的%	累加%	总计	变异的%	累加%	总计	变异的%	累加%
1	8.468	44.567	44.567	8.468	44.567	44.567	4.986	26.241	26.241
2	1.717	9.039	53.607	1.717	9.039	53.607	3.580	18.843	45.084
3	1.540	8.103	61.710	1.540	8.103	61.710	3.159	16.625	61.710
4	0.890	4.686	66.396						
5	0.844	4.442	70.838						
6	0.706	3.714	74.552						
7	0.661	3.477	78.030						
8	0.596	3.138	81.167						
9	0.503	2.646	83.814						
10	0.440	2.316	86.129						
11	0.413	2.174	88.303						
12	0.380	2.000	90.303						
13	0.345	1.817	92.120						
14	0.301	1.584	93.704						
15	0.291	1.529	95.233						
16	0.271	1.424	96.657						
17	0.234	1.234	97.891						
18	0.218	1.149	99.040						
19	0.182	0.960	100.000						

抽取方法：主成分分析。

因子分析的碎石图显示，前三个因子的特征根都很大，从第四个因子开始，特征根均小于1，且连线变得平缓，因此，前三个因子对解释变量的贡献最大（见图8-1）。

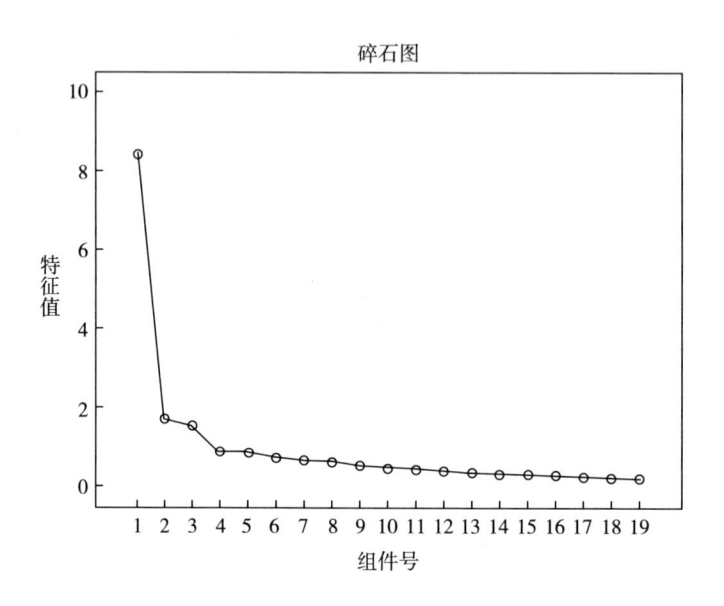

图 8-1　因子分析碎石图

5. 旋转后的因子载荷

进一步分析，发现初始因子载荷集中解释公因子1（见表8-20），旋转后的因子载荷分布更为均匀（见表8-21、图8-2），即公因子1集中解释了Qu28E、Qu27E、Qu30E、Qu29E、Qu31E、Qu22D，因此可命名为社区内部环境要素；公因子2集中解释了Qu10B、Qu14C、Qu11B、Qu15C，因此可命名为中央及省市级政府要素；公因子3集中解释了Qu16C、Qu12B、Qu20D，因此可命名为区（县）等基层政府要素。

表 8-20　　　　　　　　　　成分矩阵[a]

	组件		
	1	2	3
Qu27E 社区所隶属街道办及区县内社会组织的数量与规模	0.749		
Qu23D 区县政府及其派出机关行政人员的社会动员能力	0.738		

续表

	组件		
	1	2	3
Qu22D 社区居委会行政人员的管理创新能力	0.733		
Qu21D 区县政府及其派出机关行政人员的协调沟通能力	0.724		
Qu15C 省市级政府主要领导者的积极支持态度	0.721		
Qu28E 社区内志愿组织的数量与规模	0.716		
Qu17C 社区居委会主要领导者的积极支持态度	0.716		
Qu19D 区县政府及其派出机关领导者的政治资源获取能力	0.708		
Qu30E 社区居民以常住人口为主、流动人口少	0.699		
Qu31E 社区居民教育水平普遍较高	0.684		
Qu25E 社区硬件设施建设等自然环境	0.660		
Qu20D 区县政府及其派出机关领导者的经济资源获取能力	0.653		
Qu29E 社区居民参与志愿活动的意愿	0.652		
Qu26E 社区所隶属街道办及区县政府财政实力	0.612		
Qu14C 中央政府主要领导者的积极支持态度	0.609		
Qu11B 省市级政府的政策及财政支持			
Qu10B 中央政府的政策及财政支持			
Qu16C 区县政府及其派出机关主要领导者的积极支持态度			0.625
Qu12B 区县政府及其派出机关的政策及财政支持			

提取方法：主成分分析。a. 已提取 3 个成分。

表 8-21　　　　　　　　　旋转后的成分矩阵[a]

	组件		
	1	2	3
Qu28E 社区内志愿组织的数量与规模	0.808		
Qu27E 社区所隶属街道办及区县内社会组织的数量与规模	0.802		
Qu30E 社区居民以常住人口为主、流动人口少	0.797		
Qu29E 社区居民参与志愿活动的意愿	0.747		
Qu31E 社区居民教育水平普遍较高	0.676		
Qu22D 社区居委会行政人员的管理创新能力	0.627		
Qu21D 区县政府及其派出机关行政人员的协调沟通能力			
Qu23D 区县政府及其派出机关行政人员的社会动员能力			

续表

	组件		
	1	2	3
Qu10B 中央政府的政策及财政支持		0.832	
Qu14C 中央政府主要领导者的积极支持态度		0.775	
Qu11B 省市级政府的政策及财政支持		0.676	
Qu15C 省市级政府主要领导者的积极支持态度		0.657	
Qu25E 社区硬件设施建设等自然环境			
Qu19D 区县政府及其派出机关领导者的政治资源获取能力			
Qu16C 区县政府及其派出机关主要领导者的积极支持态度			0.827
Qu12B 区县政府及其派出机关的政策及财政支持			0.793
Qu20D 区县政府及其派出机关领导者的经济资源获取能力			0.623
Qu17C 社区居委会主要领导者的积极支持态度			
Qu26E 社区所隶属街道办及区县政府财政实力			

提取方法：主成分分析。
旋转方法：Kaiser 标准化最大方差法。
a. 旋转在 5 次迭代后已收敛。

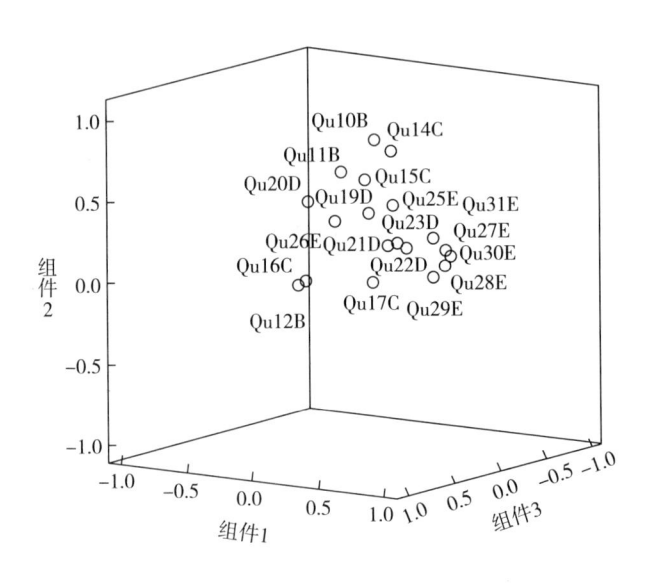

图 8-2　旋转空间的因子

6. 因子得分系数

运用回归法估算出因子得分系数（见表 8-22），可写出因子得分函数：

F1 = - Qu10B * 0.079 - Qu11B * 0.119 - Qu12B * 0.072 + Qu25E * 0.046 - Qu26E * 0.078 - Qu14C * 0.021 - Qu15C * .049 - Qu16C * 0.089 + Qu17C * 0.089 - Qu19D * 0.003 - Qu20D * 0.159 + Qu21D * 0.100 + Qu22D * 0.128 + Qu23D * 0.087 + Qu27E * 0.226 + Qu28E * 0.240 + Qu29E * 0.224 + Qu30E * 0.240 + Qu31E * 0.175

F2 = Qu10B * 0.363 + Qu11B * 0.256 - Qu12B * 0.112 + Qu25E * 0.128 + Qu26E * 0.087 + Qu14C * 0.318 + Qu15C * 0.209 - Qu16C * 0.118 - Qu17C * 0.139 + Qu19D * 0.095 + Qu20D * 0.147 - Qu21D * 0.011 - Qu22D * 0.027 - Qu23D * 0.018 - Qu27E * 0.045 - Qu28E * 0.086 - Qu29E * 0.117 - Qu30E * 0.048 + Qu31E * 0.015

F3 = - Qu10B * 0.151 + Qu11B * 0.031 + Qu12B * 0.367 - Qu25E * 0.047 + Qu26E * 0.166 - Qu14C * 0.172 + Qu15C * 0.016 + Qu16C * 0.394 + Qu17C * 0.200 + Qu19D * 0.072 + Qu20D * 0.229 + Qu21D * 0.046 + Qu22D * 0.024 + Qu23D * 0.075 - Qu27E * 0.094 - Qu28E * 0.077 - Qu29E * 0.035 - Qu30E * 0.123 - Qu31E * 0.102

表 8-22　　　　　　　　　成分得分系数矩阵

	组件		
	1	2	3
Qu10B	-0.079	0.363	-0.151
Qu11B	-0.119	0.256	0.031
Qu12B	-0.072	-0.112	0.367
Qu25E	0.046	0.128	-0.047
Qu26E	-0.078	0.087	0.166
Qu14C	-0.021	0.318	-0.172
Qu15C	-0.049	0.209	0.016
Qu16C	-0.089	-0.118	0.394
Qu17C	0.089	-0.139	0.200
Qu19D	-0.003	0.095	0.072

续表

	组件		
	1	2	3
Qu20D	-0.159	0.147	0.229
Qu21D	0.100	-0.011	0.046
Qu22D	0.128	-0.027	0.024
Qu23D	0.087	-0.018	0.075
Qu27E	0.226	-0.045	-0.094
Qu28E	0.240	-0.086	-0.077
Qu29E	0.224	-0.117	-0.035
Qu30E	0.240	-0.048	-0.123
Qu31E	0.175	0.015	-0.102

提取方法：主成分分析。
旋转方法：Kaiser 标准化最大方差法。
组件评分。

7. 总因子得分

基于因子得分函数，计算得出三个公因子得分（见表 8-23），F2 总得分最高，即 3.41759，F1 总得分为 3.329546，F3 总得分为 3.013979，由此可见，F2 公因子即中央及省市级政府部门是推动社区公共文化服务合作治理发展的最重要因素；F1 社区内部环境因素次之，包括社区居委会领导者的管理创新能力、非政府组织数量与规模、人口的稳定性、教育水平以及志愿精神；再次是区县政府及其派出机关，即基层政府部门。此外，三个公因子总得分差距不太大，说明社区公共文化服务合作治理中，三个层次因素均为较为重要的动力因素，影响度的差别并不明显。

表 8-23　　　　　　　　　　总因子得分

	F1	F2	F3
Qu22D	-0.591003	0.546399	0.851193
Qu19D	-0.32663	-0.43306	1.44598
Qu12B	-0.266904	-0.415184	1.360469

续表

	F1	F2	F3
Qu15C	-0.299364	0.333906	0.637108
Qu17C	-0.17983	0.76703	0.05872
Qu11B	-0.444822	0.956928	0.115878
Qu21D	-0.011436	0.36214	0.274464
Qu20D	0.351817	-0.549467	0.7906
Qu23D	0.3827	-0.042097	0.176042
Qu28E	0.303804	-0.062856	0.2619
Qu10B	-0.296566	1.362702	-0.566854
Qu14C	0.175812	0.489216	-0.179634
Qu16C	-0.081249	1.230342	-0.665468
Qu27E	0.461056	-0.097254	0.086448
Qu26E	0.708225	0.060705	-0.412794
Qu29E	0.87688	-0.1746	-0.36472
Qu31E	0.843136	-0.440388	-0.13174
Qu30E	0.83424	-0.298936	-0.267652
Qu25E	0.88968	-0.177936	-0.455961
总得分	3.329546	3.41759	3.013979

（二）因子分析结论

综上所述，基于对 A 省 45 个街道办及其下辖社区公共文化服务合作治理动力要素的问卷调查数据，运用 SPSS 软件进行因子分析，发现社区公共文化服务合作治理动力要素具有下述几个特点。

第一，社区公共文化服务合作治理的动力要素由三个层面因素构成，即社区内部环境（F1）、中央及省市政府部门与主要领导者（F2）、区（县）政府部门及其主要领导者（F3），其中，中央及省市政府部门与主要领导者（F2）对于社区公共文化服务合作治理发展的推动作用最大（详见表 8-24）。

表8-24　社区公共文化服务合作治理的主要动力要素

主因子	因子
社区内部环境因素	Qu28E 社区内志愿组织的数量与规模
	Qu27E 社区所隶属街道办及区县内社会组织的数量与规模
	Qu30E 社区居民以常住人口为主、流动人口少
	Qu29E 社区居民参与志愿活动的意愿
	Qu31E 社区居民教育水平普遍较高
	Qu22D 社区居委会行政人员的管理创新能力
中央及省市级政府部门	Qu10B 中央政府的政策及财政支持
	Qu14C 中央政府主要领导者的积极支持态度
	Qu11B 省市级政府的政策及财政支持
	Qu15C 省市级政府主要领导者的积极支持态度
区（县）政府部门及其派出机关	Qu16C 区（县）政府及其派出机关主要领导者的积极支持态度
	Qu12B 区（县）政府及其派出机关的政策及财政支持
	Qu20D 区（县）政府及其派出机关领导者的经济资源获取能力

第二，社区公共文化服务合作治理的三个层面动力要素间的影响度的差别不大，总因子得分为3.41759、3.329546、3.013979，可见，三个层面动力要素对于社区公共文化服务合作治理的推动作用较为均衡。

第三，社区内部环境（F1）、中央及省市政府部门（F2）对于社区公共文化服务合作治理发展的推动作用较强，而区（县）政府部门及其派出机关（F3）的推动作用较弱，说明与欧美国家相比，中国社区公共文化服务合作治理属于政府主导型模式，然而，近年来，随着基层社会治理结构的日益健全，社会力量发挥着越来越重要的作用，而基层政府即区（县）政府部门在合作治理中的推动作用在弱化。

第四，公因子F1、F2、F3问卷调查量表中区（县）政府部门行政人员的协调沟通能力（Qu21D）、社会动员能力（Qu23D）、政治资源获取能力（Qu19D）、社区所隶属街道办及区（县）政府财政实力（Qu26E）、社区居委会主要领导者的积极支持态度（Qu17C）、社区硬件设施建设等自然环境（Qu25E）五项动力要素在主因子中没有占比，可忽略。

第三节 本章小结

本章基于比较个案研究法,对社区公共文化服务合作治理的动力要素进行个案调查与比较研究,分析、归纳得出社区公共文化服务合作治理的19项动力要素;在此基础上,综合运用深度访谈、问卷调查等质化研究方法与因子分析、主成分等定量分析方法,进一步分析社区公共文化服务合作治理中19项动力要素中的主成分与影响度,发现社区内部环境(F1)、中央及省市政府部门(F2)、区(县)政府部门及其派出机关(F3)为社区公共文化服务合作治理发展中的三个主要影响因素,且中央及省市政府部门与社区内部环境要素的推动作用更强,区(县)政府部门及其派出机关的推动作用稍弱,但三个主因子均为推动社区公共文化服务的重要动力。基于比较个案研究结论、主因子与具体动力要素因子内涵,认为可采取下述措施,以有效推动社区公共文化服务合作治理发展。

一 中央及省市级政府部门

中央及省市级政府部门的政策引导与支持、主要领导者的关注与支持是社区公共文化服务合作治理发展最主要的动力要素,这也体现出基于中国政治体制环境下,社区公共文化服务合作治理为政府主导型模式,且政府的主导性极大地推动了社区公共文化服务合作治理的发展。然而,个案研究中发现,目前我国区域经济文化发展不平衡,造成不同区域社区公共文化服务合作治理的规模、效能极为不平衡。中央及省市级政府部门作为最重要的动力要素,可探索通过财政统筹、政策设计等措施对区域经济文化不发达地区的社区公共文化服务体系建设进行财政补贴、政策倾斜,以推动其平衡发展。

二 社区内部环境要素方面

社区居委会行政人员的管理创新能力、社区内入驻社会组织的数量与规模、社区内生型志愿组织数量与规模、社区居民公共参与积极主动性、教育水平以及人口稳定性(常住人口多)是社区公共文化服务合作治理的重要动力因素,可通过加强社区居委会行政人员与社区居民的定期教育培训,建立健全社区居民、非政府组织公共参与激励机制,建立社会组织培育机制，以优化社区内部环境，有效推动社区公共文化服务合作治理。

三 区（县）政府部门及派出机关

区（县）政府部门及派出机关的政策引导与支持、区（县）政府部门及派出机关主要领导者的关注与支持、区（县）政府部门及其派出机关行政领导者的经济资源获取能力是推动社区公共文化服务合作治理的第三类动力要素。与前两类动力要素相比，该类动力要素在推动社区公共文化服务合作治理中发挥的作用较弱。应进一步健全基层政府部门公共政策执行监督机制，降低政策空传、政策梗阻等政策执行问题；加强基层政府部门领导者的战略管理等综合能力的培养与提升，以充分发挥区（县）政府部门及派出机关对社区公共文化服务合作治理的推动作用。

第九章 中国社区公共文化服务合作供给制度选择

人类对于制度的研究最早可追溯至公元前 4 世纪，亚里士多德在其著作《政治学》中指出，国家是一个包括各种社会团体的组织，该组织的目的为"善"，为达到该目的，必须建立一套完美的体制。① 制度经济学家道格拉斯·诺斯认为，"制度是人为制定的限制，用以约束人类的互动行为……制度在一个社会中的主要作用是建立人们互动的稳定结构，以降低不确定性"②。美国斯坦福大学著名社会学家斯科特在其著作《制度与组织：思想观念与物质利益》中指出，制度是指由符号性要素、社会活动和物质资源构成的持久的社会结构，该社会结构为个体、组织以及社会生活提供规制性、规范性和文化——认知性要素和资源；而制度逻辑则是指在某个领域中稳定存在的制度安排和相应的行动机制。③ 社区公共文化服务合作供给制度是促使当前我国城市公共文化服合作治理有序、规范、长效运转的根本保障。改革开放四十多年来，我国非政府组织数量、规模均处于迅速发展时期，社区公共文化服务合作治理主体日益多元化，供给制度日益多样化。然而，通过系统梳理，发现当前我国社区公共文化服务合作供给制度可划分为两大类型，即合作制与非合同制。上述两种合作供给制度可以涵盖当前我国社区公共文化服务合作治理的所有类型，且近年来，随着非政府组织力量的不断壮大，非合同制所占的比例日益提升，在公共文化服务合作治理中发挥着越来越重要的

---

① ［美］迈克尔·罗斯金等：《政治科学》，林震译，中国人民大学出版社 2009 年版，第 24 页。
② ［美］道格拉斯·诺斯：《经济史中的结构与变迁》，陈郁等译，上海三联书店、上海人民出版社 1994 年版，第 225—226 页。
③ ［美］斯科特：《制度与组织：思想观念与物质利益》，姚伟、王黎芳译，中国人民大学出版社 2010 年版。

作用。①

第一节　社区公共文化服务合作供给制度类型划分

随着后新公共管理理论的发展，社区公共文化服务合作治理模式被越来越多的国家纳入改革议程，且由于各国国情不同而形成了较为多样的合作供给制度类型，但根据其制度运作模式，可划分为两大类社区公共文化服务合作供给制度：

一　合同制

合同制（contracting out form）是指国家为满足公民的公共文化服务需求，政府与文化企业、文化事业单位、非政府组织以及公民个体，通过签订一系列纸质合同（或协议）的方式，提供某一种或某一类公共文化服务，该种运行模式也被称为政府购买公共文化服务项目，是国内外公共文化服务合作治理中最常见的一种运营制度。如在意大利，合同制模式主要运用于需要长期控制或管理的公共文化服务产品，如博物馆、美术馆、图书馆等②。由于上述公共文化服务产品的使用与管理具有长效性，合同外包制可以推动政府服务职能转变、机构精简，且有助于提高公共文化服务产品供给的效率与效益。

二　非合同制

非合同制（non-contracting out form）是指在未签订任何纸质合同（或协议）的情况下，政府与文化企业、文化事业单位、非政府组织以及公民个体共同参与提供某一种或某一类公共文化服务的生产或供给。该种运营制度具体又可分为下述两种情况。

一是非合同制外包（non-contractual outsourcing），通常是指政府通过对某些外部组织（非政府文化机构）进行资助或补贴，从而在不签订

---

① 胡艳蕾、陈通、高海虹：《我国政府购买公共文化服务的"非合同制"治理》，《中国行政管理》2016 年第 1 期。

② Enrico Bertacchini, Chiara Dalle Nogare, "Public Provision vs. Outsourcing of Cultural Services: Evidence from Italian Cities", *European Journal of Political Economy*, Vol. 35, No. 9, 2014, pp. 168-182.

任何公共文化服务或产品的购买合同的情况下实现公共文化服务或产品的生产或供给。不过，政府与该非政府文化机构间可能存在一种关系契约或者隐性合同（Hart，2001）。① Enrico Bertacchini 与 Chiara Dalle Nogare 认为，与传统合同制外包不同，非合同制外包由于并不是通过签署一个具有明确期限（如若干年）的合同进行规范约束而更具弹性。因此，对于政府而言，这种外包制度并不意味着政府要长期参与某种服务的供给；或者这种服务一直处于外包状态，即在文化领域中对文化产品的补贴与外包极其相似，尤其是当获得补贴的文化组织对于公共支持（public support）具有很强的依赖性，且其生产的文化服务的供给对象为全体公众时，即是一种典型的非合同制外包；因此，非合同制外包也可称为资助制或补贴制，该模式被意大利、英国、丹麦、以色列等很多国家广泛运用于公共文化服务的供给领域，且补贴额度呈增长趋势。如 2000 年至 2010 年，在意大利政府的文化支出中，对非政府文化机构的财政资助额增长最快，十年间资助额增长了 47%（ISTAT）。② 非合同制的理论基础源自英国的"一臂之距"文化管理原则，欧洲国家在将此模式运用于政府购买公共文化服务产品时，不断对该治理模式进行补充与完善，如以色列政府在此基础上形成了一种独有的公共文化服务供给模式的公共参与机制。在该模式中，政府通过财政补贴委托"一臂之距"（即独立）的机构，如艺术协会，提供公共文化服务。Van der Ploeg（2006）认为，由政府直接提供公共文化服务的文化政策存在政策扭曲的风险，因此，"一臂之距"模式是一个更好的解决方案，该模式将决策责任委托给一个由艺术和文化领域专家构成的法定独立机构承担。③

二是非合同制合作治理，即由文化企业、非政府组织或公民个体自发、主动且无偿地参与承担某一种或某一类公共文化服务的生产或供给，而未签订任何经济性合同或协议，如社区退休老人自发组织的合唱团为

---

① Hart, O, "Norms and the Theory of the Firm", NBER Working Paper no. 8286: National Bureau of Economic Research, Cambridge, MA, 2001.

② ISTAT: Italian National Statistical Office, cited from: Enrico Bertacchini, Chiara Dalle Nogare, "Public Provision vs. Outsourcing of Cultural Services: Evidence from Italian Cities, European", *Journal of Political Economy*, Vol. 35, No. 9, 2014, pp. 168 – 182.

③ F. Van der Ploeg, "The Making of Cultural Policy: A European Perspective", V. A. Ginsburgh, D. Throsby, Eds., Handbook of the Economics of Art and Culture. Elsevier, Amsterdam, 2006, pp. 1183 – 1221.

孤寡老人献唱、草根春晚等公共文化活动以及民办图书馆、博物馆等公共文化设施。近年来，随着国家整体经济水平的提升，社会公众对于公共文化的需求日益提升，以非合同制合作治理运营制度提供的公共文化服务数量日益增多、类型日益多样化，在公共文化服务合作治理中占据着越来越重要的地位。

第二节　社区公共文化服务非合同制合作供给的优势

英国、丹麦、意大利等国的实践经验表明，在社区公共文化服务合作治理中，非合同制合作供给制度由于其具有供给主体的多元化、文化组织的独立性、监管机制的法制化及供给机制的弹性化等特征，对于公共文化服务这种难以量化且边际效益大的公共物品，较之合同制合作供给制度更具实践价值。

一　供给主体的多元化

非合同制合作供给制度下，公共文化服务的直接供应主体为私人机构、公私合作机构、社会公益组织团体等，而不仅仅是传统上以政府为主，或者合同制中以私人机构为主。因此，在该制度下公共公文化服务的供给主体多元化，且由于政府仅仅通过向各种文化组织提供资金扶持、政策引导与绩效评估，不需要直接参与决策并管理公共文化服务供给，如具体供给内容的筛选、管理、评估等操作过程，一方面可减轻政府负担，另一方面，实现了政府职能的有效转移，有利于政府管理效率的提升。以意大利为例，公共文化服务合作治理中的供给方不仅是指那些私人机构（privately owned institutions）[1]，还包括各种不同类型的经济组织（economic agents），即包括其他公共组织、私人组织及混合型组织（hybrid organization）。尤其是，公私混合型组织是公共文化服务的重要供给主体[2]。

---

[1] T. L. Brown, M. Potoski, "Transaction Costs and Institutional Explanations for Government Service Production Decisions", *Public Adm. Res. Theory*, Vol. 13, 2003, pp. 441–468.

[2] J. M. Schuster, "Neither Public Nor Private: the hybridization of Museums", *Cult Econ*, No. 22, 1998, pp. 127–150.

多元的公共服务供给主体，由于具备行业优势和资源优势，且基于组织效益及其生存发展的战略考虑，更倾向于在全面深入了解居民公共文化服务需求的基础上，根据供给对象所处的具体公共文化服务环境，制定相应的公共文化服务供给战略、目标、内容及管理流程，与政府直接参与供给相比，其供给效率更高，效益更好，即更易于以最小的成本投入实现居民公共文化服务需求满足的最大化。以英国为例，2009年2月由伦敦戏剧学会公布的其管理的52个剧院的数据显示，2008年上述剧院的戏剧、歌剧等文艺演出，共计吸引观众近1381万人次，票房收入总计4.8亿英镑，比上一年度增长3%。此外，英国自2001年12月实施"公众免费开放制度"，即若博物馆和美术馆的永久陈列品对公众免费开放，则可享受增值税返还，该制度不仅在英国政府资助的博物馆和美术馆实施，且包括48所大学的博物馆和美术馆（2005年10月）。此外，英国政府相关部门，即文化、媒体与体育部，每年为其下属的12家博物馆提供4000万英镑的财政补贴，以补偿其因免费开放造成的门票收入损失；且为其主管的所有博物馆和美术馆（共22家）每年提供总计3.2亿英镑的预算支持。① 英国的免费开放制度不仅为公众提供了丰富的公共文化服务产品，满足了公众的部分文化需求，且刺激了公共文化机构及其公共文化服务产品的繁荣与发展。

二　文化组织的独立性

非合同制合作供给制度的主要特点之一为，政府对一些独立的私人或公共文化组织、公私混合型的文化组织提供基金、补贴等资助方式，这些具有独立性的文化组织按照政府文化管理机构文化政策要求，独立进行公共文化服务产品的设计、供给与管理、评估，一方面实现了政府职能的有效转移，另一方面大大提高了公共文化服务供给的效能。文化组织的独立性原则在非合同制中的运用，最早起源于英国的"一臂之距"文化管理原则。早期英国政府对于文化管理一直采取放任政策，直至1940年成立英国音乐艺术促进委员会和国家娱乐服务联合会两个半官方的文化管理机构②。1946年，由议会宣布将英国音乐艺术促进委员会更名

---

① 陆晓曦：《英国文化管理机制：一臂之距》，《山东图书馆学刊》2012年第6期。
② 李河：《"一臂之距"原则与艺术理事会》，《中国社会科学院报》2008年5月8日第6版。

为大不列颠艺术委员会（the Arts Council of the Great Britain），负责执行政府文化政策。1967年2月，英国女王向大不列颠文化艺术委员会颁发新的特许证，明确规定该机构应作为各级政府及其有关机构在文化发展中的顾问，且有权代表政府负责制定向艺术机构分配拨款的决策及其实施。国际艺术委员会和文化机构联盟（The International Federation of Arts Councils and Culture Agencies，IFACCA）在2002年5月公布的一份文件中指出，大不列颠文化艺术委员会是全球第一个体现"一臂之距"原则的中介组织。

"一臂之距"（Arm's Length）英文原意是指，在队列中与前后左右的伙伴保持相同的距离，最早运用于经济领域，指具有隶属关系的经济组织（如母公司与子公司）在交易时都具有平等的法律地位，一方不能取代或支配另一方，也被称为独立交易原则。"一臂之距"的文化管理原则即是指政府委托具有一定独立性的文化中介组织进行公共文化服务的供给与管理，因此，我们认为也可以称之为文化组织的独立性原则，其具体优越性表现为：其一，文化组织的独立性原则要求政府不直接参与公共文化服务供给活动，不仅有效避免权力寻租等腐败行为的滋生，还有利于推进政府职能转变，提高政府管理效率；其二，文化组织的独立性原则保证了非政府公共文化机构的独立性与权威性，其组织成员通常由艺术和文化领域的中立专家组成，能够在不受政府干预的情况下独立地履行公共文化服务供给职能，其专业优势与组织优势能够促使其最大限度满足居民公共文化需求。

三　管理机制的规则化

基于"一臂之距"的社区公共文化服务非合同制，其核心理念在于强调保持公共文化机构的独立性，这也是西方政府分权化改革的重要举措之一。然而，伴随而来的问题是如何在保证上述机构独立性的同时，提高其所供给的公共文化服务产品的质量、供给效率以及合法性、公平性等问题。因此，规则（rule）是解决上述问题的重要工具，对于这一点西方诸多学者均进行过系统论证。如Enrico Bertacchini与Chiara Dalle Nogare指出，在公共文化服务的非合同制下，由于运用法律规则（legal rule）明确了公共文化机构的行动边界，当地某些实际的潜在合作伙伴成为推动政府选择的主要力量。Shahadat Khan与Bill Schroder指出，规则（rule）是政府进行公共服务外包的决策依据，且研究结果表明严格地根据规则而开展公共服务的供给与管理等行动,甚至大大强过仅仅为了实现供给结果满意而开展的行动;在政府外包过程中,正式规则发挥关键作用,但等级体制下来自上级机构的指示也发挥重要作用,即一些非文本的基本规则(unwritten ground rules,UGR)。① 总之,管理机制的规则化是实现公共文化服务非合同制合作供给的根本依据与重要保证。

以英国公共文化机构的版权立法机制为例。英国是第一个开展版权立法的国家,通过版权立法,实现了在维护公共文化机构独立性的同时,确保对其所供给的公共文化服务产品版权的法律监督。1956年版权法中所包括的模拟版权(即电子与印刷版权的总称)规范,应用于英国的档案馆、图书馆等公共文化机构版权的管理,1988年对该规范进一步补充与完善;此外,《版权与相关权利法规》(2003)对数字版权进行了立法规范。《版权与相关权利法规》中明确规定,"凡适用合理使用规则的档案馆、图书馆,都不得有营利行为"②。因此,管理机制的规则化,尤其是法制化,是社区公共文化服务非合同制合作供给过程公正合法的重要保证。

四 供给机制的弹性化

社区公共文化服务非合同制的另一重要特点为,由获得资助或补贴的文化机构独立决策以进行公共文化服务产品的供给与管理,而政府运用相关法律法规及其规章制度、绩效管理评价机制等工具,对上述文化机构的供给内容、供给效率与效益等公共文化服务供给的全过程进行宏观管理,较好地发挥了政府的"掌舵人"作用,而将公共文化服务的产品规划或设计、生产、供给方式、成本管理、公众需求评价等具体决策与管理行为委托给上述文化机构,而文化机构作为公共文化服务的直接供给者,基于组织自身的成本收益考虑,在相关法律规章制度的规制下,致力于以最低的成本提供顾客需求的公共文化服务及产品。如丹麦的艺术资助制度,即是一种典型公共文化服务的非合同制治理模式,基本框架结构由议会、文化部和独立性艺术机构组成。其中,议会职能为立法和年度预算,以确定对特定艺术领域的资助额度;文化部通过制定艺术

---

① Shahadat Khan, Bill Schroder, "Use of Rules in Decision - making in Government Outsourcing", *Industrial Marketing Management*, No. 38, 2009, pp. 379 – 386.
② 吴汉东:《西方诸国著作权制度研究》,中国政法大学出版社1998年版。

资助政策、审批独立性艺术机构的行动计划、与艺术团体签订资助协议对艺术领域的发展进行管理；独立性艺术机构则独立运行，通过对不同艺术门类和个体艺术家进行具体资助以推动艺术领域的发展。通过"一臂之距"的艺术机构与灵活的资助制度，在符合艺术发展规律的条件下实现了艺术类文化服务的弹性化供给，较好地满足了社会需求。①

反之，社区公共文化服务的合同制下，政府则需要明确公众的公共文化服务需求，在此基础上以合同外包的方式向企业或非营利组织购买相应的公共文化服务，该制度更适合于那些较为刚性的、变动性差的公共文化服务，如公共文化设施；而公众对于公共文化服务产品的需求变动性较强，其所处的经济环境、社会环境、民族环境甚至自然环境不同均会造成他们对于公共文化服务需求的差异性，从而造成政府对于公众文化服务需求评估的困难。而非合同制以补贴的形式将具体决策权下放至直接提供社区公共文化服务的具体文化机构，这些文化机构得益于其文化嗅觉、实践经验、专家资源等自身优势条件，可因地制宜地灵活选择社区公共文化服务，从而实现社区公共文化服务供给的弹性化。

第三节　社区公共文化服务"非合同制"合作供给制度风险

20世纪90年代末以来，西方发达国家对于新公共管理运动所倡导的分权化改革热度普遍降低，以英国撒切尔政府掀起的私有化、民营化等分权化改革的弊端日益彰显，如公共服务供给的碎片化、组织机构的裂化、政治控制力弱化等问题。西方学术界对于新公共管理所倡导的分权化改革理念不断发出质疑之声，主要代表理论有新公共服务理论（New Public Service）、整体政府理论（Holistic Government）、网络治理理论（Governance in Complex Networks）及数字时代政府治理理论（Digital - Era Governance），上述理论通常被归类为后新公共管理（Post New Public Management，Post - NPM）时代的代表性理论。而社区公共文化服务的非

---

① 李金生：《丹麦的"一臂之距"艺术资助体制》，《中国文化报》2014年7月17日第10版。

合同制合作供给制度，相对于合同制外包，其分权化程度更高，也面临更多风险。

一 社区公共文化服务供给的碎片化

"一臂之距"原则是公共文化服务非合同制的根本理论依据，即政府通过资助或补贴的方式，委托独立机构提供公共文化服务。自西方发达国家掀起新公共管理改革运动以来，非合同制成为政府改革的焦点。对此，Pollitt 等将这一改革浪潮称为独立机构发烧症（agency fever）。[1] Perri 6 和 Patrick Dunleavy 等提出整体政府理论，基于组织结构的角度对上述分权化改革进行了批判，认为新公共管理的分权化与分散化改革造成了组织结构与公共服务供给的碎片化。[2] 此外，Walsh 在其著作中指出，"政府以各种形式将公共服务外包给私营部门或许会节省20%—30%的直接成本，然而，我们无法确定这种情况是否会持续存在……至少在一些案例中，这种节约本质上是来自提供服务的雇佣者的工资。相反，较高的交易成本并未被报道。尤其是在某些重要机构重组过程中，交易成本通常很高，如新机构的成立或内部市场的引入"[3]。因此，非合同制中所推崇的"一臂之距"的文化机构及其治理逻辑，不仅存在过度分权化而造成政府执行力的弱化，也会导致由于缺乏统筹规划、宏观管理而造成社区公共文化服务供给的碎片化。

二 社区公共文化服务政策的长效性危机

社区公共文化服务非合同制存在的另一个潜在的风险是，由于过分强调"一臂之距"原则而造成政府管理能力日益弱化，从而造成其所制定的公共文化服务政策日趋缺乏可持续性影响力。如 Thomas Elston 在其文章《不要过于"一臂之距"：对英国中央政府向独立机构分权的重新解读》（2014），通过文本分析与大量的案例分析发现，英国独立机构在大规模增长与膨胀的同时，对于相关政策可持续性等质量问题的关注度日益下滑；并指出目前英国的行政分权化改革政策存在可持续性问题，认

---

[1] C. Pollitt, K. Bathgate, J. Caulfield, A. Smullen, C. Talbot, "Agency Fever? Analysis of an International Policy Fashion", *Journal of Comparative Policy Analysis*, No. 3, 2001, pp. 271–290.

[2] Jong S. Jun, "The Limits of Post-New Public Management and Beyond", *Public Administration Review*, Vol. 69, No. 1, 2008, pp. 161–165.

[3] Kieron Walsh, *Public Services and Market Mechanisms: Competition, Contracting and the New Public Management*, Basingstoke: Macmillan, 1995.

为可通过运用某些方法理念以推动公共管理的长效性发展。具体包括：一是宪法正当（constitutional propriety），即要求国家权力归还政府机构；二是行政控制（ministerial control），产生于公开性的政治煽动性改革；三是集权化（centralization），即通过强调独立机构与半官方机构间的差异，推动对上述组织的集权化，此外，还应对教育部门进行组织整合。① 综上所述，由于组织机构分裂化而造成的社区公共文化服务政策的长效性危机是非合同制面临的另一大风险，该风险日益引起国外学者的关注并致力于探索解决对策。

三 社区公共文化服务的民主价值危机

社区公共文化服务非合同制所倡导的由非政府文化机构或私人机构独立承担公共文化服务的供给，主要理论依据为新公共管理理论中的企业家精神、分权化管理、效率优先、竞争机制等新公共管理主义理念。新公共服务理论对于这一点进行了严厉的抨击，如美国学者 Robert Denhardt 等人指出新公共管理理论普遍缺乏对于公平正义、公民参与等民主价值与宪政价值的关注，认为公民应为国家治理体系的中心，服务是公共管理的本质，由此，与新公共管理理论所倡导的"政府是掌舵人角色"的理念截然不同，认为协助公民明确表达并实现其公共利益是政府或公务员的首要任务。② 因此，由于缺乏公平、公正、民主等公共价值与公共精神的理论支撑，非合同制下的上述独立机构在公共文化服务的供给与管理过程中，往往过度关注供给与管理的效率，而造成公共文化服务产品的供给不足、资源配置差距、供给质量下滑等问题。以江苏南通市为例，该市进行的政府购买公共文化服务的非合同制实践取得较好成效，如通过政府划拨土地、个体经营者承担建设与管理费用的形式，兴建了全国第一所民办民营少儿图书馆。③ 然而，在实践中也面临不少问题，如政府购买的公共文化服务项目数量少、资金规模小、购买领域狭窄，城乡、区域供给差距、公共文化服务供给与公众实际需求之间的矛盾等民

---

① Thomas Elston, "Not so 'Arm's Length': Reinterpreting Agencies in UK Central Government", *Public Administration*, Vol. 92, No. 2, 2014, pp. 458–476.

② 唐兴霖、尹文嘉:《从新公共管理到后新公共管理：20 世纪 70 年代以来西方公共管理前沿理论述评》，《社会科学战线》2011 年第 2 期。

③ 黄丽娟:《政府购买公共文化服务探析：以江苏省南通市为例》，《行政改革》2014 年第 4 期。

主价值危机问题。

四 多元文化机构间关系的协调困境

社区公共文化服务非合同制的关键要素在于独立性文化机构的参与，理论依据为新公共管理理论中的民营化战略，即认为政府应当将其不应该做或者做得不好的交给企业去做。然而，民营化战略实施带来另一个管理困境，即如何管理与协调现代公共管理中出现的多元性、异质性、独立性的管理主体之间的关系，显然，传统的科层式管理体制无法实现对上述管理主体间关系的协调与监管。以英国为例，布莱尔政府指出，英国基于新公共管理理论的公共服务供给模式的改革，虽然在一定程度上降低了公共服务的供给成本，并提高了其供给效率，然而却造成了政府能力的空心化，且对于分权化改革的强调，以及大量设立的执行局（即具有独立性公共服务直接供给组织，如独立文化机构）造成了组织结构的碎片化，即多元管理主体间关系的协调困难，并造成了诸多社会问题，如英国政府对于社会排斥、就业、犯罪等问题执行力降低，尤其是1996年疯牛病的流行，促使英国政府开始全面审视由于分权化改革而造成的英国政府空心化、碎片化问题。因此，布莱尔上台伊始即推行合作政府（Joined up Government）改革计划[①]。

第四节 本章小结

党的十八大以来，我国中央政府日益重视公共文化服务体系建设，尤其是公共文化服务合作治理的实施机制建设。2014年12月3日，中央全面深化改革领导小组第七次会议对《关于加快构建现代文化服务体系的意见》进行了审议，2015年1月14日印发。该《意见》指出，"建立健全政府向社会力量购买公共文化服务机制。出台政府购买公共文化服务指导性意见和目录，将政府购买公共文化服务资金纳入财政预算。推广运用政府和社会资本合作等模式，促进公共文化服务提供主体和提供

---

① 曾令发:《合作政府:后新公共管理时代英国政府改革模式探析》,《国家行政学院学报》2008年第2期。

方式多元化"等一系列针对政府购买公共文化服务的指导性方针政策①。党的十九大报告指出,"要深化文化体制改革,完善文化管理体制,加快构建把社会效益放在首位、社会效益和经济效益相统一的体制机制。完善公共文化服务体系,深入实施文化惠民工程,丰富群众性文化活动",并强调指出应发挥社会组织作用,打造共建共治共享的社会治理格局;而社区公共文化服务体系建设中也应当加强社会组织参与,打造社区公共文化服务多元主体参与的合作治理模式。

目前,我国大部分地区仍处于对社区公共文化服务合作治理的内涵、运行机制及优化对策的起步探索阶段;且合同制与非合同制已成为社区公共文化服务合作治理的重要制度安排。联系我国社区公共文化服务供给的现状以及国家政治经济文化环境,认为社区公共文化服务合作治理的运营制度安排中,应在健全、规范合同制的同时,探索实施非合同制,不断健全完善社区公共文化服合作治理制度、组织、管理机制,以推动该社区公共文化服务合作治理效能的最大化。

---

① 中共中央办公厅、国务院办公厅:《关于加快构建现代公共文化服务体系的意见》,中国政府网,2015年1月14日,http://www.gov.cn/xinwen/2015-01/14/content_2804240.htm,2021年5月5日。

第十章 结论与展望

20世纪90年代以来,随着新公共服务理论、新公共管理理论、多中心治理、合作治理等理论的不断涌现,不同国家社区公共文化服务供给模式不断发生变革并逐步形成各具地方特色的供给模式;且主要经历了由早期的放任自由或者政府主导,到民营化、私有化改革模式,至当今的多元主体合作供给模式。且由于公共文化本身具有极强的公共性、文化性,使社区公共文化活动或服务自产生以来,社区居民、社会团体等多元化社会力量的参与从未间断,而仅仅体现为参与度的强弱之分。国内外大量实践案例证明,加强社会力量参与社区公共文化服务供给,不仅有利于减轻政府财政负担,而且可促进社区公共文化服务的弹性化供给,推动社区公共文化服务的充分、平衡发展。合作治理被视为提升公共文化服务效率与效用的治理策略,目前已被大多数国家纳入公共服务改革议程。优质且多样化的社区公共服务是现代国家实现善治(good governance)的重要目标,合作生产也被越来越多的国家应用于社区公共文化服务治理场域。

近年来,合作治理理论越来越多地体现于中国政府所倡导的社区公共文化服务供给模式及机制改革创新实践中。2013年11月12日,党的十八届三中全会通过《中共中央关于全面深化改革若干重大问题的决定》,首次明确提出应不断推动社区公共文化服务体系建设的社会化、市场化改革[1];2015年5月5日,国务院办公厅转发《文化部等部门关于做好政府向社会力量购买公共文化服务工作意见》,提出应在明确政府主导、完善各项政策规范的基础上,逐步构建多层次、多方式的公共文化

---

[1] 《中共中央关于全面深化改革若干重大问题的决定》,中国新闻网,2013年11月15日,http://www.chinanews.com/gn/2013/11-15/5509681_11.shtml,2018年3月6日。

服务供给体系①；等等。在上述公共政策的引导与推动下，东部沿海等经济较发达地方政府运用政策引导、财政投入、组织变革等多元化治理工具，逐步构建社区公共文化服务合作治理模式，并取得较好成效。

第一节　主要研究结论

本书由社区公共文化服务合作治理的历史逻辑与实践逻辑作为研究的逻辑起点，在明确中国社区公共文化服务合作治理的理论内涵、主体要素、客体要素以及主体间合作关系网络的基础上，对中国社区公共文化服务合作治理中存在合作悖论、动力要素、供给制度选择等问题进行深入系统分析，主要得出下述研究结论。

第一，社区公共文化服务合作治理是社区公共文化服务供给模式发展的历史逻辑。

国内外社区公共文化服务供给模式的变迁经历了不同的发展路程，但其发展演进趋势具有相似性，即由早期的放任自由或者政府主导，到民营化、私有化改革模式，直至当前世界各国普遍推崇的多元主体合作供给模式；由于公共文化本身具有极强的公共性、文化性、群体性，使社区公共文化活动或服务自产生以来，社区居民、社会团体等多元化社会力量的参与从未间断，而仅仅体现为参与度的强弱之分。尤其是近年来，受新公共管理理论、多中心治理理念、新公共服务等理论的影响，社区公共文化服务的治理主体日益多元化，治理机制日益复杂、多样化，合作治理是国内外社区公共文化供给模式发展的共同历史逻辑。

第二，合作治理能够有效应对当前我国社区公共文化服务供需矛盾问题，是优化社区公共文化服务供给的重要治理模式选择。

本书通过调查发现当前社区公共文化服务存在诸多供需矛盾问题，亟须创新当前社区公共文化服务供给机制，推动社区公共文化服务合作治理，以加强社区公共文化服务均等化建设，并不断推动社区公共文化

---

① 国务院办公厅：《文化部等部门关于做好政府向社会力量购买公共文化服务工作意见（国办发〔2015〕37号）》，中华人民共和国文化和旅游部官网，2015年5月11日，http://zwgk.mcprc.gov.cn/auto255/201505/t20150513_474761.html，2018年3月6日。

服务的数字化、多样化，以满足不同性别、年龄、收入、教育水平等群体的偏好与需求，切实推动社区公共文化服务的普惠性与公共性。合作治理对于解决当前我国社区公共文化服务供给主体单一化、社区公共文化服务需求定位模糊等问题具有一定的理论价值，有助于破解当前我国社区公共文化服务供需矛盾问题，提升社区公共文化服务的供给效率、效益与效能，推动社区和谐稳定发展。

第三，社区公共文化服务合作治理的理论要义与"矛盾—合作—动力"理论分析框架。

一是打破当前社区公共文化服务供给主体的单一化，构建由基层政府、基层自治组织、基层党组织、文化事业单位、文化企业、非政府组织以及社区居民等多元主体构成的社区公共文化服务治理网络结构，实现对社区公共文化服务的弹性化供给，最大可能地满足不同性别、年龄、收入、教育水平等群体的社区居民的不同文化需求。二是建立多元主体间自由、充分、平等的协商对话机制，并借助数字化管理手段，对社区不同性别、年龄、收入、教育水平等群体居民的公共文化服务偏好进行精准化的数据搜集、处理与反馈，以实现对社区居民公共文化服务需求的精准化定位。三是基于中国社区公共文化服务合作治理的内在行动逻辑，构建"矛盾—合作—动力"的理论分析框架。

第四，构建"党建引领＋基层自治"的多元主体参与的社区公共文化服务合作治理关系网络。

中国情境下社区公共文化服务合作治理的主体要素由中央及地方政府部门、区县政府及其派出机关、社区居委会、社区党工委、社会企业、非政府组织、社区文化骨干及社区一般居民共同构成，并由此形成"党建引领＋基层自治"的社区公共文化服务合作治理关系网络。具体表现为：一是基层党组织与党员发挥党建功能，贯穿于我国社区公共文化服务合作治理全过程，与基层自治组织建立一种相互制约又有机互动的合作关系。中国场景下基层党组织在社区公共文化服务合作治理中发挥的是一种辅助性角色，即一方面发挥政治监督功能，监督社会力量供给的社区公共文化服务中是否存在违背社会主义核心价值观、违背中国法律法规的公共文化服务；另一方面，则发挥人才、资金等资源支持功能，为企事业单位、非政府组织、社区文化骨干等社会力量参与社区公共文化服务合作治理提供经费（党群经费）、人才（党员，尤其是老党员）、公共空间等硬件设施、上级沟通联络等多样化辅助性功能，以促进社区公共文化服务合作供给。二是各级政府部门在中国社区公共文化服务合作治理中发挥主导作用，即目前我国社区公共文化设施的投资者、建设者、管理运营者均为基层政府部门，如社区图书馆、社区文化广场等；由企业、非政府组织投资兴建并运营的社区公共文化设施数量极少。三是党群经费是中国社区公共文化服务合作治理的关键经费来源，即除政府购买的文化服务项目外，社区文艺演出、传统文化活动等各类公共文化服务的经费开支均源自社区党群经费。四是社区文化骨干在社区公共文化服务合作关系网络居于中心位置，在组织、动员并参与社区公共文化服务合作治理项目中发挥着关键性的沟通、联络及动员功能。

第五，社区公共文化服务治理主体间的合作悖论问题是当前我国社区公共文化服务合作治理面临的主要困境。

通过对A省6个街道办下辖106个社区的调查研究发现，J市S区SG街道办下辖的SH社区与EQ街道办下辖的JX社区为所有调查案例中社区公共文化服务合作治理运行效果较好的两个典型性个案，绝大多数社区均面临公共文化服务合作悖论问题，具体表现为：中央及地方政府与区级政府间的合作悖论、社区居委会与社区居民间的合作悖论、社区居委会与私人部门间的合作悖论、社区居委会与非政府组织间的合作悖论；通过深度比较研究，发现造成当前合作悖论的主要原因在于：区域发展不平衡造成政策空传等政策执行偏差、基层领导干部的合作治理能力与创新能力不足、信息黑箱造成治理主体间协商共识的短期性、权力不平衡与信任困境造成合作治理的形式化、资金或人才短缺造成社会组织合作治理能力不足、碎片化的住宅格局造成社区居民参与意识短缺。

第六，中央及地方政府部门、社区内部环境两类动力要素对于推动社区公共文化服务合作治理具有更强的影响力。

中央及地方政府部门、社区内部环境以及区县政府及其派出机关是推动社区公共文化服务合作治理的重要动力要素，且中央及地方政府部门、社区内部环境两类动力要素对于推动社区公共文化服务合作治理具有更强的影响力。其中，中央及地方政府部门层面的动力要素包括中央及省市级政府部门的政策引导与支持、主要领导者的关注与支持；社区内部环境层面的动力要素包括社区居委会行政人员的管理创新能力、社区内入驻社会组织的数量与规模、社区内生型志愿组织数量与规模、社区居民公共参与积极主动性、教育水平以及人口稳定性（常住人口多）；区县政府及其派出机关层面的动力要素包括区县政府部门及派出机关的政策引导与支持、区县政府部门及派出机关主要领导者的关注与支持、区县政府部门及其派出机关行政领导者的经济资源获取能力。

第七，社区公共文化服务合作治理的供给制度选择。

社区公共文化服务合作供给制度是促使当前我国城市公共文化服务合作治理有序、规范、长效运转的根本保障。当前我国社区公共服务合作供给制度可划分为两大类型，即合作制与非合同制，近年来，随着非政府组织力量的不断壮大，非合同制所占的比例日益提升，在公共文化服务合作治理中发挥着越来越重要的作用，与合同制相比，具有供给主体的多元化、文化组织的独立性、监管机制的法制化及供给机制的弹性化等独特优势。因此，联系我国社区公共文化服务供给的现状以及国家政治经济文化环境，认为社区公共文化服务合作治理的运营制度安排中，应在健全、规范合同制的同时，探索实施非合同制，不断健全完善社区公共文化服合作治理制度、组织、管理机制，以推动该社区公共文化服务合作治理效能的最大化。

第二节　对策建议

社区公共文化服务是新时代我国公共文化服务体系建设的重要构成单元，合作治理作为20世纪以来产生的一种新的治理范式，对于优化社区公共文化服务供给具有重要的理论意义与实践价值。针对当前我国社区公共文化服务合作治理中存在的主要问题，本书认为应建立健全制度、组织、人才、过程等多维度驱动机制，以缓解当前社区公共文化服务合作悖论问题，推动我国社区公共文化服务合作治理的规范、平衡发展。

一　制度驱动

第一，健全社区公共文化服务合作治理的相关法规制度。

社区公共文化服务合作治理的规则化是实现公共文化服务供给均等化、标准化及其公正化等民主价值的重要保证，其具体表现形式即为相关法律法规制度建设。社区公共文化服务合作治理中，具有独立性的社会文化组织为公共文化服务的供给与管理主体，显然，对于上述社会文化组织的公共文化服务供给权限、供给产品及其管理过程的民主价值监督、供给产品的合法性、社会文化组织的绩效监管等，必须依赖于相关法律法规制度的健全与完善。如前所述，英国的版权立法机制对社会文化组织的文化服务供给与管理实行了严格的法律监督；丹麦的艺术资助体制，也建立在诸多法律法规等制度基础上，如文化部专门成立一个评估委员会对丹麦艺术资助体制的运转情况进行评估，建立委员会成员任命制度和评估方法及相关实施机制，以确保其艺术资助体制的实施效益。目前，我国文化和旅游部正在推动《公共文化服务保障法》《公共图书馆法》《古籍保护工作条例》三部法律法规的制定；2018年7月6日中共中央办公厅、国务院办公厅印发《关于建立健全基本公共服务标准体系的指导意见》，以标准化促进基本公共服务均等化、普惠化、便捷化；上述法律法规以及标准化管理体系的制定，可为社区公共文化服务合作治理监管提供规范、长效的法律制度体系，以确保公共文化服务体系的充分、平衡发展。

第二，加强顶层政策设计，推动社区公共文化服务资源配置的均等化。

当前制约我国社会公共文化服务供需不平衡、合作治理发展滞后的首要因素是区域间经济发展的不平衡。由于区域间经济发展的不平衡性，直接导致区县级政府机关公共政策执行中的政策空传、政策变通、政策梗阻等政策执行偏差问题，继而造成一些经济不发达区县社区公共文化服务资源短缺、合作治理发展滞后问题。在对A省6个街道社区进行个案调查中发现，与个案A所隶属的区县经济发展水平相类似的社区（即经济较发达区域），由基层政府及其各部门获得的财政投入多、政策支持力度大，如个案A社区外驻社会组织均是S区民政局、S区妇联购买的社区公共服务项目，文化企业则是由S区委宣传部协助引入社区；相比较而言，与个案B所隶属的区县经济发展水平相类似的社区（即经济不发达城市区域），如个案B社区处于城市边缘，且属于城市社区而非农村社区，2017年、2018年区县级政府及相关部门均未向该社区提供政府购买项目，针对社区公共文化服务的财政投入少且支持性政策呈现缺失状态。因此，针对当前我国社区公共文化服务资源配置不均等问题，中央及地方政府应当加强财政统筹管理，如对社区公共文化服务存在严重供需不平衡的社区加大财政投入、政策扶持力度，以缓解由于区域经济发展不平衡而造成的社区公共文化服务资源配置不均等问题。

第三，完善合作治理主体间信息公开与信息沟通制度。

信息的完整性与沟通的有效性是影响合作治理中能否实现有效协商的关键性因素。① 然而，在对 A 省 6 街道下辖部分社区调查研究过程中发现，由于存在"信息黑箱"、沟通不畅等现象，造成社区公共文化服务协商结果偏差，如社区图书馆的供给内容、运行机制均无法满足社区居民需求，却被强制性要求进行资源投入，最终造成公共资源浪费以及社区公共文化服务供需不平衡问题。因此，在社区公共文化服务合作治理中，各参与主体间应建立信息公平与信息共享机制，避免治理主体间存在"信息黑箱"；建立定期或不定期协商机制，确保各治理主体间的有效沟通；确保社区公共文化服务合作治理中各治理主体间协商的有效性，避免当前存在的协商结果偏离社区居民的真实偏好与需求等问题。

第四，健全基层政府及其派出机关的公共权力监督制度。

如前所述，合作治理主体间权力不平衡是造成当前我国社区公共文化服务合作治理易陷入"合作悖论"的重要诱因，而公共权力缺乏制约是造成权力不平衡的根本原因。在对个案 A 与个案 B 调查研究中发现，虽然个案 A 社区公共文化服务合作治理效果更为显著、社区公共文化服务更为丰富多样，然而，外驻社会组织、社区志愿组织、社区居民与基层政府、基层自治组织间仍然存在权力不平衡问题，尤其是对一些社区组织负责人进行深度访谈中了解到，基层政府的传统"官本位"思维常常导致他们将社会组织视为其下级机关、社会工作者视为其下属，随意命令他们承担大量行政性工作，不但加重了社会组织与社会工作者的工作负担，且导致很多社会工作者对其自身的社会价值、工作价值产生疑惑，而逐渐选择离开社会组织。权力不平衡一方面造成社会组织对于基层政府的信任度不断下滑，另一方面，部分社会组织及社会工作者由于长期受制于公共权力而变得日益麻木、顺从，即盲目信任。因此，应在健全基层公共权力监督的法律法规等制度建设的同时，加强基层领导干部法治能力建设，促使基层领导干部树立正确的公共权力观，以确保社会组织、社区居民、文化企业等社会力量参与社区公共文化服务合作治

---

① Chris Ansell, Alison Gash, "Collaborative Governance in Theory and Practice", *Journal of Public Administration Research and Theory*, Vol. 18, No. 4, 2008, pp. 543 – 571.

理的平等参与权,在此基础上,促使各参与治理主体间建立积极的信任机制,避免信任危机或盲目信任现象。

第五,构建社区公共文化服务精准化合作治理制度。

如前述研究所示,社区公共文化服务供需不平衡仍是当前我国社区公共文化服务供给中面临的严峻问题,而造成社区公共文化服务供需不平衡的主要原因在于社区公共文化服务的供给者未能掌握社区居民公共文化服务的多样化需求信息而造成社区公共文化服务供给类型的单一化、供需不一致以及重复性供给等问题。然而,由于社区居民的数量多、需求复杂化,对于基层政府及基层自治组织而言,传统的面对面协商方法难以充分掌握社区居民的需求信息。精准治理(precision governance)是指政府机关所具有的数据收集技术与体系设计治理框架的能力,以充分代表个体与集体的选择偏好与政策偏好[1],狭义上被视为政府决策中的一种行政能力(2018)[2],广义上则被视为一种新的治理范式(李大宇等,2017)[3],运用数字化、智能化手段以实现对公民需求的精确、有效回应是其核心要义。因此,针对当前社区公共文化服务供需不平衡问题,应运用大数据分析对社区居民的公共文化服务需求形成精准统计,运用数据云、智能化管理设施等智慧管理手段,实现对社区居民公共文化服务需求的精确、有效回应,提升当前社区公共文化服务合作治理效能。

二 组织驱动

第一,培育社会文化组织,鼓励和支持社会力量的广泛参与。

社区公共文化服务合作治理主要依赖于具有独立性的文化企业、文化类社会组织以及社会公众的广泛参与。中共中央印发的《关于加快构建现代公共文化服务体系建设的意见》中指出,应加强社会力量参与,"鼓励和支持社会力量通过投资或捐助设施设备、兴办实体、资助项目、赞助活动、提供产品和服务等方式参与公共文化服务体系建设。创新公共文化设施管理模式,有条件的地方可探索开展公共文化设施社会化运

---

[1] Johnston, E., R. Krishnamurthy, T. Musgrave, A. Vinze, *How Open Data Moves Us Closer to "Precision Governance"*, Washington, DC: International City/County Management Association, 2013.

[2] David M. Hondula, Evan R. Kuras, Justin Longo, "Toward Precision Governance: Infusing Data into Public Management of Environmental Hazards", *Journal Public Management Review*, Vol. 20, No. 5, 2018, pp. 746-765.

[3] 李大宇、章昌平、许鹿:《精准治理:中国场景下的政府治理范式转换》,《公共管理学报》2017年第1期。

营试点，通过委托或招投标等方式吸引有实力的社会组织和企业参与公共文化设施的运营"①。然而，目前我国大多数地区公共文化服务合作治理仍处于起步探索阶段，主要存在下述几个制约性要素：文化企业参与的主动性不足，文化类社会组织的规模及运营能力相对较为薄弱，社会公众的参与渠道较为有限。自 2013 年以来，我国一些地方开始进行构建公共文化合作共建机制的探索，通过政府命名、咨询协商、资源共享、培训指导等方式，与一些较具影响力的企事业单位、文艺团体等机构建立长期合作关系，以推动社会力量参与社区公共文化服务供给。然而，大部分地市的社会力量参与社区公共文化服务供给的形式较单一，且缺乏系统化、标准化的合作机制。因此，政府应加强社会动员、培育社会组织力量、健全社会力量参与渠道与法规制度保障；并运用财政补贴、政策支持、委托或招投标等多元路径，逐步构建社会力量参与社区公共文化服务供给的系统化、法制化、长效性及合法性的合作机制，以确保社区公共文化服务合作治理的实效性，继而促进我国现代化公共文化服务体系的建设与发展完善。

第二，健全非政府组织参与社区合作治理能力培养机制。

非政府组织，也被称为社会组织、第三部门，当代中国社会组织在国家治理转型中扮演着越来越重要的角色②，然而，由于登记注册门槛高、资源供给有限等制约性因素影响③，我国社会组织在发展过程中出现对行政体制的高度依附性、独立性差、规模小以及参与社会治理能力不足等诸多问题。在对 A 省 6 个街道下辖 106 个社区公共文化服务合作治理进行调查研究后发现，当前社区中主要存在三类社会组织：一是社区志愿组织，即在社区居委会、社会组织孵化器的引导、动员下由社区居民志愿建立了社区社会组织，该类组织主要由退休老干部构成，个人兴趣与价值取向是该类组织建立的根本动力，因此对基层政府的依附性较低；二是兼具社会组织孵化器功能的外驻社会组织，该类社会组织通常

---

① 中共中央办公厅、国务院办公厅：《关于加快构建现代公共文化服务体系的意见》，中国政府网，2015 年 1 月 14 日，http://www.gov.cn/xinwen/2015-01/14/content_2804240.htm，2021 年 5 月 5 日。

② 葛道顺：《中国社会组织发展：从社会主体到国家意识——公民社会组织发展及其对意识形态构建的影响》，《江苏社会科学》2011 年第 3 期。

③ 胡艳蕾：《社区公共文化服务合作生产：基于中国与新加坡的比较研究》，国际行政科学学会—连氏善治国际学术会议（IIAS-Lien）论文，新加坡，2019 年 6 月 18—21 日。

由地方民政部门组织建立,对基层政府的依附度很高,以 J 市为例,该类社会组织的资金来源渠道仍较为单一,即来自于基层政府及其相关部门的政府购买项目或社区岗位经费,该类社会组织的行政化现象日益明显、人才流失状况也较为严重;三是以政府购买项目形式外驻的社会组织,该类社会组织的资金来源渠道较多元,且通常规模较大、社会影响力较强,对于基层政府的依附性较小,独立性较强,基本不存在"被行政化"现象。显然,当前在社区中扮演社会组织孵化、培育功能的社会组织面临严峻的发展困境,因此,应健全该类社会组织资金募集与自我造血机制,通过提升其经济独立性以逐步减少他们对于基层政府的依附度,充分发挥其社会组织的培育功能和参与基层社会治理功能;此外,推动社会组织管理体制创新,如以备案代替注册,降低社会组织准入门槛,转变基层政府"官本位"角色,不仅推动社会组织数量增长,还应致力于促进社会组织参与基层合作治理的能力提升。

三 人才驱动

第一,加强基层领导干部治理能力培养。

党的十八届三中全会提出要推进国家治理体系与治理能力的现代化,而基层领导干部治理能力是影响基层政府治理的关键性因素,如刘华等(2018)认为农村基层党组织治理能力建设对农村治理现代化体系与乡村振兴战略的实施进程与效果具有直接影响。[①] 前期通过对 A 省 6 个街道社区公共文化服务合作治理现状的调查研究发现,基层领导干部,尤其是区县级、街道办以及社区居委会的主要领导干部是否具有较强的创新意识、社会动员能力、公共资源获取能力、媒体沟通能力等治理能力,对于社区公共文化服务的合作治理效果以及发展轨迹具有直接影响。因此,应通过加强基层领导干部治理能力的专业化培训,以提升其基层社会治理能力;通过建立基层领导干部创新激励机制,如在政绩考核中增加创新能力评价指标,增强基层领导干部的创新动力,提升社区公共文化服务合作治理效果,推动社区公共文化服务的平衡、充分发展。

第二,加强社区文化骨干培育。

社区文化骨干由于其双重身份而在中国社区公共文化服务合作治理中发挥着独特而重要的参与、动员、组织等多元功能,即一方面,社区

---

① 王名、贾西津:《中国 NGO 的发展分析》,《管理世界》2002 年第 8 期。

文化骨干作为社区居民，与社区居民间具有天然的密切关系而成为社区居委会、非政府组织与文化企事业单位等其他治理主体与社区居民的桥梁纽带；另一方面，社区文化骨干通常具有较强的爱国主义情感、公共价值与公共精神以及文化专长，在社区公共文化服务合作治理项目的动员、组织、参与中发挥着不可缺少的功能。因此，社区公共文化服务合作治理中，社区居委会与社区党工委应有意识地动员社区中具有文化专长、公共精神的社区居民参与社区公共文化服务的组织、设计与供给，逐步建立社区文化骨干的专业化培训机制、物质与精神激励机制，通过培养草根文化人才，推动社区公共文化服务合作治理效能不断提升。

四 过程驱动

第一，构建社区公共文化服务合作治理的主体协调机制。

目前，我国社区公共文化服务合作治理仍处于起步阶段，尤其是非合同制仅仅处于探索阶段，尚未建立健全公共文化服务多元管理主体间的合作协调机制。20世纪90年代末以来，西方发达国家的非合同制在实践过程中，不断涌现由于管理主体的权力分化、信任机制不健全而导致的诸多问题，如公共文化服务供给的碎片化、公共文化服务的民主价值危机、政府统筹管理能力的弱化，等等。因此，基于后新公共管理时代相关理论，上述国家政府改革发生了转向，即由强调分权化、民营化、社会化改革，转变为开始强调一定的集权化、逆民营化、合作治理等政府改革理念，以解决非合同制中多元管理主体间存在的协调困境。因此，我国在探索实施非合同制的过程中，不仅应关注公共文化服务供给的效率，还应关注其供给效益、公平与公正等民主价值、公共政策的长效性与可持续性等议题，可通过建立完善的社会文化组织评估机制、法律监督机制、信息公开与沟通机制、信任机制等，以形成政府与文化类社会组织、文化企业等管理主体间的合作与协调机制。

第二，建立健全社区公共文化服务合作治理的绩效评估机制。

社区公共文化服务合作治理中，尤其是非合同制供给制度下，通常由具有较强独立性的文化类社会组织承担公共文化服务的供给及管理运营活动；然而，任何一个组织或机构都具有追逐组织或部门利益的本性，文化类社会组织也不例外。且由于政府不直接参与公共文化服务的供给与管理运营活动，构建一个完善、高效的社区公共文化服务合作治理的绩效评估机制是实现公共文化服务的合法性、民主价值及其社会效益的重要保证。如前所述,丹麦为保障其艺术资助体制的有效性,专门成立的艺术资助体制评估专家委员会,由文化部负责任命其专家成员,对丹麦的艺术资助体制的实施情况进行了全面评估,并在肯定该体制有效性的基础上对存在的问题提出了改进建议,如建立新的独立性文化机构与任命委员会,缩减专家委员会数量,资助申请和评判标准公开化,减少管理开支,提高机构运转效率等改进措施。目前,我国社区公共文化服务合作治理中还未建立完善的绩效评估机制,目前仍以政府评估与公民满意度评估为主,第三方评估仍处于起步阶段。因此,应不断健全社区公共文化服务合作治理的绩效评估指标体系、明确绩效评估主体、健全第三方评估、公民获得感评估等评估机制,以确保文化企业与文化类社会组织合作参与公共文化服务供给与管理的效率、效益、公平公正及其合法性。

第三,构建社区居民参与合作治理的多样化激励机制。①

合作生产的概念为奥斯特洛姆(1972)在城市治理政策研究项目中提出,认为合作生产能够提升公民与政府间协同行为效能②,继而提升公共服务的供给效率与效用。目前,合作生产已被全球各国应用于地方公共服务体系建设中,并引起国内外学者广泛关注(Osborne & Strokosch,2013)。③ 社区公共文化服务合作治理,本质上是社区内多元主体间进行合作生产的过程,即社区居委会、社会组织、文化企业以及社区居民通过对话、协商对社区公共文化服务的供给内容、供给方式等具体事项达成共识,以合作生产的方式实现社区公共文化服务供给效能的最大化。社区居民作为社区公共文化服务的主要享用者与评价者,其需求是否得到充分满足、社区公共文化服务供给是否有效,其关键在于社区居民是否能够充分参与。在对 A 省 6 个街道办下辖的 106 个社区进行调查研究中发现,碎片化住宅格局下、流动人口多、配套设施不健全的社区居民的参与主动性、积极性也较低,尤其是流动人口难以形成社区认同感而

---

① 刘华、王观杰:《农村基层党组织的治理逻辑及能力建设:基于治理主体多元化视角的分析》,《江苏社会科学》2018 年第 6 期。

② E. Ostrom, "Metropolitan Reform: Propostions Derived from Two Traditions", *Social Science Quarterly*, Vol. 53, 1972, pp. 474 – 493.

③ S. P. Osborn, K. Strokosch, "It Takes Two to Tango? Understanding the Coproduction of Public Services by Integrating the Services Management and Public Administration Perspectives", *British Journal of Management*, No. 24, 2013, pp. S31 – S47.

不愿参与社区公共事务，但另一方面对于社区公共文化服务的需求具有该群体个性特征与较高需求。因此，应进一步健全社区参与的激励机制，如目前在一些社区运行较好的志愿者积分卡制度，目前在大多数社区并未实施；此外，应在深度了解社区不同群体不同特征、需求的基础上，基于精神、物质两个层面，建立社区居民参与社区公共事务的直接或间接互惠机制，以提升社区居民的合作生产意识。

此外，应基于后新公共管理理论，推动合作治理机制创新发展。

大多数西方发达国家仍然认为非合同制是社区公共文化服务供给的最适宜模式，如 Enrico Bertacchini 等学者对意大利公共文化服务的非合同制在十年内（1998—2008）的实施情况及数据进行了统计分析，发现非合同制相对于合同制而言，更具有可持续性与实践价值。然而，由于早期公共文化服务的非合同制的理论依据主要为新公共管理理论，西方发达国家在实践中也日益发现诸如民主价值危机、产品碎片化、效率持续下滑等问题。因此，我国政府在实施社区公共文化服务非合同制运营制度安排中，应汲取西方发达国家在非合同制构建及运营过程中的经验与教训，以后新公共管理时代相关理论为理论支撑，逐步建立健全公开透明的社会捐赠管理制度、公共文化服务设施免费开放或优惠开放制度、社会文化组织资助机制、公私合作的多元融资制度、多元化管理主体的网络化合作协调机制等公共文化服务的配套管理机制。如英国伦敦的住宿兼次日早餐信息交换系统（BABIE），该系统由伦敦房屋管理局（Housing Unit）负责管理，主要功能是为伦敦无家可归的人们分配住房，通过提供住房等社会服务以最大限度地减少住房倾销现象。[①] BABIE 即是一种典型的以网络为中心的多元化管理主体间的合作协调机制，有效地解决了公共服务供给的碎片化与民主价值危机等问题。总之，我国应在充分借鉴后新公共管理时代相关前沿理论与实践经验的基础上，结合我国社区公共文化服务供给与管理的现状，不断推动合同制与非合同制的运营方法与机制创新，以推动我国现代公共文化服务体系的建设与发展。

---

① 曾维和：《后新公共管理时代的跨部门协同》，《社会科学》2012 年第 5 期。

第三节　研究不足与展望

本书在发现、分析、解决中国社区公共文化服务合作治理问题上取得一定进展与突破，然而，由于调查经费、时间以及人力等因素制约，仍存在一些不足之处，需在今后的科研工作中不断探索。

第一，问卷调查样本覆盖面的局限性。由于调查经费、时间以及人力等因素制约，社区公共文化服务供需矛盾问题的调查问卷的调查样本更为集中于华北、华东、华中地区，西北、西南等偏远地区的调查样本较少；社区公共文化服务合作治理动力要素的量表问卷调查，以 A 省分布于 45 个街道办的 191 名基层领导干部与行政人员为调查样本，而未能覆盖全国各省份。

第二，本书针对研究问题，综合运用深度访谈、问卷调查、比较个案研究法等定性方法与层次分析法（AHP）、主成分分析法等定量方法，形成了较为系统、深入的研究；然而，由于调查研究周期较长，个人能力有限，社会网络分析法仅在主体要素部分进行了初步探索，未能采用一些更为前沿的方法如 CiteSpace、扎根理论、Python 等，在今后的科研工作中，计划运用上述前沿方法进一步深入分析相关研究问题。

第三，本书对社区公共文化服务合作治理的历史与实践逻辑、中国场景下社区公共文化服务合作治理的理论内涵、主客体要素、合作悖论、动力要素以及供给制度选择进行了系统研究，但由于个人能力、研究时间限制，对于中国场景下社区公共文化服务合作治理的社会网络结构、合作治理主体间的利益矛盾、合作治理主体的动机等问题仍未进行深入分析，有待于在今后的科研工作中持续关注与思考。

附录 A　社区公共文化服务合作治理典型性案例

J 市 EQ 街道办社区青少年服务的合作治理之路

1. 引言

社区青少年服务为社区公共服务的重要构成单元。随着我国社会组织数量的迅速增长、规模日益庞大，社区青少年服务的治理主体日益多元化，社会组织日益成为参与社区青少年服务的重要主体。所谓"三点半"难题，是指当前我国小学生的三点半或四点半放学问题。该规定源于国家教委 1990 年 6 月 4 日发布的《学校卫生工作条例》（中华人民共和国国家教育委员会令第 10 号），该条例的第二章第五条中规定小学学生每天学习时间（包括自习）不超过六小时，中学不超过八小时，大学不超过十小时。在政策刚刚颁布的 20 世纪 90 年代并未造成太大社会问题，一是当时处于计划经济向市场经济转轨时期，工职人员的工作时间相对较为宽松；二是该政策并未被各地学校严格硬性执行。然而，自 2000 年以来，由于社会舆论对中国青少年学业负担过重的普遍质疑之声，在教育部"减负"政策的要求下，全国各地教育部门普遍开展"减负"运动。如 2013 年，北京市推出"史上最严减负八条"，明确要求小学生在校时间不能超过 6 个小时，中学生在校学习时间不超过 8 个小时，每天下午三点半，学校准时放学，各地也纷纷效仿，目前全国各地中小学放学时间一般在三点半到四点半。然而，作为双职工的孩子家长通常的下班时间为 5 点或者 6 点。此外，随着国家"二孩"政策的全面放开，很多家庭成为二孩家庭，照顾孩子的时间、精力、财政成本急剧攀升。且由于多数为双职工家庭，即夫妻二人均有正式工作，三点半放学，孩子的接送问题成为摆在中国大多数家庭面前的一大难题。极少数家庭的女性选择辞职作为全职太太，照顾孩子上下学；而多数家庭由于经济、个人发展等因素，只得将孩子推向社会辅导机构、"小饭桌"或者上一代退休老人，并由此引发诸多教育或安全问题。为便于描述这一现象，本案例中将三点半、四点半放学问题统称为"三点半"难题。

2. 三点半放学，几家欢喜几家愁？

（1）焦虑、崩溃的父母

"我简直要疯了！"申女士声称，"今年和去年比，我家的幸福指数简直一落千丈，添了个二宝，大宝正好上小学，忙得家里人团团转不说，现在就连大宝的接放学都成问题。"这个新学期开始，护士职业的申女士，大女儿从幼儿园大班升级到了小学一年级，家里又新添了二宝。下午三点半，大宝就放学，而这个时间正好是二宝睡午觉的时间，平时就婆婆一个人带孩子，申女士和爱人是双职工，一个在医院工作，一个在政府机关。"平时上班在岗位上，根本不允许出来，所以我俩肯定接不了孩子，婆婆又得在家看二宝。"申女士说，她想过各种办法，考虑过让婆婆带着二宝去接大宝，但路上一位老太太推一个小的，领一个大的，实在不安全，再遇上天气不好，就接不了；请个保姆，开销又太大，而且也就是接孩子放学，平时用不上；邻居帮助一起接回来，偶尔一次两次还行，但时间长了也不合适，毕竟人家也会考虑孩子的安全责任问题。"唉……真是挠头！"是什么状况使申女士变得如此焦虑呢？

（2）退休老人的新增烦恼

经过走访 J 市几家小学之后，我们发现，每当临近放学，便可以看到小学门口聚集了很多"白发一族"。很多老人表示，没事在家是很乐意接孩子的，但接回去之后，自己能做的就是给孩子做做饭，作业问题是实在帮不上啥忙。"小孙子问我这道题怎么做，我说不会啊，那这道呢，我看了看，也不会啊。"孙大爷表示，自己对孙子的作业实在是没有办法，只能在一旁跟着瞎着急。"而且他们现在还都得用智能手机做作业，那我就更帮不上忙了。"而其他老人，一听到作业问题，也打开了话匣子，你一言我一语，表达了辅导孩子作业的困扰。

（3）社会辅导机构乐开了花

经调查发现，由社会培训机构托管学生成为很多家长"迫不得已的选择"。而社会培训机构不仅费用高且质量参差不齐，加重了中国家庭的经济负担，存在诸多隐患。以 EQ 街道一位家长为例，其孩子所报的托管机构每月费用为 1380 元，该费用不包括每日餐费 20 元，合计每月 1700 元左右，中心城区的托管机构费用更高。"比我们上全日制的公立幼儿园的费用还高，上小学学费虽免了，钱却花在放学托管上了。"这位家长表示。即便这样，因为需求多，托管机构的名额也非常抢手。很多托管机构在暑假时就要提前报名，如果等到开学再报基本上就没名额了。托管机构的供不应求，看似是家长的需求旺盛、选择信任的表现，其实家长们有各种顾虑。调查过程中，家长们普遍反映，很多机构藏身于社区或者居民楼中，很多甚至没有取得资质，食品卫生条件、老师辅导水平也令人担忧。

（4）校内延时课堂是否可行

近年来，一些地方政府及教育部门开始探索通过开展校内延时课堂以缓解家长三点半接送难题，如：一些学校选择了开设课后延时班。有家长来接的可以先接走，没时间来接的可以加入课后延时班，由老师来辅导作业或开展一些兴趣课堂。如 J 市 SF 小学依托高校研究生资源，向一些大学相关专业研究生购买延时课服务，学生家长可自由选择，延时课堂最晚可持续到下午 5:40，该举措获得社会好评；再如 SW 小学，与其学校邻近的 SH 社区合作共建第二课堂，包括孔子学堂、兴趣课堂、托管服务等多元化解决方案，实现了社区、家、校三方共育，在确保第二课堂的丰富性、安全性的同时，及时解决了该社区三点半放学难题。

然而，反观 J 市各区县的大多数中小学，尤其是 EQ 街道办辖区附近的小学，仍未出台相应的解决对策，课外托管机构、兴趣培训班是大多数家长的选择。上述学校的家长曾建议学校开设第二课堂，但是由于教学资源、经费有限等诸多因素制约，一直未真正落实。首先，是来自老师们的反对质疑。原本三点半下课后，老师们通常备课、批改作业、学习，提高自身教学能力。课后延时课堂的出现，为他们额外增加了托管孩子的任务，老师们劳动时间延长如何解决？延时课堂的薪酬如何计算？此外，老师们也有孩子，本来可以按时下班回家多陪陪孩子，却不得不加班，心理落差如何平复？其次，来自家长的疑虑以及"搭便车"行为。很多家长听说放学后可以在教室辅导写作业，即使有时间也会晚点来接，"一般我估摸着快写完作业了我再来，孩子有不会的有老师可以给讲讲。而且别的孩子都参加，他自己回来写作业，我怕他落下。"结果往往脱离初衷，演变成整个班级集体辅导晚放学。延时课堂若是文体兴趣活动，无形中挤占了孩子做作业的时间，导致孩子回家后还要辅导作业，是不是应该送孩子去社会托管机构更好？再次，来自学校管理者的困惑。延时课堂若不安排为在教室内辅导作业而是安排文体兴趣活动，办兴趣班的老师由谁担任？全部让学生们都到操场上玩也不可能，全校那么多人，挤在操场上，安全也是个大问题。无论是作业辅导还是兴趣班指导，薪酬应当如何发放？如何调动原本教学任务繁重的小学老师们的积极性？

（5）教育部发声必须解决

三点半放学，其根本目的是给学生减负，打破传统的应试教育，使学生从沉重的课业学习中解放出来，走向大自然，促使我国初等教育由传统刻板的应试教育迈向素质教育。然而，善意的公共政策在执行中却带来了更多其他的社会问题，产生了一系列负外部性，即不好的溢出效应，不但未能真正实现小学生素质教育，反而一方面给家庭带来沉重负担和孩子教育问题，另一方面，催生了一系列费用高昂的畸形培训机构，不利于青少年的健康成长。针对社会关注度越来越高的"三点半放学"问题，2017年2月，教育部印发《关于做好中小学生课后服务工作的指导意见》，该意见针对"三点半放学"问题要求各地充分发挥中小学校主渠道作用，普遍开展中小学生课后服务工作；2018年教育部部长陈宝生多次发声，要求各地教育部门必须采取弹性化的措施来解决，如2018年3月3日，陈宝生部长在中国人民政治协商会议第十三届全国委员会第一次会议开幕时接受采访，指出应探索依靠社会力量解决"三点半放学"问题；2018年3月5日，陈宝生部长在两会"部长通道"针对国民普遍关注的"三点半放学"问题再次强调，目前已有25个省份制定符合各省实际的政策措施，但仍面临很多政策难题、政策障碍，今后各地政府要做好三件事，一是总结成功经验并加以推广；二是加强各部门间协商以解决"三点半放学"难题涉及的政策问题；三是对解决"三点半放学"难题中出现的新问题加强关注、跟踪。总之，需要各地不懈努力，共同解决好"三点半放学"难题。

3. 政社携手，共建社区免费课堂，破解"三点半放学"难题

针对"三点半放学"问题，2017年教育部印发了《关于做好中小学生课后服务工作的指导意见》指出，要求各地充分发挥中小学校主渠道

作用，通过政府购买服务、财政补贴等方式不断完善经费保障机制，按照学生家长自愿原则，普遍开展中小学生课后服务工作，将社区协同治理与政府购买纳入社区青少年治理难题。近年来，J市EQ街道办积极响应国家关于加强政府向社会力量购买公共服务的政策号召，针对EQ街道社区作为棚户区改造社区，居民收入普遍较低的特点，探索向社区社会组织购买"花Young年华"等社区青少年服务项目，政社携手，共建社区免费课堂，以破解"三点半放学"难题。

（1）"花Young年华"社区青少年服务项目的由来

"花Young年华"系列青少年事务社会工作服务项目由共青团J市SZ区委牵头、街道办事处出资购买、J市山青社会工作服务中心提供专业服务的A省首个由政府购买的社区青少年服务项目。

J市EQ街道办位于J市SZ区偏南部，辖区有15条街巷。属于J市老旧城区改建，之前社区较为陈旧，房租较低，居民中许多为普通中下收入水平以及老年人口。社区内没有专门休闲娱乐场地，孩子们放学后多在街道及小区内闲逛或是待在家里。许多家庭没有过多精力关怀孩子成长，大多只关注孩子的衣食问题，父母关怀缺失，导致这些社区出现不少青少年问题。基于此，当地街道办事处于2015年起通过政府购买服务的方式，引入社区青少年服务项目，意在帮助解决该地青少年所面临的各项问题，帮助青少年健康成长。

（2）"花Young年华"社区青少年服务项目内容

①免费"四点半课堂"活动

为解决社区内学生放学后无人看管的问题，同时针对该地小学四点放学时间，该项目面向当地7—14岁青少年免费开设"四点半课堂"，配备相应桌椅，为报名青少年安排固定位置，并根据需要每月调整，孩子们放学后可直接就座进行学习。同时由该项目社工以及附近大学的志愿者免费为孩子们进行课业辅导，并为每位孩子配备家庭作业记录本，孩子们在家庭作业记录本上记录好自己的家庭作业，由社工和志愿者辅导监督孩子完成作业后填写孩子作业完成情况，最后由孩子为辅导自己的社工或志愿者的满意度打分，形成相互监督机制。并在寒暑假开设假期辅导，解决孩子们假期无人看管难题。

"四点半课堂"的活动开展以来，报名方式主要采取现场报名与微信群报名，报名参与"四点半课堂"的青少年由最初的几个孩子到几十个孩子，社区居民报名特别踊跃，该项目受到社区居民的广泛好评。

访谈记录一：

社区居民李××：……"四点半课堂"的开设真是太贴心了，我和我老公都在企业上班，早出晚归，孩子才上一年级，只能拜托孩子爷爷奶奶接送，可是他们没多少文化，孩子放学后的作业和课外活动别说辅导，根本听不懂……唉，刚上学那会儿，我们愁坏了，课外托管辅导机构收费都很高，而且师资力量咱也不了解呀。社区里当时通知要开设"四点半课堂"，我们两口子开心坏了，第一个报的名！政府给咱照顾孩子，还是免费的，我们可放心了！照看还都是专业的社工，人都特别好，都是大学生呢，孩子在这儿不仅放心，还长老多知识呢！

②周五"社区游乐场"

每周五下午孩子放学后会将"四点半课堂"时间改为社区游乐场，通过企业赞助和志愿者们的支持，为孩子们开设一些剪纸和"金笔作文"等课堂活动，或者进行一些跳绳比赛、拔河比赛等集体活动，解放孩子的天性，丰富孩子们的生活。

访谈记录二：

社区居民赵××：我是觉得孩子最好能够自由全面的成长，不想在太小的时候给孩子太多学习压力，社区里这个项目真的特别好，我家孩子非常喜欢，每周她自己都记着提醒我，妈妈，这周五你给我报名社区游乐场了吗，是什么活动呀，千万别忘了呀！孩子通过参加这个活动，不仅增长课外知识，还能和社区的其他小朋友在一起玩一玩，特别开心！

③节假日文体娱乐活动

在周末或节假日等时间开展亲子活动、心智拓展、野餐郊游、公益卖花资助贫困学生等活动，丰富孩子们的生活，锻炼孩子们的成长，同时为孩子与家长提供共同竞赛的机会，拉近孩子们的距离。如六一儿童节时，该项目组织辖区内青少年参与鲁商广场"趣味六一·快乐易物"活动。在每个摊位前，摆放着青少年签名的各种玩具，有毛绒玩具、机器人、变形金刚、积木、图书、生活小件、工艺品等。青少年穿梭其中，当看到自己心仪的玩具后，他们会仔细询问同伴玩具的玩法，并从自己的玩具中挑选一个适合的玩具进行交换,在双方意见达成一致后,快乐的交换玩具。

访谈记录三:

社区居民王××:你是说那个花……华的组织,噢噢,是个青少年项目,嘿嘿,我总记不住名,嗯,挺好的,你还别说,现在孩子们的生活环境真是太好,他们周末还会组织各种活动,特别有意思,孩子可喜欢了,不过,他们有些活动还得在微信群里抢着报名的,社区小孩子多,像心智拓展、野餐郊游那样的活动有人数限制,得抢着报名来!

④安全知识课堂

组织建立消防安全模拟站,定期为孩子们普及消防等安全知识,提高孩子们的自我保护能力。此外积极开展安全教育活动,如该项目组织过一场以体验式参观为主的消防教育活动,在 J 市公安消防支队 SZ 区大队展开,共有 21 名青少年、3 名家长及 2 名社工参与其中。消防安全模拟站与消防安教育活动,不仅为孩子上了一堂堂生动形象的消防安全知识普及课,且使孩子们在参与的过程中形成丰富的知识体验,这一系列消防安全教育活动获得社区内家长和孩子们的一致好评。

访谈记录四:

社工赵××:嗯,我在这个项目组工作两三年了,我们组织的活动很丰富,除了"四点半课堂"、周五活动广场和其他一些教育、娱乐活动之外,还有安全教育,我们联系了经六路公安消防支队市中区大队,利用周末、节假日时间为社区孩子们提供专业化的安全知识教育。居民们对此反响很好,小朋友们报名也很积极,学习过程中非常认真。

访谈记录五:

社区居民李×:嗯嗯,知道这个项目,他们除了有"四点半课堂",还有很多其他的活动,我家孩子特别喜欢参加,通过参加这些活动,不仅让孩子课余放松放松,还能学到很多课外知识,嗯……对了,上回还组织了消防安全教育,小孩子们可高兴,那个激动地哟,还穿上消防员的衣服感受了一把,嘿嘿,咱们这个社区小孩儿的幸福感很高哈!

4. "花 Young 年华"青少年服务项目的运行机制

为破解"三点半放学"难题，解决青少年事务，EQ 街道办以"花 Young 年华"青少年服务项目为依托，推动基层政府、社会组织、居民、社会志愿者等多元主体相互合作、协商参与来整合资源，共同处理公共事务。各级政府部门主要发挥政策主导、监督评估的作用；社会组织作为公共服务的直接供给方，承担政策执行、运营管理以及多方协调的职责；社区居民是公共服务的享用者与最大受益者，也是服务的供给者与直接参与者。

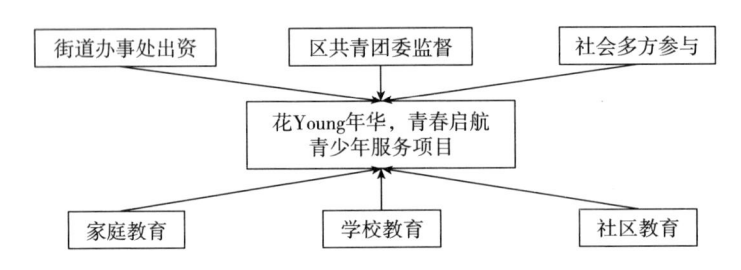

```
[街道办事处出资]    [区共青团委监督]    [社会多方参与]
         ↘              ↓               ↙
            [花Young年华，青春启航
              青少年服务项目]
         ↗              ↑               ↖
  [家庭教育]        [学校教育]         [社区教育]
```

图 A-1　EQ 街道办"花 Young 年华"项目的治理框架

（1）政策与物质保障

党的十八届三中全会提出要创新社会治理和提高社会治理水平，推进国家治理体系和治理能力现代化。2013 年 9 月，国务院办公厅印发《关于政府向社会力量购买服务的指导意见》，对政府向社会力量购买服务的必要性、总体方向、规范管理以及扎实推进四个方面内容进行了明确规定；同年，A 省人民政府办公厅印发《政府向社会力量购买服务办法的通知》。基于中央和 A 省的政策要求，2013 年起 J 市开始启动政府购买社区公共服务项目，当年全市向社会力量购买公共服务金额达到 9.74 亿元。为进一步推动政府购买公共服务规范化与覆盖面，2014 年 6 月，J 市人民政府办公厅印发《关于政府向社会力量购买服务的实施意见》为 J 市政府向社会力量购买服务的主体选择、过程监管等具体运行管理机制提供政策保障。在中央到地方各级政府的政策支持与保障下，SZ 区 EQ 街道于 2014 年购买"成长青轨线""悦邻宜家"项目，2015 年购买"花 Young 年华"项目等多项社区青少年公益服务项目，并获得社区居民的较好评价。

目前，EQ 街道办每年出资 10 万—15 万元左右向 J 市山青社会工作服务中心购买"花Young年华"社区青少年服务,由该组织安排专业社工人员入驻街道展开青少年服务工作,是该项目运行的基本经费保障;此外,EQ街道办为该项目免费提供项目的开展场地、免费水电等基本设施保障。

(2)项目监督考核机制

目前,政府购买社区公共服务项目已建立了由社会组织自我评估、基层政府监督评估与第三方评估构成的全过程考核监督体系,具体流程为:首先,"花Young年华"青少年服务项目负责人向街道办递交未来一年的计划书,经街道办审核之后决定是否续签合同,即由基层政府部门对项目的可行性进行预评估。其次,社会组织根据年度计划书开展具体活动,并将每一次的活动记录下来,年中时向街道办递交一份中期报告;年末向街道办递交年度报告,进行社会组织自我评估。最后,每年年末EQ街道办联系第三方评估机构,对该项目运营情况进行第三方评估。

(3)社会组织参与机制

管理型政府向服务型政府转型过程中,引入第三方力量,参与公共管理主体多样化是必然趋势。随着社会的不断发展,公共需求已经呈现出多样化、个性化的新特点,以政府单一主导的传统供给方式难以满足公共需求,而社会组织由于具有公益性、服务性以及弹性化等个性特征更有助于满足日益多样化、个性化的公共需求。EQ街道办的政府购买项目,即由山青社会工作服务社提供的"花Young年华"青少年服务项目,在社区青少年事务的解决中发挥着重要的主体作用。当前我国社会组织正处于起步阶段,社工性质及工作内容仍存在定位模糊现象,一些街道办、社区居委会基于传统官本位思想,在实际工作过程中,误把社工当作勤杂工、文员,社工成为政府的下属人员,造成社工行政化问题。然而,"花Young年华"青少年服务项目并没有面临被行政化的危机,而是与街道办、社区居委会之间建立了平等友好的合作关系。该项目的工作场所与内容保持自身独立,政府作为出资方和监督方,不干涉该项目的具体运行,且没有摊派无关青少年社区服务项目的其他工作;而社工只负责其所承担的青少年项目服务工作,有效避免了社工行政化问题,建立了政府主导下的平等、协商的合作机制。

(4)社区居民参与机制

社区居民是青少年服务项目的参与者,具有最直接的感受,也是青少年服务活动最有力的推动者。"花 Young 年华"项目在承办各类青少年活动的同时，积极寻求居民意见，建立 QQ 微信群，及时了解青少年成长动态及需求，鼓励社区居民积极参与到活动建设中来。在社区居委会与社会组织的动员下，参加活动的社区居民一般会直接向社工反馈自己对该项目运营的建议、想法，该项目负责人会根据大多数居民的建议，指导工作，修改完善下次活动规划；其他社区居民则主要通过基层民主协商会的方式，对项目的运行提出一些建议与诉求。同时，有的家长会根据孩子成长的需求，向该项目提出建议，与社工一起商量青少年活动事宜，如根据家长要求，开展的青少年社区读书交流会。同时，借助家长们的职业优势，鼓励家长作为协同治理的主体参与到青少年服务活动中，为孩子们举办相应的社区活动。如有一位家长从事律师工作，社工经过与该家长的沟通协商，举办了社区普法活动，为社区青少年普及相关法律知识；再如社区的杨女士从事心理医生工作，以社区志愿者的身份为青少年免费开展心理教育，同时担任该组织心灵小屋的常驻心灵使者，倾听孩子们的烦恼，为孩子们的心灵健康成长保驾护航。

（5）社区志愿者参与机制

社会组织，作为一个政府与外界的枢纽，可发挥沟通协调政府、社区居民、社会志愿者等多方参与的功能。该项目在运行过程中，积极寻求志愿者的参与，形成多方联动，共同解决青少年难题。在志愿者来源上，与周边高校志愿者社团建立长期合作关系，形成较为稳定的志愿者来源渠道，志愿者的质量和安全性较高。如在每天放学后免费课堂活动中，组建两名社工人员和三名志愿者队伍，共同为孩子们提供课后免费辅导服务。

访谈记录六：

"花 Young 年华"项目负责人徐×：我们这个项目属于政府向 J 市山青社会工作服务中心购买的青少年服务项目，我们这个社会组织在社区中运营过程中自主性很强，"四点半课堂"的开展方式、各类活动都是我们自主设计的，除了我们山青社会工作服务中心的专业化社会工作者之外，还有一些大学生志愿者、社工专业学生过来实习，为我们社区的孩子们提供专业化、高质量的课外文化教育服务。

5. 政社携手,破解"三点半放学"难题初见成效

(1) 推动城市协同治理,打造宜居和谐社会

J 市 EQ 街道的"花 Young 年华"青少年服务项目,以政府购买服务的方式,形成青少年社区服务的多方利益连接枢纽,为社会多方利益主体参与社区服务提供有效途径,切实解决居民所面临难题。丰富孩子课余生活,将学校、家庭、社会三者相结合,在传统的学校家庭教育相结合的模式上,增加社会教育,提高青少年社会参与意识及社会实践能力,促进青少年全面健康成长。社区青少年服务的合作治理,是国家治理体系和治理能力现代化在基层治理的重要体现,推动新形势下的社区治理模式的发展,为其他地区解决"三点半放学"难题以及城市社区治理提供一定借鉴。

(2) 解决居民难题,提高居民生活幸福指数

"花 Young 年华"青少年服务项目由 EQ 街道办事处出资购买,属于政府购买社会组织为社区提供公共服务范畴,为当地社区居民提供"四点半课堂"等免费青少年社区服务活动,社区居民无需额外出资,避免了昂贵的课外托管班费用,极大减轻了社区居民负担。重点帮扶环卫工子女、流动家庭子女及隔代抚养等弱势家庭子女,融入社区群体生活。同时举办"社区游乐场"等活动,丰富了孩子的课余生活,使社区孩子融入群体游戏,增强与人合作交流沟通能力,降低手机用户低龄化的社会趋势。同时举办"社区亲子互动"等交流合作活动,为父母和孩子提供良好的合作交流机会,拉近双方距离,促进双方沟通,促进社区和谐家庭构建。该项目开展后,社区居民纷纷点赞,并竞相报名。

(3) 基层政府主导,助力社会组织发展

我国社会组织由于起步较晚,还存在规模小、发展慢、法律制度不健全等难题。以政府购买的方式,与社会组织签订年度合同,为公众提供公共服务的同时,可有效推动社会组织发展。以本案例中的"花 Young 年华,青春启航"青少年服务项目为例,其具有较强的自主权与独立性,同时与基层政府即街道办和社区居委会建立平等合作关系,共同制定年度计划和目标,并据此制定月计划和周计划及自行开展工作,街道只负责进行过程监督和结果验收,避免了社工的行政化。此外,注重自身团队建设,在当前我国社工流动率较大的背景下,采用绩效考核 + 晋升激励模式,实现了组织内部稳定就业机制。在专注社区服务的同时,不断

提高自身服务质量和服务能力，扩大自身建设，承接更多街道项目，实现街道与社工组织双赢。

6. 深度思考："三点半放学"难题能否彻底解决？

（1）免费课堂是否可长期持续

①资金困境

该政府购买"花 Young 年华"项目的年度经费约 10 万—15 万左右，其中包含该项目的管理费用，如组织运营、员工培训等；还有两名入驻社区的社工人员的薪资费用以及未来一年内该街道所有青少年活动的花费。在与该项目负责人的访谈中我们了解到，对于青少年项目的开展形式、内容，社工们与社区家长们都有很多很精彩的想法和建议，然而，由于项目经费有限、承办活动的资金较为紧张，他们只能选择在社区周边开展一些小型活动，其他一些远足、露营等亲子类活动开展较为困难，至今只举办过一次。

访谈记录七：

"花 Young 年华"项目负责人徐×：资金问题是一直以来困扰我们的一个很大问题，政府购买项目服务的经费还是比较有限的，社区里的青少年数量挺多，我们场地空间小、人手也有限，很多时候没有办法为社区里的每个青少年提供四点半课堂等青少年公益服务。嗯，目前这个问题还是比较难以解决。

②人才困境

首先，专业化社工短缺。社会组织是协同政府治理青少年事务的承接方与协助方，是为青少年提供服务的负责方。社会组织的发展以及社工质量的高低直接影响着其提供的社会服务能否被大众接受。经项目负责人描述，"如今社会组织的通病，一个社工负责一个项目，还要带一个新人，任务多且调休困难。另外负责项目的社工由于人员的有限，外出参观的机会很少，对社工的专业培训也缺乏。"我们了解到，该项目主要由一个专业社工负责，该社工与项目紧紧捆绑，社工抽不出时间也找不到替补的人，无法进行专业培训也无法外出参观学习借鉴，阻碍了社工本身素质与专业能力的提升。此外，社工工资普遍偏低，如该项目社工的平均工资每月不足 3000 元，造成社工人才不足、流失严重等困境。

访谈记录八：

社工小李：嗯，其实我特别喜欢孩子，很喜欢社工这个职业，可是，唉，收入太低了，一个月才两千多块钱，大学毕业后这个收入水平，应该是挺低了。你看，我们这儿社工都很年轻，我算是干得时间挺长的，大家目前都考虑着怎么考个证、换个工作，现在社区里每年都有招考，我们社工报考的特别多，每年都考走好几个呢，我现在也是想在工作之余，好好复习复习，能考到社区里去，收入就多了，找对象也好找点儿了，是吧，嘿嘿嘿……

其次，志愿者来源单一。在该青少年服务项目中，志愿者的来源主要是附近高校的大学生，来源较为单一。在考试周期间，大学生无法再继续参加志愿活动，此时项目内的活动只能由该站点的两位社工负责。社会其他行业参与志愿者的人员几乎没有，该社区的居民志愿者参与率也普遍较低。根据数据显示（见图 A-2），75.3% 的居民表示从来没有参加过该组织的志愿活动，20% 的居民参加过不到 10 次，仅有 3.8% 的居民表示经常参与，达到 15 次以上；但参与的居民大多也是该项目负责人主动找其联系协商的，如之前提到的志愿心理医生。

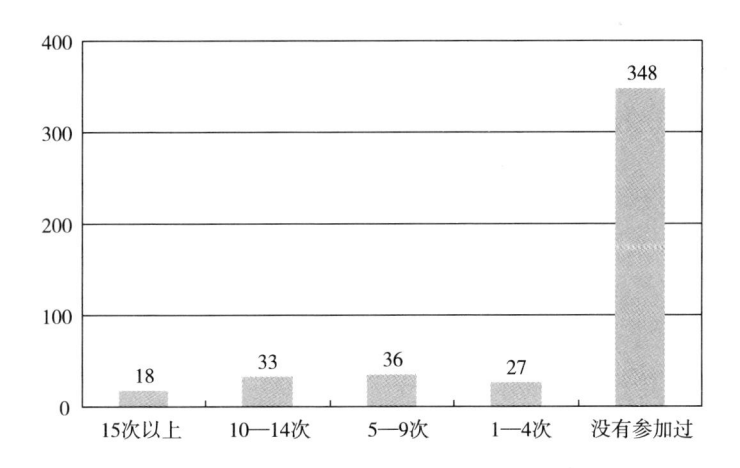

图 A-2 居民志愿服务次数

（2）免费"四点半课堂"能否承载社区全部三点半放学青少年

EQ 街道办人口众多，共有 15 条街巷，11 个社区居委会。小学学校建有 3 所，青少年众多，据不完全统计，共有 8316 名青少年。其中，"花 Young 年华"青少年服务项目坐落于 L 社区，共有 1—6 年级阶段青少年 585 人，参与过免费"四点半课堂"的青少年人数总计 231 人（见表 A – 1）。但由于该地属于老旧棚户区改建而来，社区场地有限，基础设施不健全，能为青少年服务提供的场地有限。如免费课堂每次只能承接 30—40 名青少年，调查中了解到，有的参加过此项目举办的免费"四点半课堂"活动的家长，对活动的满意率较高，但因其规模限制（优先照顾困难家庭），无法继续参加而感到遗憾。同时由于该项目坐落在 L 社区，主要辐射面只能局限于该社区的育明小学，距离较远的其他两所小学的家长表示，不管是从学校来这里还是从这里回家，距离都太远，不方便。

访谈记录九：

社工小王："四点半课堂"特别受欢迎，社区里想报名的家长其实还有很多，但是我们的场地太小了，每次只能承接三四十个孩子，主要优先照顾困难家庭的孩子吧，也有很多家长提过好多次意见了，希望把自己的孩子送过来，说"送你们这儿特别放心，我家不困难，让我们交钱也行！"唉，我们场地太有限了，社区也是费了很大劲儿帮助我们争取了这间房，场地很难再扩大了……

访谈记录十：

社区居民王××："四点半课堂"？你是说我们社区有吗？还有这么好的事呀？！不知道呢，哎，你知道具体联系方式吗？我改天去看看去。

访谈记录十一：

社区居民张×："四点半课堂"，噢，这个我知道，他们那儿地方也不大，孩子多了就没地儿做了，我家孩子没去，我家离这个地方有点远，接送太不方便了！我家孩子报的小饭桌①，能直接去学校里接，这个四半点课堂，我们还得自己接了再送过去，我们家双职工，老人也不跟我们一起住，太不方便。我们还是让孩子去小饭桌了，那个更省心！

---

① 本地人习惯将校外托管机构统称为"小饭桌"。

表 A-1 人口数据统计

年度	二七新村街道人口数量（人）	社区青少年数量（人）	L社区1—6年级阶段青少年数量（人）	参与免费"四点半课堂"青少年数量（人）
2018	27430	8316	585	231

（3）社区居民对于免费课堂是否满意

通过问卷调查的方式，对参与过免费课堂活动的其中203位学生家长进行了相关满意度的调查。如图A-3所示，免费课堂活动的满意度为83.3%，16.7%的家长不满意。通过进一步调查了解，持不满意态度的家长中85%是由于担心孩子放学后在道路上的安全问题，因该社会组织没有放学后接送孩子服务，孩子需自行走到服务点参加免费课堂活动；32%的家长表示该项目的免费课堂活动秩序较为混乱（见图A-4）。

访谈记录十二：

社区居民申×："四点半课堂"是挺好的，但是他们没办法去学校接孩子，我们上班又不方便接送，路上车那么多，让他自己去路上太不安全了，省一点钱，但太冒险了，还是小饭桌吧，更放心！

访谈记录十三：

社区居民孙××：嗯，我知道"四点半课堂"，我去看过，感觉他们的管理还是有点混乱，没有专业的老师给孩子指导写作业，小孩子在那儿干嘛的都有，我们家里商量来商量去，觉得孩子教育可是家里的大事儿！还是花钱报的课外辅导班，他们负责接送，最主要的是，人家是专业的机构，为了孩子，不能心疼这几个钱！你说对吧……

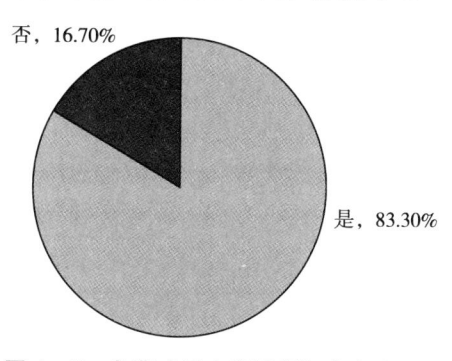

图 A-3 免费"四点半课堂"满意度调查

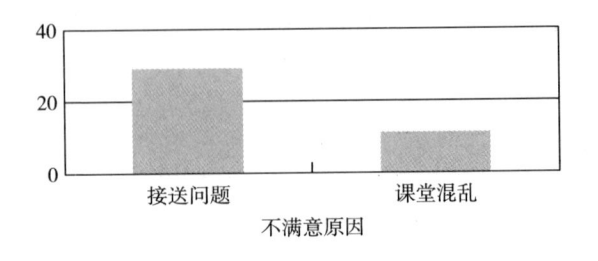

图 A-4　不满意原因分析调查

(4) 免费"四点半课堂"模式能否在各地不同社区推广

目前,"花 Young 年华"项目在 J 市共计入驻三个街道办并取得较好成效。通过进一步调研发现,目前 J 市 S 区、L 区由于经济实力较强,政府购买社区青少年服务项目(包括免费"四点半课堂")项目较多,运行状况较好;然而,大多数区县如 T 区、H 区等经济实力较弱区县的社区政府购买社区青少年服务项目很少,如 T 区的 JQ 社区等由于区财政压力大,近年来没有任何的政府购买项目。因此,引入社会力量参与,以政社携手方式运行的社区免费"四点半课堂"模式,虽然在 EQ 街道运行效果较好,但其在各地社区是否可以广泛推广,是否存在发展困境等问题值得我们进一步思考。

7. 结束语

"三点半放学"难题由来已久,全国各地均在积极探索解决之道。J 市 EQ 街道通过政府购买服务的方式,以"花 Young 年华,青春启航"项目为依托进行了解决"三点半放学"难题的探索并取得初步成效,然而以社会力量参与合作治理是否能够充分解决"三点半放学"难题仍存在诸多质疑,且在合作过程推进中,不断涌现一些新问题、新矛盾,各利益主体间的利益矛盾能否调适,各治理主体间发生的合作悖论能否顺利解决等问题都要求我们的基层治理者不断创新,积极探讨如何将制度优势转化为基层社会治理能力,推动社会和谐发展。

附录 B　社区公共文化服务供需现状的调查问卷

一　基本信息

1A. 您目前的居住地为

1. 直辖市（北京、上海、天津、重庆）
2. 东部沿海城市
3. 省会城市（如济南、南京等）
4. 地级市（如泰安、青岛等）
5. 县级市（如泰安的新泰、青岛的胶南等）

2A. 您的性别：

1. 男
2. 女

3A. 您的年龄：

1. 20 岁以下
2. 20—30 岁
3. 30—50 岁
4. 50—60 岁
5. 60 岁以上

4A. 您的户口性质：

1. 社区常住居民
2. 在该社区居住一年以上的外来人口
3. 在该社区居住不足一年的外来人口

5A. 您的文化程度：

1. 小学及以下
2. 初中
3. 高中或中专

4. 大专

5. 本科

6. 硕士研究生

7. 博士研究生

6A. 您的职业是：

1. 企业

2. 事业单位

3. 政府机关

4. 在校学生

5. 部队

6. 外来务工人员

7. 离退休人员

8. 自由职业者

7A. 您的家庭月收入（包括工资，资金，补贴等）：

1. 1500 元以下

2. 1501—3000 元

3. 3001—6000 元

4. 6001—10000 元

5. 10000 元以上

8A. 您目前居住社区在城市中的地理位置：

1. 市中心

2. 中城（市中心与郊区之间）

3. 城市郊区、边缘地带

二 近一年内您享用基本公共文化服务的情况？

说明：

1 分：没去过；

2 分：近半年内至少去过 1 次

3 分：近一月内至少去过 1 次

4 分：近一周内至少去过 1 次

5 分：经常去（一周两次以上）

	1分	2分	3分	4分	5分
9B. 社区图书馆					

续表

	1分	2分	3分	4分	5分
10B. 社区博物馆或美术馆					
11B. 社区广场文化活动					
12B. 社区报刊阅读栏					
13B. 社区组织的各种文化活动或者培训					
14B. 社区组织的公益性文艺演出					

三 请对下述基本公共文化服务的重要性程度进行打分

说明：

1分：不重要

2分：不太重要

3分：一般

4分：比较重要

5分：非常重要

	1分	2分	3分	4分	5分
15C1：社区图书馆					
15C2：社区附近博物馆或美术馆					
15C3：社区广场文化活动					
15C4：社区报刊阅读栏					
15C5：社区活动培训					
15C6：社区公益性文艺演出					

四 请对下述基本公共文化服务的满意度进行打分

说明：

1分：完全不满意

2分：不太满意

3分：一般

4分：比较满意

5分：很满意

	1分	2分	3分	4分	5分
16C：社区图书馆					
17C：社区附近博物馆或美术馆					
18C：社区广场文化活动					
19C：社区报刊阅读栏					
20C：社区活动培训					
21C：社区公益性文艺演出					

附录 C 社区公共文化服务合作治理深度访谈提纲

1. 请问您社区的常住人口有多少？有没有流动人口？有的话，数量多吗？社区住宅主要有哪些类型？如新建商品房、老单位宿舍、老旧棚户区、农村社区等。

2. 社区公共文化服务，主要是指文体活动、公益性讲座、社区图书馆等，每年街道或区里有没有财政投入？若有的话，每年大概投入多少？

3. 社区公共文化服务供给形式有哪些？（如政府购买项目、社区志愿组织免费提供、基层党组织提供等）经费来源渠道有哪些？

4. 社区内参与提供公共文化服务的社会组织有多少？具体有哪些？效果如何？

5. 社区内有没有参与提供公共文化服务的文化企业？若有的话，有哪些？主要参与提供了哪些公共文化服务？

6. 社区居民是否主动参与提供社区公共文化服务？积极性与主动性如何？若强的话，您觉得原因是什么？若弱的话，您觉得原因是什么？

7. 社区是否有政府购买公共文化服务项目？若没有的话，您觉得原因是什么？若有的话，自哪一年开始？目前有哪些政府购买项目？效果如何？

8. 若政府购买项目的话，您觉得为什么街道开始向社会力量购买公共文化服务？或者动员社会力量参与，共同提供公共文化服务？（请根据您所认为影响度在相应的数字上打分，0 为没有影响，10 为影响度最大）

上级政府领导要求（0 1 2 3 4 5 6 7 8 9 10）

国家公共政策要求（0 1 2 3 4 5 6 7 8 9 10）

上级机关对街道的年终绩效考核要求（0 1 2 3 4 5 6 7 8 9 10）

社会组织主动联系，要求合作（0 1 2 3 4 5 6 7 8 9 10）

社区居民提出越来越多的公共文化服务需求（0 1 2 3 4 5 6

7 8 9 10)

街道领导者（主要负责人）认为非常必要，并积极推动（0 1 2 3 4 5 6 7 8 9 10)

9. 街道在与社会力量合作提供公共文化服务过程中，以下事项是否都做到？根据完成度由低到高打分。

（1）充分动员社会力量和公民广泛、积极地参与（0 1 2 3 4 5 6 7 8 9 10)

（2）在合作过程，确保街道办的全方位影响和控制（0 1 2 3 4 5 6 7 8 9 10)

（3）采取一些激励性措施（如荣誉证书、物质奖励等）以促进社会力量参与（0 1 2 3 4 5 6 7 8 9 10)

（4）持续地动员、鼓励更多的社会力量参与合作（0 1 2 3 4 5 6 7 8 9 10)

10. 街道是否针对社区公共文化服务合作治理项目制定了明确的管理办法？

11. 街道社区公共文化服务合作治理项目的管理方法是否公开透明？

12. 街道是否与参与社区公共文化服务合作治理项目的社会力量签署书面协议？

0 否（口头协议）　1 部分项目签订　2 全部项目都要签订

13. 社会力量参与社区公共文化服务合作治理项目是否需要进行资质审核？

如需要审核，请列出具体要求门槛：

14. 社会力量参与社区公共文化服务合作治理项目过程中，是否定期举办座谈会，共同探讨如何更好地实施该项目？若是，请列出一年大约多少次或者具体频次：

15. 街道与社会力量进行座谈协商时，双方是否能够建立良好的信任关系？

若存在困难，您觉得原因是什么？

16. 街道与社会力量在实施社区公共文化服务合作治理项目中，双方是否都能信守承诺？若不能信守承诺，您认为原因是什么？

17. 对于推动社区公共文化服务合作治理，您有什么感想与建议？

附录 D 社区公共文化服务合作治理动力要素的调查问卷

填写说明：

1. 社区公共文化服务体系主要由两部分构成：（1）社区公共文化设施，包括社区图书馆、社区体育设施、社区文化活动空间（广场、公园、活动室等）等。（2）社区公共文化活动，如社区公益教育、公益培训、法定假日社区文艺演出、文体活动等。

2. 社会力量通常包括：企业、非政府组织（或称社会组织）、社区居民。

一 基本信息

1A. 您的性别：

1. 男　2. 女

2A. 您的年龄：

1. 20 岁以下　2. 21—40 岁　3. 41—60 岁　4. 60 岁以上

3A. 您的职业属于以下哪一种？

1. 省机政府机关

2. 厅、市、局级政府机关

3. 县、处级政府机关

4. 街道办或乡镇

5. 社区居委会或村委会

6. 以上都不是

4A. 您若在街道办或乡镇，请填写您的工作单位名称_____

5A. 您若在社区居委会或村委会工作，请填写您的工作单位名称_____

6A. 您目前居住的社区属于下面哪一类社区：

1. 农村社区

2. 城市边缘社区（位于城市郊区、城乡接合部）

3. 城市新兴社区（即城市外扩中，在传统城市郊区，新建大量的商品房及商业设施，并已达到一定规模，如市政府附近）

4. 城市中心社区（位于传统上城市较中心地带）

7A. 您的文化程度：

1. 大专及以下

2. 本科

3. 硕士研究生

4. 博士研究生

8A. 您的行政级别：

0. 非行政人员

1. 科员

2. 副科级

3. 科级

4. 副处级

5. 处级及以上

二 社区公共文化服务合作治理的动力要素评分量表

请您对量表第一列中各项动力要素对于社区公共文化服务合作治理的推动作用进行打分，各分值的意义见下述说明文字。

说明：

1 分：完全没有影响

2 分：有一点推动效果

3 分：一般

4 分：有较强的推动力

5 分：是最重要的动力

	1 分	2 分	3 分	4 分	5 分
10B. 中央政府的政策及财政支持					
11B. 地方政府即省市级政府的政策及财政支持					
12B. 区级政府及其派出机关（街道办或乡镇）的政策及财政支持					
14C. 中央政府主要领导者的积极支持态度					
15C. 地方政府（省市级政府）主要领导者的积极支持态度					

续表

	1分	2分	3分	4分	5分
16C. 区级政府及其派出机关（街道办或乡镇）主要领导者的积极支持态度					
17C. 社区居委会主要领导者的积极支持态度					
19D. 基层政府部门行政人员的政治资源获取能力（如游说以获得上级支持等）					
20D. 基层政府部门行政人员的经济资源获取能力（如争取上级拨款等）					
21D. 基层政府部门行政人员的协调沟通能力					
22D. 基层政府部门行政人员的管理创新能力					
23D. 基层政府部门行政人员的社会动员能力					
25E. 社区硬件设施建设等自然环境					
26E. 社区所隶属街道办及区县政府财政实力					
27E. 社区所隶属街道办及区县区域内社会组织的数量与规模					
28E. 社区内志愿组织的数量与规模					
29E. 社区居民参与志愿活动的意愿强烈					
30E. 社区居民以常住人口为主、流动人口少					
31E. 社区居民教育水平普遍较高					

参考文献

中文著作

［德］马克思、恩格斯：《马克思恩格斯选集》（第二卷），人民出版社1995年版。

毛泽东：《毛泽东选集》（第五卷），人民出版社1977年版。

邓小平：《邓小平文选》（第三卷），人民出版社1993年版。

《高举中国特色社会主义伟大旗帜 为夺取全面建设小康社会新胜利而奋斗》，人民出版社2007年版。

《中共中央关于制定国民经济和社会发展第十一个五年规划的建议》，人民出版社2005年版。

［美］阿瑟·奥沙利文：《城市经济学》（第8版），苏晓燕、常荆莎、朱雅丽主译，北京大学出版社2015年版。

［德］阿伦特：《人的条件》，竺乾威译，上海人民出版社1999年版。

［美］保罗·萨缪尔森、威廉·诺德豪斯：《经济学》，萧琛译，人民邮电出版社2008年版。

曹爱军、杨平：《公共文化服务：理论与实践》，科学出版社2011年版。

曹现强：《合作治理：市政公用事业发展模式研究》，山东人民出版社2017年版。

陈威：《公共文化服务体系研究》，深圳报业集团出版社2006年版。

［美］道格拉斯·诺斯：《经济史中的结构与变迁》，陈郁等译，上海三联书店、上海人民出版社1994年版。

大百科全书编辑部：《中国大百科全书·心理卷》，中国大百科全书出版社1994年版。

［美］E. S. 萨瓦斯：《民营化与公私部门的伙伴关系》，周志忍等译，中国人民大学出版社2002年版。

顾准：《希腊城邦制度：读希腊史笔记》，中国社会科学出版社1982年版。

［德］哈贝马斯：《公共领域的结构转型》，曹卫东译，学林出版社1999年版。

敬乂嘉：《合作治理：再造公共服务的逻辑》，天津人民出版社2009年版。

［英］凯恩斯：《就业、利息和货币通论》，译林出版社2011年版。

［美］罗纳德·J. 奥克森：《治理地方公共经济》，万鹏飞译，北京大学出版社2005年版。

李军鹏：《公共服务型政府建设指南》，中共党史出版社2006年版。

［美］理查德·桑内特：《公共人的衰落》，李继宏译，上海译文出版社2008年版。

联合国教科文组织：《重塑文化政策》，社会科学文献出版社2016年版。

刘军：《整体网分析：UCINET 软件实用指南》，上海人民出版社2014年版，第2页。

［美］马丁·诺瓦克，罗杰·海菲尔德：《超级合作者》，龙志勇、魏薇译，浙江人民出版社2013年版。

［美］迈克尔·罗斯金等：《政治科学》，林震译，中国人民大学出版社2009年版。

［美］斯科特：《制度与组织：思想观念与物质利益》，姚伟、王黎芳译，中国人民大学出版社2010年版。

彭和平、侯书森：《城市管理学》，高等教育出版社2009年版。

谭功荣：《西方公共行政学思想与流派》，北京大学出版社2008年版。

王佃利：《跨域治理：城市群协同发展研究》，山东大学出版社2018年版。

吴汉东：《西方诸国著作权制度研究》，中国政法大学出版社1998年版。

［英］亚当·斯密：《国富论》，富强译，北京联合出版公司2014年版。

于群、李国新：《中国公共文化服务发展报告（2012）》，社会科学文献出版社 2013 年版。

于群、李国新:《中国公共文化服务发展报告（2012）》，社会科学文献出版社 2013 年版。

郑瑞同:《青春在基层绽放——全国青年选调生作品选编》，知识产权出版社 2014 年版。

左惠:《文化产品供给论——文化产业发展的经济学分析》，经济科学出版社 2009 年版。

中文论文

蔡岚:《合作治理:现状和前景》，《武汉大学学报》(哲学社会科学版) 2013 年第 3 期。

Jon Elster, *Logic and Society*, Chichester: Wiley, 1978, 转引自曾庆福《埃尔斯特"社会矛盾"思想解析》，《河南社会科学》2012 年第 10 期。

白晔、黄涛、鲜龙:《区域协调发展的"合作悖论"与有效性增进路径》，《经济学家》2018 年第 12 期。

蔡岚:《合作治理:现状和前景》，《武汉大学学报》(哲学社会科学版) 2013 年第 3 期。

曹海军:《党建引领下的社区治理和服务创新》，《政治学研究》2018 年第 1 期。

曹现强、宋学增:《市政公用事业合作治理模式探析》，《中国行政管理》2009 年第 9 期。

曾令发:《合作政府:后新公共管理时代英国政府改革模式探析》，《国家行政学院学报》2008 年第 2 期。

曾庆福:《埃尔斯特"社会矛盾"思想解析》，《河南社会科学》2012 年第 10 期。

曾维和:《后新公共管理时代的跨部门协同》，《社会科学》2012 年第 5 期。

陈立旭:《公共文化发展模式转型:浙江的实践与历程》，《浙江社会科学》，2014 年第 11 期。

陈立旭:《推动基本公共文化服务均等化》，《浙江社会科学》2011 年第 12 期。

陈立旭:《以全新理念建设公共文化服务体系——基于浙江实践经验

的研究》,《浙江社会科学》2008 年第 9 期。

陈梦根:《地区收入、食品价格与恩格尔系数》,《统计研究》2019 年第 6 期。

陈振明、刘祺、蔡辉明、邓剑伟、陈昱霖:《公共服务绩效评价的指标体系建构与应用分析——基于厦门市的实证研究》,《理论探讨》2009 年第 5 期。

方堃、冷向明:《包容性视角下公共文化服务均等化研究》,《江西社会科学》2013 年第 1 期。

方雷:《地方政府间跨区域合作治理的行政制度供给》,《理论探讨》2014 年第 1 期。

付少雄、陈晓宇:《全民阅读语境下新加坡公共图书馆社区分馆的规划与建设》,《图书馆论坛》2018 年第 9 期。

傅云霞:《新加坡公共图书馆商业中心馆建设模式的启示》,《图书馆学刊》2017 年第 10 期。

葛道顺:《中国社会组织发展:从社会主体到国家意识——公民社会组织发展及其对意识形态构建的影响》,《江苏社会科学》2011 年第 3 期。

郭道久:《协作治理是适合中国现实需求的治理模式》,《政治学研究》2016 年第 1 期。

韩缨:《经济全球化与文化多样性的冲突和共存——对联合国教科文组织 2005 年〈文化多样性公约〉的解读》,《中国青年政治学院学报》2009 年第 6 期。

胡澎:《日本"社区营造"论:从"市民参与"到"市民主体"》,《日本学刊》2013 年第 3 期。

胡艳蕾、陈通、高海虹:《我国政府购买公共文化服务的"非合同制"治理》,《中国行政管理》2016 年第 1 期。

胡艳蕾、李晓明:《当前我国中产阶层政治认同与文化重建》,《当代世界社会主义问题》2016 年第 4 期。

胡艳蕾:《政府购买公共服务的多元主体监督机制》,《山东师范大学学报》(人文社会科学版) 2016 年第 6 期。

黄丽娟:《政府购买公共文化服务探析:以江苏省南通市为例》,《行政改革》2014 年第 4 期。

嵇亚林、李娟莉：《公民文化权利与公共文化服务——对构建江苏公共文化服务体系的分析与思考》，《艺术百家》2006 年第 7 期。

纪江明、胡伟：《中国城市公共服务满意度的熵权 TOPSIS 指数评价——基于 2012 连氏"中国城市公共服务质量调查"的实证分析》，《上海交通大学学报》（哲学社会科学版）2013 年第 3 期。

姜海珊、李升：《城市融入视角下的北京农民工公共文化服务状况》，《人口与社会》2016 年第 2 期。

解放日报：《上海浦东志愿者可用"积分"换服务》，《社团管理研究》2012 年第 12 期。

金雪涛、于晗、杨敏：《日本公共文化服务供给方式探析》，《理论月刊》2013 年第 11 期。

敬乂嘉：《从购买服务到合作治理——政社合作的形态与发展》，《中国行政管理》2014 年第 7 期。

康伟、陈茜、陈波：《基于 SNA 的政府与非政府组织在公共危机应对中的合作网络研究——以"4.20"雅安地震为例》，《中国软科学》2014 年第 5 期。

莱丝利·巴特利特、弗兰·维弗露丝：《比较个案研究》，田京、倪好译，《教育科学研究》2017 年第 12 期。

李大宇、章昌平、许鹿：《精准治理：中国场景下的政府治理范式转换》，《公共管理学报》2017 年第 1 期。

李金良、邓屏、杨卫武：《基于公众满意度分析的公共文化服务体系研究——以上海市为例》，《经济师》2011 年第 6 期。

李瑞昌：《中国公共政策实施中的"政策空传"现象研究》，《公共行政评论》2012 年第 3 期。

李少惠、崔吉磊：《论我国农村公共文化服务内生机制的构建》，《经济体制改革》2007 年第 5 期。

李少惠、余君萍：《西方公共文化服务体系综述及其启示》，《图书馆理论与实践》2012 年第 3 期。

李世敏、吴理财：《展示政治：以公共文化服务来理解学习与实践》，2016 年第 2 期。

李文钊：《论合作型政府：一个政府改革的新理论》，《河南社会科学》2017 年第 1 期。

李鑫、冯国栋：《社区管理的"资源困境"及解决路径探析：兼论新加坡社区管理》，《宏观经济管理》2015年第11期。

联合国代表大会：《经济、社会及文化权利国际公约》，《求实》2005年第6期。

刘华、王观杰：《农村基层党组织的治理逻辑及能力建设：基于治理主体多元化视角的分析》，《江苏社会科学》2018年第6期。

陆晓曦：《英国文化管理机制：一臂之距》，《山东图书馆学刊》2012年第6期。

麻宝斌、任晓春：《政府与社会的协同治理之路——以汪清县城市社区管理改革为个案》，《吉林大学社会科学学报》2011年第6期。

倪建文：《中国企业慈善文化发展问题探讨——基于中美企业慈善文化比较的视角》，《齐鲁学刊》2013年第4期。

牛华：《我国政府购买公共文化服务发展现状与价值探析》，《管理观察》2014年第5期。

齐勇锋、李平凡：《完善公共文化服务体系提高国家文化软实力》，《中国特色社会主义》2012年第1期。

冉茂瑜、顾新：《我国产学研合作冲突分析及管理》，《科技管理研究》2009年第11期。

任珺：《文化的公共性与新兴城市文化治理机制探讨》，《福建论坛》（人文社科版）2015年第2期。

史云贵、欧晴：《社会管理创新中政府与非政府组织合作治理的路径创新论》，《社会科学》2013年第4期。

孙萍、闫亭豫：《我国协同治理理论研究述评》，《理论月刊》2013年第3期。

唐兴霖、尹文嘉：《从新公共管理到后新公共管理：20世纪70年代以来西方公共管理前沿理论述评》，《社会科学战线》2011年第2期。

唐亚林、朱春：《当代中国公共文化服务均等化的发展之道》，《学术界》2012年第5期。

陶东风：《公共文化服务：从民生概念到民权概念》，《中国政法大学学报》2015年第3期。

王剑云：《杭州与新加坡的城市社区组织模式比较》，《城市规划汇刊》2003年第3期。

王列生：《论公民基本文化权益的意义内置》，《学习与探索》2009年第6期。

王名、贾西津：《中国 NGO 的发展分析》，《管理世界》2002年第8期。

王嵩、王刊良、田军：《科研团队隐性知识共享的结构性要素：一个社会网络分析案例》，《科学学与科学技术管理》2009年第12期。

王晓洁：《中国基本公共文化服务地区间均等化水平实证分析——基于1999年、2009年数据比较的考察》，《财政研究》2012年第3期。

王永贵、刘菲：《创新能力：发包方对接包方的影响机制研究——战略外包情境中合作冲突与长期合作导向的调节效应》，《经济管理》2018年第1期。

吴理财：《改革开放以来农村社区文化的变迁》，《人民论坛》2011年第24期。

吴理财：《公共文化服务的运作逻辑及后果》，《江淮论坛》2011年第4期。

夏国锋、吴理财：《公共文化服务体系研究述评》，《理论与改革》2011年第1期。

谢东水：《协同治理中"合作不成"的理论缘由：以"他在性"为视角》，《学术界》2018年第6期。

邢军：《中国城市公共文化领域的历史形态及其演变》，《江海学刊》2015年第5期。

《新加坡社区服务计划》，《思想理论教育》2009年第18期，摘自《青年探索》2009年第2期。

闫平：《服务型政府的公共性特征与公共文化服务体系建设》，《理论学刊》2008年第12期。

燕继荣：《协同治理：社会管理创新之道——基于国家与社会关系的理论思考》，《中国行政管理》2013年第2期。

杨宝、李秋月：《社会服务的合作生产：基本框架与实践类型——基于多案例的比较研究》，《学习与实践》2017年第11期。

杨宏山、石晋昕：《跨部门治理的制度情境与理论发展》，《湘潭大学学报》（哲学社会科学版）2018年第3期。

杨庆国、陈敬良、甘露：《社会危机事件网络微博集群行为意向研究》,《公共管理学报》2016 年第 1 期。

易承志:《环保绩效体验、政府信任与城市环境公共服务满意度——基于上海市的实证调研》,《软科学》2019 年第 7 期。

殷金娣:《为了文艺事业的繁荣稳定——记〈中共中央关于进一步繁荣文艺的若干意见〉的产生》,《瞭望》1989 年第 15 期。

游祥斌、杨薇、郭昱青:《需求视角下的农村公共文化服务体系建设研究——基于 H 省 B 市的调查》,《中国行政管理》2013 年第 7 期。

俞小玲、胡满生、刘新权:《新加坡公共文化建设的启示》,《上海文化》2014 年第 4 期。

袁方成、耿静:《从政府主导到社会主导:城市基层治理单元的再造——以新加坡社区发展为参照》,《城市观察》2012 年第 6 期。

展志兰:《群众文化事业单位的固定资产管理探析》,《财经界》(学术版) 2014 年第 7 期。

张光直:《关于中国初期"城市"这个概念》,《文物》1985 年第 2 期。

张康之:《论社会治理中的协作与合作》,《社会科学研究》2008 年第 1 期。

张丽冰:《新加坡职前教师教育中的服务学习》,《高教探索》2014 年第 2 期。

张晓明、李河:《公共文化服务:理论和实践含义的探索》,《出版发行研究》2008 年第 3 期。

周晓丽、毛寿龙:《论我国公共文化服务及其模式选择》,《江苏社会科学》2008 年第 1 期。

赵琪、陈宗桢:《国际法视角下的文化多样性保护》,《长春理工大学学报》(社会科学版) 2013 年第 2 期。

《中共中央关于全面深化改革若干重大问题的决定》,《学理论》2014 年第 1 期。

中文学位论文

俞一楠:《城市公共文化服务供给方式比较研究》,博士学位论文,华东理工大学,2012 年。

中文会议论文

胡艳蕾:《社区公共文化服务合作生产:基于中国与新加坡的比较研

究》，国际行政科学学会——连氏善治国际学术会议（IIAS－Lien）论文，新加坡，2019年6月18—21日。

刘军：《整体网分析讲义——Ucinet 软件应用》，第二届社会网与关系管理研讨会资料，哈尔滨工程大学社会学系，2007年1月18日。

中文网络文献

《中共中央关于制定国民经济和社会发展第十一个五年规划的建议》，新华网，2005年10月7日，http：//www.xinhuanet.com//misc/2005－10/07/content_3590217.htm，2021年5月5日。

《社会化运营的文体中心，让你无需再假装生活》，搜狐网，2017年7月26日，https：//www.sohu.com/a/160137962_99959751，2018年3月6日。

《天津滨海新区推动文化消费新举措，让百姓过足"文化瘾"》，央广网，2018年3月31日，http：//www.cnr.cn/tj/zxst/bhzs/20180331/t20180331_524183193.shtml，2018年4月3日。

《西大街社区推行志愿者服务积分奖励制度》，大理日报网，2015年10月29日，http：//www.dalidaily.com/shehui/120151029/1090617.html，2019年2月18日。

《用我们的爱心点燃每一个需要光明的地方》，新民周刊－网易新闻网转载，2005年11月25日，https：//news.163.com/05/1116/14/22MGO0OC0001124T_all.html，2019年1月1日。

《中共中央关于加强和改进新形势下党的建设若干重大问题的决定》，人民网，2009年9月27日，http：//cpc.people.com.cn/GB/64093/64387/10128290.html，2021年5月5日。

《中共中央印发〈中国共产党农村基层组织工作条例〉》，共产党员网，2019年1月11日，http：//www.12371.cn/2019/01/11/ARTI1547162185106193.shtml，2021年5月5日。

《中共中央关于全面推进依法治国若干重大问题的决定》，中国社会科学网，2014年10月23日，http：//www.cssn.cn/fx/fx_ttxw/201410/t20141030_1381703.shtml，2018年8月2日。

《中华人民共和国图书馆法》，中国人大网，2017年11月4日，http：//www.npc.gov.cn/zgrdw/npc/xinwen/2017－11/04/content_2031427.htm，2021年5月5日。

《国务院办公厅转发文化部等部门关于做好政府向社会力量购买公共文化服务工作意见的通知（国办发〔2015〕37号）》，中国政府网，2015年5月11日，http：//www.gov.cn/zhengce/content/2015-05/11/content_9723.htm，2018年3月13日。

《国务院关于进一步深化城镇住房制度改革加快住房建设的通知国发〔1998〕23号》，北京市住房与建设委员会，2006年10月11日，http：//www.bjjs.gov.cn/bjjs/fwgl/zfgg/zfgg/350118/index.shtml，2019年2月4日。

《文化部等部门关于做好政府向社会力量购买公共文化服务工作意见（国办发〔2015〕37号）》，中华人民共和国文化和旅游部官网，2015年5月11日，http：//zwgk.mcprc.gov.cn/auto255/201505/t20150513_474761.html，2018年8月2日。

韩振峰：《中国共产党对我国社会主要矛盾的认识过程》，光明日报，人民网转载，2018年6月6日，http：//theory.people.com.cn/n1/2018/0606/c40531-30038266.html，2019年8月7日。

河北省文化与旅游厅：《我省首批流动文化车交付使用》，河北省文化与旅游厅官网，http：//www.hebwh.gov.cn/common/content.jsp?articleId=4028815d5d27903a015e4afa8a8702b5，2019年1月8日。

《胡锦涛在中国共产党第十七次全国代表大会上的报告》，中国广播网，2007年10月15日，http：//www.cnr.cn/2007zt/sqdjs/wj/200711/t20071102_504610399.html，2021年5月5日。

华晓露：《温州成为国家公共文化服务体系示范区创建城市》，温州宣传网，2017年12月14日，http：//www.wzxc.gov.cn/system/2017/12/14/013200324.shtml，2018年3月6日。

李克强：《政府工作报告——2017年3月5日在第十二届全国人民代表大会第五次会议上》，中国政府网，2017年3月16日，http：//www.gov.cn/guowuyuan/2017zfgzbg.htm，2021年5月5日。

吕建中：《让民间博物馆真正在民间扎根》，国家文物局官网，2017年3月7日，http：//www.sach.gov.cn/art/2017/3/7/art_1027_137918.html，2019年1月8日。

《中华人民共和国公共文化服务保障法（第十二届全国人民代表大会常务委员会第二十五次会议通过）》，中国人大网，2016年12月25日，

http：//www.npc.gov.cn/npc/c12435/201612/edd80cb56b844ca3ab27b1e8185bc84a.shtml，2021年5月5日。

兽兽：《广图挤爆，社区图书馆为何无人问津？服务要提升，不仅在接地气》，南方都市报，2018年10月18日，搜狐网，http：//www.sohu.com/a/260135119_161795，2019年12月10日。

宋雅琪：《"网红图书馆"一座难求，社区图书室却少人问津》，山西晚报，2018年11月16日，百度，https：//baijiahao.baidu.com/s?id=1617264848353776380&wfr=spider&for=pc，2019年12月10日。

《文化部关于印发〈文化部"十二五"时期公共文化服务体系建设实施纲要〉的通知（文公共发〔2013〕3号）》，中华人民共和国文化和旅游部官网，2013年1月14日，http：//zwgk.mcprc.gov.cn/auto255/201301/t20130121_474074.html，2018年3月6日。

习近平：《决胜全面建成小康 社会夺取新时代中国特色社会主义伟大胜利——在中国共产党第十九次全国代表大会上的报告》，中国政府网，2017年10月27日，http：//www.gov.cn/zhuanti/2017-10/27/content_5234876.htm，2021年5月5日。

《中共中央关于制定国民经济和社会发展第十一个五年规划的建议》，新华网，2005年10月7日，http：//www.xinhuanet.com//misc/2005-10/07/content_3590217.htm，2015年11月27日。

《关于加快构建现代公共文化服务体系的意见》，中国政府网，2015年1月14日，http：//www.gov.cn/xinwen/2015-01/14/content_2804240.htm，2021年5月5日。

《行业协会商会与行政机关脱钩总体方案》，中国政府网，2015年7月8日，http：//www.gov.cn/zhengce/2015-07/08/content_2894118.htm，2018年12月10日。

《2015年社会服务发展统计公报》，中国政府网，2016年7月12日，http：//www.gov.cn/shuju/2016-07/12/content_5090289.htm，2018年12月10日。

《2017年文化发展统计公报》，中华人民共和国文化和旅游部官网，2018年5月31日，http：//zwgk.mct.gov.cn/auto255/201805/t20180531_833078.html?keywords=，2018年7月13日。

《中华人民共和国文化和旅游部2018年文化和旅游发展统计公报》，

中华人民共和国文化和旅游部官网，2019年5月30日，http：//zwgk.mct.gov.cn/auto255/201905/t20190530_844003.html? keywords =，2019年5月31日。

中文报纸

李河：《"一臂之距"原则与艺术理事会》，《中国社会科学院院报》2008年5月8日第6版。

李金生：《丹麦的"一臂之距"艺术资助体制》，《中国文化报》2014年7月17日第10版。

翟珺：《垃圾分类靠志愿者监督积分奖励能否持久？》，《上海法治报》2014年1月14日第A02版。

中文政府资料

J市L区图书馆：《J市L区图书馆2016年报》。

A省文化和旅游厅：《A省召开全省公共文化服务体系建设工作会》。

中共J市委办公厅：《J市人民政府办公厅．中共J市委办公厅J市人民政府办公厅印发〈关于加快构建现代公共文化服务体系的实施意见〉的通知》。

英文著作

Borgatti, S. P., Everett, M. G., Freeman, L. C., *Ucinet for Windows: Software for Social Network Analysis*, Harvard, MA: Analytic Technologies, 2002.

Buchanan, J. M., *Demand and Supply of Public Goods*, Chicago: Rand Mcnally, 1968.

Hart, O., *Norms and the Theory of the Firm*, NBER Working Paper no. 8286: National Bureau of Economic Research, Cambridge, MA, 2001.

Huxham, C., Vangen, S., *Managing to Collaborate: The Theory and Practice of Collaborative Advantage*, London, England: Routledge, 2005.

Jessop Bob, *Governance, Governance Failure, and Meta – Governance*, Arcavacata di Rende: Universita Della Calabria, 2003, pp. 6 – 15, 19, 16 – 18.

Johnston, E., Krishnamurthy, R., Musgrave, T., Vinze, A., *How Open Data Moves Us Closer to "Precision Governance"*, Washington, DC: International City/County Management Association, 2013.

Roger Mc Namee, *The New Normal: Great Opportunities in a Time of*

Great Risk, Portfolio Hardcove, 2004.

Van der Ploeg, F., *The Making of Cultural Policy: A European Perspective*, Handbook of the Economics of Art and Culture, Elsevier, Amsterdam, 2006, pp. 1183-1221.

Walsh, Kieron, *Public Services and Market Mechanisms: Competition, Contracting and the New Public Management*, Basingstoke: Macmillan, 1995.

Woodrow Wilson, *The Study of Administration*, Political Science Quarterly, No. 2, 1887. 参见竺乾威、马国泉《公共行政学经典文选（英文版）》, 复旦大学出版社2007年版, 第6-30页。

Yin, Robert K, *Case Study Research: Design and Methods*, US: Sage publications, 2003.

英文论文

Ansell, Chris, Gash, Alison, "Collaborative Governance in Theory and Practice", *Journal of Public Administration Research and Theory*, Vol. 18, No. 4, 2008, 18.

Appadurai, Arjun, Breckenridge, Carol A., "Why Public Culture?" *Public Bulletin*, Vol. 1, No. 1, 1988.

Berardo, R., Heikkila, T., Gerlak, A. K., "Interorganizational Engagement in Collaborative Environmental Management: Evidence from the South Florida Ecosystem Restoration Task Force", *Journal of Public Administration Research and Theory*, Vol. 24, 2014.

Bertacchini, Enrico, Nogare, Chiara Dalle, "Public Provision vs. Outsourcing of Cultural Services: Evidence from Italian Cities", *European Journal of Political Economy*, Vol. 35. No. 9, 2014.

Booher, D. E., "Collaborative Governance Practices and Democracy" *National Civic Review*, Vol. 93, No. 4, 2004.

Bradford, Neil, "Ideas and Collaborative Governance: A Discursive Localism Approach", *Urban Affairs Review*, Vol. 52, No. 5, 2016.

Brown, T. L., Potoski, M., "Transaction Costs and Institutional Explanations for Government Service Production Decisions", *Public Adm. Res. Theory*, Vol. 13, 2003.

Bryson, J. M., Crosby, B. C., Stone, M. M., "The Design and Implementation of Cross – sector Collaborations: Propositions form the Literature" *Public Administration Review*, Vol. 66, 2006.

Buchanan, J. M., "An Economic Theory of Clubs", *Economica*, Vol. 32, No. 125, 1965.

Charles, H., Koch, Jr., "Collaborative Governance in the Restructured Electricity Industry", 40 *Wake Forest Law Review*, Vol. 40, 2005.

Das, T. K., Teng, B. S., "Between Trust and Control: Developing Confidence in Partner Cooperation in Alliances", *Academy of Management Review*, Vol. 23, 1998.

Donato, F. Badiaf, "Performance Measurement at World Heritage Sites: Per Aspera Ad Astra", *International Journal of Arts Management*, Vol. 16, No. 1, 2013.

Duque, Ricardo B., Ynalvez, Marcus, Sooryamoorthy, R., Mbatia, Paul, Dzorgbo, Dan – Bright, Shrum. Wesley, "Collaboration Paradox: Scientific Productivity, the Internet, and Problems of Research in Developing Areas", *Social Studies of Science*, Vol. 35, No. 10, 2005.

Elston, Thomas, "Not so 'Arm's Length': Reinterpreting Agencies in UK Central Government", *Public Administration*, Vol. 92, No. 2, 2014.

Emerson, K., Nabatchi, T., Balogh, S., "An Integrative Framework for Collaborative Governance", *Journal of Public Administration Research and Theory*, Vol. 22, No. 1, 2012.

Emerson, Kirk, Nabatchi, Tina, Balogh, Stephen, "An Integrative Framework for Collaborative Governance", *Journal of Public Administration Research and Theory Advance Access*, Vol. 5, 2011.

Everett, M., Borgatti, S., "The Centrality of Groups and Classes", *The Journal of Mathematical Sociology*, Vol. 23, No. 3, 1999.

Freeman, Jody, "Collaborative Governance in the Administrative State", *UCLA Law Review*, Vol. 45, No. 2, 1997.

Gulati, R., "Does Familiarity Breed Trust? The Implications of Repeated Ties for Contractual Choice in Alliances", *Academy of Management Journal*, Vol. 38, 1995.

Hondula, David M., Kuras, Evan R., Longo, Justin, "Toward Precision Governance: Infusing Data into Public Management of Environmental Hazards", *Journal Public Management Review*, Vol. 20, No. 5, 2018.

Hu, Yanlei, Liu, Cathy Yang, Chen, Tong, "Ecological Improvement and Community Participation: Lessons from Xiaoqing River Ecological Improvement Project in Jinan, China", *Community Development Journal*, Vol. 52, No. 1, 2017.

Huxham, C., Vangen, S., "Leadership in the Shaping and Implementation of Collaboration Agendas: How Things Happen in A (Not Quite) Joined-up World", *Academy of Management Journal*, Vol. 43, 2000.

Huxham, Chris, "Theorizing Collaboration Practice", *Public Management Review*, Vol. 5, No. 3, 2003.

Imperial, Mark, "Using Collaboration as A Governance Strategy: Lessons from Six Watershed Management Programs", *Administration & Society*, Vol. 37, No. 3, 2005.

ISTAT: Italian National Statistical Office, cited from Bertacchini, Enrico, Nogare, Chiara Dalle, "Public Provision Vs. Outsourcing of Cultural Services: Evidence from Italian cities", *European Journal of Political Economy*, Vol. 35, No. 9, 2014.

Johnston, D. A., McCutcheon, D. M., Stuart, F. I., Kerwood, H., "Effects of Supplier Trust on Performance of Cooperative Supplier Relationships", *Journal of Operations Management*, Vol. 22, No. 1, 2004.

Jun, Jong S., "The Limits of Post-New Public Management and Beyond", *Public Administration Review*, Vol. 69, No. 1, 2008.

Karkkainen, Bradley C., "Collaborative Ecosystem Governance: Scale, Complexity and Dynamism", *Virginia Environmental Law Journal*, Vol. 21, 2002.

Khademian, Anne, Weber, Edward, "From Agitation to Collaboration: Clearing the Air through Negotiation", *Public Administration Review*, Vol. 57, No. 5, 1997.

Khan, Shahadat, Schroder, Bill, "Use of Rules in Decision-making in Government Outsourcing", *Industrial Marketing Management*, No. 38, 2009.

MacKerron, G., Mourato, S., "Life Satisfaction and Air Quality in

London", *Ecological Economics*, Vol. 68, No. 5, 2009.

Netzer, D., "Chapter 35 Cultural Policy: An American View", *Handbook of the Economics of Art and Culture*, Vol. 1, No. 1, 2006.

Nikolaïdou, Sofia, Klöti, Tanja, Tappert, Simone, Drilling, Matthias, "Urban Gardening and Green Space Governance: Towards New Collaborative Planning Practices", *Urban Planning*, Vol. 1, No. 1, 2016.

Noble, David, Charles, Michael B., Keast, Robyn, "The Research Collaboration Paradox: A Tale of Two Governance Narratives in an Australian Innovation Setting", *Australian Journal of Public Administration*, Vol. 77, No. 4, 2018.

Oh, Y., Bush, C. B., "Exploring the Role of Dynamic Social Capital in Collaborative Governance", *Administration & Society*, Vol. 48, 2016.

O'Leary, Rosemary, Gerard, Catherine, and Bingham, Lisa Blomgren, "Introduction to the Symposium on Collaborative Public Management", *Public Administration Review*, Vol. 66, No. S1, 2006.

Osborn, S. P., Strokosch, K., "It Takes Two to Tango? Understanding the Coproduction of Public Services by Integrating the Services Management and Public Administration Perspectives", *British Journal of Management*, No. 24, 2013.

Ostrom, E., "Metropolitan Reform: Propositions Derived from Two Traditions", *Social Science Quarterly*, Vol. 53, 1972.

Pennisi, Elizabeth, "How Did Cooperative Behavior Evolve?" *Science*, Vol. 309, No. 7, 2005.

Pollitt, C., Bathgate, K., Caulfield, J., Smullen, A., Talbot, C., "Agency Fever? Analysis of an International Policy Fashion", *Journal of Comparative Policy Analysis*, No. 3, 2001.

Ponzini, Davide, Silvia, Gugu, Oppio, Alessandra, "Is the Concept of the Cultural District Appropriate for Both Analysis and Policymaking? Two Cases in Northern Italy, City", *Culture and Society*, Vol. 5, No. 2, 2014.

Provan, K. G., Milward, H. B, "Do Networks Really Work? A Framework for Evaluating Public – sector Organizational Networks", *Public Administration Review*, Vol. 61, 2001.

Purdy, J. M., "A Framework for Assessing Power in Collaborative Governance Processes", *Public Administration Review*, Vol. 72, 2012.

Ran, B., Qi, H., "Issues and Challenges of Public Service Procurement in China: A Collaborative Governance Perspective", *International Journal of Public Policy*, Vol. 12, 2016.

Ran, Bing, Qi, Huiting, "The Entangled Twins: Power and Trust in Collaborative Governance", *Administration & Society*, Vol. 00, No. 0, 2018.

Ring, P. S., Van de Ven, A. H., "Structuring Cooperative Relationships Between Organizations", *Strategic Management Journal*, Vol. 13, 1992.

Ring, P. S., Van de Ven, A. H., "Developmental Processes of Cooperative Interorganizational Relationships", *Academy of Management Review*, Vol. 19, 1994.

Schuster, J. M., "Neither Public nor Private: The Hybridization of Museums", *Cult Econ*, No. 22, 1998.

Tiebout, C. M., "A Pure Theory of Local Expenditures", *Journal of Political Economy*, Vol. 64, No. 5, 1956.

Van der Ploeg, Frederick, "Chapter 34 the Making of Cultural Policy: a European Perspective", *Handbook of the Economics of Art and Culture*, Vol. 1, No. 1, 2006.

Van Oortmerssen, L. A., Van Woerkum, C. M., Aarts, N., "The Visibility of Trust: Exploring the Connection between Trust and Interaction in a Dutch Collaborative Governance Boardroom", *Public Management Review*, Vol. 16, 2014.

Waardenburga, Maurits, Groenleera, Martijn, Jongb, Jorrit de, Keijserc, Bas, "Paradoxes of Collaborative Governance: Investigating the Real-life Dynamics of Multi-agency Collaborations using a Quasi-experimental Action-research Approach", *Public Management Review*, No. 6, 2019.

Wood, Donna J., Gray, Barbara, "Toward a Comprehensive Theory of Collaboration", *Journal of Applied Behavioral Science*, Vol. 27, No. 2, 1991.

英文学位论文

Choi, Taehyon, "Information Sharing, Deliberation, and Collective Decision-Making: A Computational Model of Collaborative Governance", PHD

Dissertation, University of Southern California, 2011, p. 4.

英文会议论文

Qi, Huiting, Ran, Bing, "Paradoxes in Theorizing Collaborative Governance", Paper Presented at the 9th Sino – US International Conference for Public Administration, China. Beijing, June 15 – 17, 2018.

Blomqvist, K., Ståhle, P., "Building Organizational Trust", Paper Presented at the 16th Annual IMP Conference, Bath, UK, 2000.

Hu, Yanlei, "How to Enhance the Responsibility of the Citizen in China?" UESTC Press, January, 2015.

英文网络文献

Shui – Yan Tang, Daniel A. Mazmanian, "Understanding Collaborative Governance from the Structural Choice – Politics, IAD, and Transaction Cost Perspectives", SSRN Electronic Journal, (March 1, 2010), https://papers.ssrn.com/sol3/papers.cfm?abstract_id=1516851.

致　　谢

立秋时节，利奇马台风来袭，为2019年的酷暑画上句号。历经一个酷暑的反复修改完成拙作初稿，又历时一年多时间的完善，补充了我近期的一些调研报告与案例研究成果，终于定稿，感慨良多。

首先，非常感谢我的导师陈通教授，感谢恩师在学生攻读博士学位期间给予的学术启迪、指导与鼓励、督促，尤其是在本书的选题、研究方法选择以及撰写方面给予的悉心指导与严格要求，促使我在撰写过程中扎实作好每一步研究。此外，得益于陈老师的督促、指导与鼓励，在科研领域取得一些新的突破，为今后的科研工作树立了信心。陈老师严谨、规范的治学态度与平易近人、朴实无华的人格将会一直影响、指导着我今后的教学、科研工作。

其次，感谢天津大学管理与经济学部公共管理学院傅利平教授、张再生教授等诸多老师在授课以及科研中给予的学术启迪与指导，老师们的治学理念、科研精神将会一直指引着我在学术研究的道路上努力拼搏；感谢在天津大学管理与经济学部就读期间以及博士学位论文准备期间各位师兄师妹给予的无私帮助。

再次，感谢济南大学社科处、济南大学政法学院为我们提供的良好科研环境及浓厚学术氛围。感谢济南大学政法学院行政管理专业范承洁、刘莹等同学在案例调研与资料收集中的积极协助，感谢实地调研中各街道办及社区工作人员给予的广泛协助。

最后，感谢我的女儿对我节假日未能时时陪伴她左右的体谅与理解，感谢我的家人对我忙碌于科研工作的宽容、理解与永不间断地支持。

胡艳蕾
辛丑年叁月于济